Freya, Iduna & Thor

Erweiterte Neuausgabe
2023

Originalausgabe:
2010 Klöpfer und Meyer, Tübingen

Layout und Umschlaggestaltung:
Sigrid Pomaska
Unter Verwendung eines Gemäldes von Emil Döpler

Herstellung: Eisermann Buchdruck, Bremen

www.pomaska-brand-verlag.de
ISBN: 978-3-943304-08-4

Vera Zingsem

Freya, Iduna & Thor

Vom
Zauber heimischer
Mythen

POMASKA-BRAND VERLAG

Bei einem Katechismusverhör in Katthult
fragte der Pastor einmal:
„Na, Lina, wie hießen denn unsere ersten Eltern?"
Und ohne mit der Wimper zu zucken, antwortete Lina:
„Thor und Freya."

Astrid Lindgren

*

Es gibt zwölf gottentstammte Asen.
Die Asinnen sind nicht weniger heilig und
vermögen nichts Geringeres.

Prosa-Edda

Inhaltsverzeichnis

Abb.1: Druckausgabe der Snorra-Edda von 1666

Vorwort

Lange Zeit bin ich um die Themen der nordisch-germanischen Mythologie herumgeschlichen wie die berühmte Katze um den heißen Brei. Ich wollte mir die Finger nicht verbrennen an dem, was uns die jüngere deutsche Vergangenheit als allzu heißes Eisen hinterlassen hat. So kannte ich mich irgendwann mit den Mythen der ganzen Welt besser aus als mit den heimischen. Hier war sozusagen „vermintes" Gebiet, bestanden weiße Flecken auf der Landkarte.

Aber als ich dann mein Buch über die Göttinnen großer Kulturen schrieb, ließ sich eine Berührung nicht mehr vermeiden. Es ging nicht an, den eigenen Kulturkreis in einem solchen Buch systematisch auszublenden. Und es bewahrheitete sich auch in diesem Fall, was uns das altbekannte Sprichwort nahelegt: „Warum in die Ferne schweifen, wenn das Gute liegt so nah?" Ganz entgegen all meinen Erwartungen tat sich mir kein Feld von martialischer Blut-und-Boden-Mystik auf, wo waffenstarrende Krieger den Ton angeben und Frauen nur als Mütter von Söhnen be- und geachtet werden. Was ich fand, lässt sich in Kürze so beschreiben:

Allen Vorurteilen zum Trotz steht an der Spitze des germanischen Pantheons nicht ein oberster, waffenstarrender Kriegsherr, sondern eine Frau: Freya, die Göttin der Liebe, auch Vanadis genannt, da sie dem älteren Göttergeschlecht der Wanen angehörte, das dem der Asen vorausging. Von ihr hat sich selbst der große Wotan (Odin) in die Wahrsagekunst des Seid einweihen lassen.

Wegen der Gier nach Gold kam der erste Krieg in die Welt. Er führte dazu, dass die Asen die Wanen zwar nicht direkt besiegten, aber dennoch entscheidend zurückdrängten. Der anschließende Friedensvertrag sollte garantieren, dass es nie wieder Krieg unter den Gottheiten beider Seiten gab. Dadurch verloren die Asen ihre Souveränität und gewannen die Liebe: Freya wurde zusammen mit ihrem Bruder Frey und ihrem Vater Njörd als Unterpfand des Friedens zu den Asen geschickt (die ihrerseits einen ihrer Götter zu den Wanen entsandten). Weil sie vom Göttergeschlecht der Wanen abstammte, nannte man Freya auch Wanadis (Vanadis), was soviel bedeutet wie Wanengöttin. Als solche stieg sie schon bald zur beliebtesten und auch machtvollsten Gottheit der „neuen" Welt auf, was man u. a. daran sieht, dass sie allein in drei Himmelsburgen den Vorsitz führte.

Der Friedensvertrag zwischen Wanen und Asen gilt zugleich als Geburtsstunde der Poesie. Zum Zeichen ihres Bündnisses spuckten alle Beteiligten ihren Speichel dereinst in eine gemeinsame Schüssel. Aus dieser Spucke schufen sie, gleichsam als lebendes Friedensdenkmal, den weisesten Menschen, den es je gab, und nannten ihn Kwasir. Er wurde heimtückisch von Zwergen erschlagen, doch aus seinem Blut entstand der Dichtermet, den Odin (in einer aufregenden Geschichte) für Götter wie Menschen rettete.

Obwohl die Germanen insgesamt nur wenig aufgeschrieben haben und das meiste erst in der christlichen Ära zu Papier gebracht wurde, waren sie geradezu Meister/innen des (gesprochenen) Wortes, denen die Poesie über alles ging. Dichtkunst verstanden sie – in echt schamanischem Sinne – als heilige Kunst, die Götter und Menschen gemeinsam haben. Verseschmiede, Liedermacher/innen und fahrende Sänger/innen (oftmals zugleich Heiler/innen) sind aus diesem Kulturkreis nicht wegzudenken. Sie standen in so hohem Ansehen, dass ein König im ersten Überschwang seiner Begeisterung gut und gerne eine ganze Insel „locker" machen konnte für einen inspirierenden musikalischen Vortrag bei Tisch! Das komplizierte Stilelement der Kenning(ar), das verbot, Hauptwörter mehr als einmal in einem Text zu verwenden, brachte ein Feuerwerk an Fantasie und Witz in einer unglaublich bildhaften Sprache hervor.

Der Friedensvertrag zwischen Wanen und Asen hatte jedoch noch ein weiteres Gutes: Er legte den Grundstein für die demokratischen Strukturen des germanischen Götterhimmels: Jeden Morgen mussten sich sämtliche Göttinnen und Götter am Urdbrunnen einfinden, um dort mit den drei Nornen (Urd, Verdandi, Skuld), die der vorzeitlichen Welt der Riesen entstammten, die Geschicke der Welt zu besprechen und sich miteinander zu beraten.

Das Thing, die Ratsversammlung, wurde so zu einer feststehenden Einrichtung bei den Gottheiten. Hier konnten sie nach Herzenslust palavern, streiten und sich austauschen. Was den Mythen zu einer ausgesprochen lösungsorientierten Struktur verhilft. Man war wohl überzeugt, dass alle zusammen die richtige Lösung schon finden würden, und hatte damit meistens Recht. Eine andere beliebte Bezeichnung für die Gottheiten des nordischen Pantheons lautete passenderweise „die Rater"! Hier zeigt sich eine Fähigkeit zum Aushandeln und Improvisieren, wie man sie sonst nur aus der indischen Mythenwelt oder diversen indianischen Mythologien kennt.

Diese demokratische Grundstruktur fand sich in Asgard weiterentwickelt, denn in der Götterburg hatte jede Gottheit ihren eigenen Hoheitssitz. Bei den Nordvölkern durfte buchstäblich jeder nach seiner Façon selig werden: Es gab einen „Himmel" für Liebende, einen für Kämpfende, einen für „Jungfrauen", einen für friedlich (nicht in einer Schlacht) Gestorbene, einen für im Meer Ertrunkene – kurz: jeder Mann und jede Frau durfte hoffen, nach dem Tod in die Burg der eigenen Lieblingsgottheit einzuziehen. Wobei die meisten nach Folkwang kamen, denn Freya stand (neben Odin) nicht nur die Hälfte aller in der Schlacht gefallenen Krieger/innen zu – bei ihr fanden sich zusätzlich noch alle Liebenden ein: die auf Erden verheirateten wie auch die unverheirateten! Ihr Saal auf Folkwang hieß nicht umsonst „der viele Sitze habende".

Ein immer noch viel zu wenig beachteter Zug der germanischen Mythologie bezieht sich auf ihre bedeutendsten männlichen Gottheiten. Diese sind keineswegs und durchweg die großen und unanfechtbaren Helden, als die wir sie uns immer vorstellen, sondern erscheinen bei genauerem Hinsehen samt und sonders als „versehrte" Invaliden. Eher „Weicheier" als Kraftprotze. Odin/Wotan, der „Göttervater", besitzt nur noch ein Auge und wird deshalb immer mit Augenbinde oder -klappe dargestellt. Tyr, dem obersten Kriegsgott, fehlt ausgerechnet die rechte Hand! Thor, der Gott mit dem Hammer, hat – als Ergebnis eines Kampfes mit den Riesen – einen Schleif- oder Wetzstein im Kopf zurückbehalten, der ihm immer wieder zu schaffen macht. Frey, nicht umsonst Zwillingsbruder von Freya, verschenkt sein kostbares Schwert bei einer Liebeswerbung um die schöne Riesentochter Gerda! So hat er keine wirksame Waffe mehr, mit der er kämpfen könnte. Und Balder schließlich, die große „Lichtgestalt" unter den Asen, Sohn von Frigg und Odin, stirbt nicht etwa den glorifizierten Heldentod, sondern den eher als unehrenhaft empfundenen sog. „Strohtod", weshalb er auch nicht bei seinem Vater auf Walhalla landet, sondern in den leuchtenden Sälen der Göttin Hel, wo ihm trotz allem der Metkelch winkt. Offensichtlich waren es doch andere Werte als bloß kriegerische, die unsere Vorfahren beseelten, denn die Gottheiten werden eigentlich in allen Kulturen mit erwünschten Verhaltensweisen ausgestattet, die sie zu Vorbildern unter den Menschen machen.

Dass hier ausgerechnet die männlichen Hauptgottheiten so „fehlerhaft" dargestellt werden (und das aber keineswegs in einem „sündigen" Sinne, sondern eher im Gegenteil), weist von waffenklirrender Männertümelei eher weg. Offensichtlich wird hier ein anderes Männerbild vermittelt, als man gemeinhin annimmt, und dem lohnt es sich durchaus intensiver nachzugehen!

Die nordisch-germanische Mythologie hat sich den Sinn für das Komische und Lächerliche bewahrt und betrachtet auch ihre Götter mit einer gewissen Selbstironie.

Da sehen wir ausgerechnet den hünenhaften Gott Thor als Braut verkleidet, mit Loki als Brautjungfer daneben, zur Riesenhochzeit schreiten, damit er seinen Hammer wiedererlangt. Da kommt ein Friedensvertrag nur zustande, wenn man die gegnerische Partei zum Lachen bringen kann, da wird ein göttlicher Bräutigam nach der Schönheit seiner Füße ausgewählt, da jagen Katzenwagen, goldborstige Schweine und achtbeinige Pferde durch die Lüfte, schmieden Zwerge unglaubliche Wunderwerke … All das weist zudem auf genuin schamanische Züge hin, mit der sich die Mythologie unserer Vorfahren einreiht in die schamanischen Hochkulturen von Sibirien bis zu den indigenen Völkern insbesondere Nordamerikas. Im humoristischen Übertreiben und in ihrer Vorstellung von der zyklischen Erneuerung der Welt stellt sie sich nicht zuletzt – wie eine kleinere Schwester – der indischen Mythologie an die Seite.

Dieses Buch ist also ein Versuch, die nordisch-germanische Mythologie gewissermaßen gegen den Strich zu lesen und die Geschichten in anderer und so noch nie dagewesener Weise zu erzählen. Nicht das Heldische, nicht die angebliche Blut- und Bodenmystik stehen im Mittelpunkt, sondern Liebe, Weisheit, Humor und Poesie.

Dabei geht es zunächst einmal darum, den visionär-schamanischen Charakter dieser Mythologie herauszuarbeiten: Ob es um den „Seid"-Zauber der Freya, das achtbeinige Pferd des Odin, sein legendäres Fasten und „Hängen" im Baum, das Taschentuch-Segelschiff des Frey, die magische Fessel des Fenriswolfes, um Thors Hammer (der Knochen von verzehrten Tieren wieder lebendig machen kann), um Walküren als Schutzengel, große Seherinnen (wie Weleda), fahrende Sängerinnen mit ihren heilenden Liedern geht, – all das lässt sich sinnvoll nur erklären, wenn man es in den größeren Gesamtzusammenhang dessen stellt, was wir heutzutage unter dem Sammelbegriff des „Schamanismus" fassen. Dazu gehören Kulturen, die von Sibirien über Skandinavien bis zu den indigenen Völkern Nord- und Südamerikas reichen.

Über das Thema des „Spinnens und Webens" bei den Nornen etwa lässt sich der Faden in die andere Richtung weiterverfolgen, hin zum indischen Raum, wo der wohlbekannte „Schleier der Maya" nichts anderes bedeutet als das „Gewebe der Welt", und auch „Tantra" übersetzt nichts anderes als „Webstuhl" heißt. Was im Hinduismus Maya-Durga-Kali, Brahma-Vischnu-Schiva symbolisieren, das heißt in unserer Welt Urd-Verdandi-Skuld: die Einheit von Werden, Bleiben und Vergehen.

Wesentlich ist also die Einbettung der nordischen Mythologie in größere kultur- und religionsgeschichtliche Zusammenhänge, mit denen sie ganz zweifellos im Kontext zu sehen ist. Es gilt also, zunächst das Verbindende zwischen den Kulturen herauszustreichen, um auf diesem Hintergrund die besondere Eigenart und Schönheit der hiesigen Mythen zur Geltung zu bringen – mit dem erklärten Ziel, neuerlichem Missbrauch endgültig einen Riegel vorzuschieben.

Schließlich ist auch ein großer Teil unserer Märchen ohne den entsprechenden mythologischen Hintergrund gar nicht richtig zu verstehen.

So sehen wir im Märchen von „Dornröschen“ oder „König Drosselbart“ die alte Brynhildensage oder den Rinda-Mythos durchschimmern und dahinter noch einmal die Naturmythe vom Verlust der Sonnenkraft im Winter und deren Wiedererstarken im Frühling. Bei „Ägirs Mahl“ denken wir an den „Teufel mit den drei goldenen Haaren“. „Frau Holle“ ist ohnehin eine Art All-Göttin, deren Symbolik von den Nornen über Freya/Venus bis hin zur Totengöttin Hel den gesamten Zyklus des Lebens umspannt.

Noch in Otfried Preußlers modernem Märchenroman „Krabat“ scheint in der zentralen Gestalt des „Pumphutt“ unverkennbar der einäugige Wotan/Odin mit seiner Augenklappe und seinem Breithut durch!

Es wird Zeit, die nordische Mythologie vom Ritterrüstungswahn falschen Heldentums zu befreien. Dabei geht es nicht in erster Linie

Wohlfahrtsmarken-Serie der Deutschen Bundespost (1967) mit Motiven aus dem Märchen „Frau Holle“ (Brüder Grimm)

darum, eine (sprach-)wissenschaftliche oder rein historische Analyse vorzulegen. Vielmehr soll ein Lesebuch entstehen, dessen Geschichten zum Staunen und Schmökern einladen. So wie hier sind die Geschichten vielleicht schon lange nicht mehr (oder sogar noch nie) erzählt worden. Doch wir wollen ja sehen, ob sie uns heute noch begeistern können …

Somit ist das Buch ein Essay im wahrsten Sinne des Wortes: ein Versuch der Neu-Deutung durch Wiedergewinnung eines unbefangenen Blicks auf Mythen, die im Grunde kaum noch jemand wirklich kennt – obwohl bis heute viele Orts- und sogar Vornamen davon „ein Lied zu singen" wissen, nicht zuletzt die Namen unserer Wochentage.

Wir kennen uns in den „Sagen des klassischen Altertums", den griechischen Götter- und Heldensagen, weit besser aus als in den heimischen Mythen. Obgleich sie genauso spannend und in jedem Fall humorvoller sind als die griechischen. Ein spezielles Motiv, das uns in der griechischen Mythologie auf Schritt und Tritt begegnet, fehlt hier allerdings völlig: das der Vergewaltigung! Was viel über die Stellung der Frau bei unseren Vorfahren aussagt – und vielleicht auch verrät, warum sie bis heute vor allem in den skandinavischen Ländern besser ist als im restlichen Europa!

Es lohnt sich also, den alten Sagen-Schatz wieder neu zu heben und zu beleben, schon allein, weil sonst eine tragende Stimme im Mythenkonzert Europas und ein Brückenschlag zu den Kulturen Asiens und Nord/Süd-Amerikas fehlen würde.

Abb.2: Freya und die Riesen

Kapitel 1

Von Wanen, Asen und Riesen

Ein Kessel Dichtermet für den Frieden

Da kam zuerst
Krieg in die Welt,
als Götter Gullweig
mit Geren stießen
und in Heervaters
Halle brannten,
dreimal brannten
die dreimal geborne.

Man hieß sie Heid,
wo sie ins Haus kam,
das weise Weib;
sie wußte Künste:
sie behexte Kluge;
sie behexte Toren;
immer ehrten sie
arge Frauen.

(Völuspa, Str. 15f)

Angeblich war es die Gier nach Gold, die den ersten Krieg auf die Beine brachte. Denn Gullweig heißt übersetzt „die Goldreiche" oder auch nur „das Gold". Damit ging das „Goldene Zeitalter" jäh und schmählich zu Ende. Bis dahin hatte man Gold nur wegen seines wunderschönen Glanzes verehrt. Nun aber

brach der Bordwall
der Burg der Asen,
es stampften Wanen
streitkühn die Flur.

(ebd.)

Wer aber waren die Wanen (Vanir) und die Asen? Allgemein nimmt man an, dass die Wanen dem Göttergeschlecht der Asen vorausgingen, dass sie evtl. zu einer älteren Ackerbaukultur gehörten, die einer eher matriarchalen Gesellschaftsordnung anhing. Wo genau sie herkommen, weiß man nicht. Mythologen des 19. Jahrhunderts hielten sie gern „für Geister der Wasserwelt, unter deren Herrschaft das Meer und die Flüsse standen." (Wägner, S. 185) Paul Herrmann siedelt die Wanen in der lieblichen Natur Dänemarks, insbesondere den Küstenregionen an. Ihr Wesen habe dem des Landes entsprochen, in dem sie zu Hause waren: „Sie segnen milde waltend Acker und Aue, Wild und Weide mit Regen und Sonnenschein, sie vertreten die wohltätigen Stimmungen der Luft und berühren sich mit den Elben." Ihr Name bedeutet die „Glänzenden, Schönen" und entsprechend gelten sie als „lichte, sonnige, freundliche, heitere und reiche Gottheiten" (S. 126), deren Verehrung durch Schiffe und Handel bis nach England getragen wurde.

Wann genau sie nach Skandinavien kamen, ist ungewiss. In der Edda wird vor allem die Weisheit der Wanen hervorgehoben, die offensichtlich mit ihrer prophetischen Gabe zusammenhing. So wird etwa von Heimdall, dem Wächter an der Regenbogenbrücke (Bifröst) vor Asgard gesagt, er, als der klügste der Asen, „wusste die Zukunft, den Wanen gleich." (Diederichs, S. 59)

Interessanterweise leitet Snorri Sturluson, dem wir die erste systematische Mythenüberlieferung der Edda aus dem Mittelalter verdanken, das Wort „Asen" von Asien ab. Asen sind danach Leute, die aus Asien kamen. (vgl. ebd. S. 16)

Karl Simrock wiederum verfocht in seinem „Handbuch der deutschen Mythologie" die These, dass die Wanen sich von den Asen gar nicht grundsätzlich unterschieden, dass sie eben nur von anderen Völkern verehrt wurden, die bisweilen gegeneinander Krieg führten. Freya, Frey und Njörd wurden vorzugsweise von Völkern suevischer Herkunft, Anwohnern des Meeres, verehrt, und genau diese drei Gottheiten wurden bezeichnenderweise von den Wanen als Friedensboten und -garanten nach Asgard entsandt. Die Asen schickten im Gegenzug den Gott Hönir, der einst den ersten Menschen Sinn und Redegabe verlieh. Durch diesen Götteraustausch sollte der Frieden zwischen den beiden verfeindeten Parteien dauerhaft gesichert werden.

Damit nicht genug, beschlossen alle Göttinnen und Götter zum Zeichen des Friedens in eine gemeinsame Schüssel zu spucken. Aus dem so entstandenen „Saft" schufen sie einen lebendigen Menschen als Friedensdenkmal und nannten ihn Kwasir. Er war so klug und weise, dass niemand ihm eine Frage stellen konnte, die er nicht zu beantworten wusste. Also zog er hinaus in die Welt, um die Menschen von seinem Wissen zu unterrichten. Leider gelangte er auf diesem Weg auch zu ein paar Zwergen, die ihn heimtückisch ermordeten. Die ließen sein Blut in drei Schüsseln fließen und vermischten es mit Honig. Daraus entstand der Dichtermet, der allen, die davon tranken, „die Gabe des Gesangs und der herzgewinnenden Rede verlieh" (Wägner, S. 89). Dieser Göttertrank der Weisheit und Poesie wurde auch „Odrörir", „Trank der Begeisterung" genannt. Den Asen schwindelten die Zwerge vor, der arme Kwasir sei in seiner eigenen Gelehrsamkeit ertrunken, da er sein allzu umfangreiches Wissen niemals an den Mann oder die Frau bringen konnte. Die Zwerge verspielten den Dichtermet auf ihre niederträchtige Weise an den Riesen Suttung, dessen Eltern sie zuvor aus reiner Mordlust ebenfalls umgebracht hatten. Ehe Suttung seinerseits Rache an den Zwergen nehmen konnte, hatten sie ihm als „Lösegeld" für ihr Leben den wundersamen Met angeboten. Suttung nahm das Friedensangebot an und ließ den Zaubertrank tief im Bergesinneren von seiner Tochter Gunnlöd bewachen, weil er das kostbare Nass mit niemandem sonst teilen wollte. Seither hieß die Poesie bei den Germanen u. a. auch „Kwasirs Blut" oder „Zwergentrank".

Dichtung und Weisheit sind ihrem Wesen nach jedoch darauf angelegt, geteilt zu werden, und so ist es schließlich Odin, der sich eines Tages aufmacht, den Göttertrank für die Welt der Dichter/innen und Denker/innen zu retten. Eine Geschichte, die weiter hinten erzählt wird.

Wer allerdings ist Gullweig, die den Krieg zwischen Wanen und Asen erst auslöste? Die Frage ist, ob es dabei wirklich nur um den Besitz von Gold ging. Denn das war ja im sog. Goldenen Zeitalter reichlich vorhanden, wenn auch eben nicht als Besitz von Einzelnen oder als Zahlungsmittel. So wie bei den Inkas in Südamerika freute man sich vor allem an seinem schönen Glanz und kam offensichtlich gar nicht auf die Idee, es mit Besitz zu verbinden. Vielmehr war es ein Schatz, der allen gehörte, bis dort die Christianisierung und damit die Gier nach Gold in einem bis dahin nie gekannten Ausmaß begann. Könnte es nicht sein, dass sich bei der Christianisierung der Germanenvölker Ähnliches zugetragen hatte? Schließlich besitzen wir auch die Edda und andere germanische „Sagas" nur und erst aus bereits christianisierten Zeiten! Die eine oder andere Verfälschung des ursprünglichen Gedankenguts ist damit sicher verbunden.

Gullweig ist vor allem in der Völuspa („Der Seherin Gesicht") der Prosa-Edda klar als Schamanin ausgewiesen. Das Wort „Heid", das hier benutzt wird, war ein stehender Ausdruck für den Beruf der Seherin. Und auch der oben zitierte Text ist nachweislich falsch bzw. tendenziös übersetzt. Wohlwollender übertragen lauten die Zeilen:

Man nannte sie Heid,
als sie in die Häuser kam,
die wohlwahrsagende Völva.
Sie zauberte Stäbe,
trieb Seid, wo sie konnte,
trieb Seid in Ekstase.

(Pahnke, S. 15)

Das bringt Gullweig in direkte Nähe und Verwandtschaft zur großen Wanengöttin Freya, die als überaus seidkundig angesehen wurde. Freya brachte die Kunst des Seid zu den Asen, wo sich vor allem Odin von ihr in diese besondere Art der Wahrsagetechnik und Schicksalsdeutung einweihen ließ, die er bis dahin nicht kannte. Denn diese Kunst wurde, nach der *Ynglingasaga,* vor allem von Frauen ausge-

Abb.3: Die Asen versuchen drei Mal, Gullweig zu töten

übt. Ging es also bei dem Kampf der Asen mit den Wanen gar nicht zuerst um Habgier, sondern vielmehr um einen religiös inspirierten Streit? Gullweig jedenfalls erscheint im Text als ein hochspirituelles Wesen, dazu durch Waffen nicht zu besiegen: Dreimal versucht man, sie zu töten, und jedes Mal wird sie wiedergeboren! Damit zeigt sie sich von unsterblicher Energie, was sie eher als Göttin ausweist. Und erinnert dieses Bild nicht auch an die Sonne, die immer wieder untergeht und doch niemals „stirbt"?

Gerade in der germanischen Mythologie sind Wörter wie Gold und Sonne regelrecht austauschbar, sprechen selbst unsere Volkslieder noch von der „güldenen Sonne", die „Leben und Wonne" bringt.

Es scheint jedenfalls, als hätten gerade die Asen sich in diesem Krieg auch spirituell „bereichern“ wollen. Mit Freya erhielten sie durch den Friedensvertrag dann genau die seidkundige Göttin, die ihnen offensichtlich zu ihrem Glück noch fehlte. Sowohl Freya als auch ihr Bruder Frey wurden als direkte Sonnengottheiten verehrt und galten zugleich als Liebesgottheiten, denn die Strahlen der Sonne wurden zu allen Zeiten und überall auf der Welt nur zu gern mit dem Strahlen verglichen, das die Liebe auslöst.

In Griechenland etwa wurde Aphrodite als die „golden im Lichte thronende“ Göttin angerufen, und in Ägypten trug Hathor als Liebesgöttin den Beinamen „Das Gold“ oder „Das große Gold“. Auch Freyas Tränen, so sagte man, waren aus Gold, und sie trug ein goldenes Halsband, was sie wiederum mit Aphrodite gemeinsam hatte! Auch bei der griechischen Liebesgöttin galt diese Halskette als Symbol der Sonne. War es also weniger das Gold, das den Asen fehlte, als vielmehr die Liebe?

Seid-Kunst wurde durch Erhitzen von Tiegeln und Kesseln betrieben. Und auch Kwasir stammt der Substanz nach aus der Flüssigkeit, die in einer Schüssel zusammengebraut wurde. Der Dichtermet schließlich wird von den Zwergen sogar auf einen Kessel und zwei Schüsseln verteilt, die noch dazu eigene Namen haben: Odrörir (Geisterreger) heißt der Kessel und Son (Sühne) und Bodn (Anbietung) nennt man die Schüsseln. Höchst magische Gegenstände also, die vielleicht in Konkurrenz mit dem begehrten Seidzauber stehen konnten, – und eine neue Zeit ankündigten, die Zeit der Asen eben, die ihre eigene Spiritualität mit sich brachten und gleichwohl auf die alten Künste nicht verzichten wollten. Immer wieder – und sicher mit Bedacht – wird in der Edda die große Weisheit der Wanen gerühmt. Wollte man jemanden als besonders klug herausstellen, sagte man, er oder sie sei „weise wie die Wanen“.

Das Ergebnis dieses Krieges jedenfalls war gleich mehrfach spiritueller Natur: In „Kwasir“ vereint sich das Beste von beiden Kulturen, von Wanen wie Asen, denn beide Gottheiten hatten ihre Essenz in die besagte Schüssel gespuckt! Den Met, der daraus schließlich entsteht, behalten die Götter nicht für sich, sondern teilen ihn mit den Menschen. Damit wird die Dichtkunst zur göttlichen Kunst par exellence, die Götter und Menschen miteinander verbindet.

Ferner führte der Krieg zur Einsetzung der drei Nornen, der Schicksalsschwestern, die am Fuße der Weltenesche Yggdrasil sitzen und mit denen die Götter und Göttinnen sich nun täglich beraten müssen, um nie wieder Unheil zu stiften.

Wenn alle Kriege ein so gutes Ende gefunden hätten, dürften wir uns noch heute glücklich schätzen!

Riesen-Inspirationen

Die Riesen, zu denen ja nicht zuletzt die drei Nornen gehören, sind, soweit es die Mythologie unserer Vorfahren betrifft, ein erstaunliches Phänomen. Der Sage nach existierten sie bereits, als es noch gar keine Götter gab. Und die späteren „Götter" haben alle Hände voll damit zu tun, sich mit diesen Urgewalten auseinanderzusetzen, bzw. sie in Schach zu halten.

Sieht man mal von den Feuerriesen in Muspellheim (Feuerwelt) ab, so sind es vor allem die Frostriesen, mit denen sich Götter wie Menschen im Alltag herumzuschlagen hatten, und das im wahrsten Sinne des Wortes. Deshalb sind gerade die Eisriesen in der nordischen Mythologie allgegenwärtig. Dort kennt man sie auch unter Namen wie: Reifriesen, Hrimthursen (oder auch nur Thursen) oder Jöten. Ihre Welt heißt entsprechend Jötunheim.

Wie wir an den Nornen oder an Mimir sehen werden, sind Riesen und Riesinnen keineswegs immer nur ungeschlachte Tölpel. Insbesondere Riesinnen können soviel Glanz und Glorie ausstrahlen, dass sie sogar „unsterbliche" Liebe erwecken. Gleich, ob geliebt oder gehasst, sind die Riesen jedenfalls älter und ursprünglicher als sämtliche Gottheiten des germanischen Pantheons, seien es nun Wanen oder Asen. Ihre größere Nähe zum Ursprung der Schöpfung macht sie reicher an Erfahrungen und damit potenziell weiser als die Götter, für die sie deshalb eine Art von vorgeordneter Autorität und gleichzeitig eine Grenze darstellen. Salopp formuliert könnte man sagen: Was die Götter den Menschen, das sind die Riesen für die Götter: eine Quelle der Inspiration und der Auseinandersetzung.

Ihre Andersartigkeit hat etwas Überwältigendes, was zu allen Zeiten ein Zeichen des Göttlichen oder Numinosen ist. Im Falle der Riesen ist es die alles erdrückende Macht des ewigen Eises, die grenzsetzend wirkt. In ihrer Eigenschaft als Hrimthursen, Reifriesen oder Frostriesen verkörpern sie zu schlechter Letzt Starre und Stagnation in ihrer unüberwindlichen Form. Ihr Reich – Jötunheim – ist die Polarwelt mit ihren Schneegebirgen, Eisblöcken und Gletschern. Damit fungieren sie als eine Kraft, gegen die selbst die (im Vergleich zu den Wanen) aggressiveren Asen letztendlich machtlos sind.

Eis ist Wasser in seiner lebensfeindlichsten Form. In den geologischen Eiszeiten ging das Leben unter einem Eispanzer zugrunde. Das ewige Eis setzt allem eine Grenze, auch die Gottheiten können es nicht überwinden, sondern lediglich in Schach halten, damit es nicht flächendeckenden Schaden anrichtet. Die Riesen sind sich dieser Macht bewusst und fordern deshalb beständig Kampf. Das Leben, vor allem im hohen Norden, muss den winterlichen Eismassen immer wieder neu abgetrotzt werden. Daher das endlose Ringen der Asen und Wanen mit den doch niemals auf Dauer zu besiegenden Frostriesen.

Dieser Kampf setzt allerdings auch wieder erstaunlich kreative Kräfte frei. Odin beispielsweise verdankt ihm sein achtbeiniges Wunderpferd Sleipnir und den Trank der Poesie, die Göttin Freya einen „Minnetrunk“, der es ihr erlaubt, weit in die Vergangenheit zurückzusehen, und Thor zu guter Letzt muss sich gar als Frau verkleiden, um von den Riesen seinen Hammer zurückzugewinnen. Einzelne Götter sind sogar mit Riesinnen verheiratet. Frigg wiederum ist selbst die Tochter einer Riesin, so wie auch Huld (Frau Holle) die Tochter eines Riesen ist, und auch Göttervater Odin ist Sohn einer Riesin namens Bestla.

Weil es in den Riesen-Konflikten eben auch um das Freisetzen schöpferischer Energien geht, ist es vor allem Thor, der Gott des aufspringenden Frühlings und Bruder der Göttin Ostara, der immer wieder das Eis zum Schmelzen bringen muss. Sein Hammer leistet ihm dabei treffliche Dienste, zerstäubt er doch mit seiner Hilfe ganze Eismassive zu Pulverschnee. Der Gott, der ihm am ehesten zur Seite steht, ist Loki, die Kraft, die den warmen Südwind lenkt und für Tauwetter sorgt.

Die Welt der Germanen wurde zwischen Feuer und Eis erschaffen, und beide Elemente bilden zugleich auch die größte Bedrohung für das Leben. Wenn die Welt aus den Fugen geriet, würde sie entweder im ewigen Eis erstarren oder in der Hitze des Feuers zerschmelzen. Man bedenke, dass auch Surt(ur), der die alles verzehrenden Flammen ins Leben ruft, ein Riese ist, ein Feuerriese in diesem Fall. Diese unsere Welt besteht, solange das Spannungsverhältnis zwischen ihren verschiedensten Polen im Gleichgewicht gehalten wird: Solange die Midgardschlange – eigentlich ein gefährliches Monster (und selbst auch Sohn von Loki und einer Riesin) – sich schützend um die Welt von Göttern und Menschen legt; solange Kälte und Hitze sich gegenseitig in Schach halten; solange der (Wasser-)Kreislauf der Weltenesche in Gang bleibt und die Schäden am Baum nicht überhand nehmen; solange das Eichhörnchen Ratatwisker (oder Ratatösk), das ihren Stamm hinauf- und hinunterläuft, die obere mit der unteren Welt verbinden kann, indem es jeweils die Botschaften der einen an die andere Seite übermittelt. Es ist ein fragiles Gleichgewicht, das auf diese Weise hergestellt wird, und alle gemeinsam – Gottheiten, Riesen wie Menschen – müssen sich täglich darum bemühen, dass die Welt nicht außer Rand und Band gerät.

Das Wissen darum, dass dies eines Tages dennoch unausweichlich geschehen wird, ist auch ein Wissen darum, dass alles seine Zeit hat und dann vergehen muss, um etwas Neuem und „Jüngerem" Platz zu machen. (Die nächsten Gottheiten werden die Kinder der alten sein.) Wo Neues entstehen soll, muss Altes vergehen. Das ist ein

Weltgesetz und als solches zu verstehen. Wie in der indischen Mythologie nehmen die nordischen Gottheiten sich von diesem Wandel nicht aus, sondern sind dessen integraler Bestandteil. Für Allmachtsfantasien ist hier kein Platz.

Das Weiterleben hing davon ab, dass die Erde nicht vom ewigen Eis erstickt wurde. Diese permanente Bedrohung durch Schnee und Eis schuf sich ihr Symbol im Bild der „Reifriesen" oder „Rhimthursen" (auch Jöten genannt), die vor allem von Thor mit seinem Hammer, der selbst wiederum ein Fruchtbarkeitssymbol war, in Schach gehalten wurden. Seine Frau ist nicht zufällig Sif, die Göttin der Erde, die einen goldenen Haarschopf trägt.

Die Welt, wie wir sie kennen, könnte jederzeit auch nicht sein, bzw. im Handumdrehen ins Nichts zurückfallen (was bei jeder Naturkatastrophe sichtbar wird). Die „Riesen" lehren uns das Fürchten, aber auch den achtsamen Umgang mit der Welt, die – auch von den Göttern – nicht leichtsinnig um schnöden, eigensüchtigen Gewinn verspielt werden darf. Dass unser heutiges Problem eher das vorzeitige Schmelzen des Polareises sein würde, konnten sich unsere Vorfahren wohl noch nicht vorstellen. Ihre mythische Sprache lässt gleichwohl Raum auch für diese Möglichkeit: Es sind die Flammen Surturs, des Feuerriesen aus Muspellheim (= Feuerwelt), die nun für Zerstörung sorgen und das Gleichgewicht der Kräfte aus dem Ruder bringen. Doch wirkt auch die Feuerwelt nicht nur schädlich, sondern ebenso schöpferisch. Durch die Eisschmelze, die sie vorzeiten hervorrief, konnte überhaupt erst Schöpfung, Leben entstehen. Außerdem schufen die Götter aus den Feuerfunken die Gestirne.

Vom rechtzeitigen Tau des Eises hing Wohl und Wehe unserer Vorfahren ab, und damit stand selbstverständlich die Sonne im Zentrum ihrer Mythologie, die Sonne, die alles Eis zum Schmelzen brachte und die Erde im Frühling neu erblühen ließ. Viele der großen Göttinnen und Götter des nordischen (wie übrigens auch des keltischen) Pantheons sind zugleich Sonnengöttinnen, deren weizen- oder rotblondes, „goldenes" Haar ein Synonym für die Sonnen-

und die durch sie hervorgelockte Erdkraft war: Freya, Frigg, Frau Holle, Sol, Sif, Gerda, Iduna mit den goldenen Äpfeln, Frey, Baldur, um nur die wichtigsten zu nennen.

Das „goldene" Korn wuchs in der Furche heran und brachte im Leuchten der reifen Ähren die Sonne selber auf die Erde. Das Gold der Ähren wurde zum Spiegel für das Gold des Sonnenlichts und umgekehrt. Dies Gold der Sonne findet somit seine nahrhafte Entsprechung im „Gold", das aus der Erde wächst und Menschen wie Tiere ernährt. Und nur an besonderen Tagen verwandelten sich für die Glückskinder unter den Menschen die auf dem Acker übrig gebliebenen Strohhalme in pures Gold …

Ein Hoch auf die Liebe

Die nordische Mythologie widmet der Liebe in all ihren Facetten den größten Anteil unter allen uns bekannten Mythologien. Dies lässt sich allein an der Vielzahl ihrer Liebesgöttinnen erkennen. Während die Griechen Aphrodite erst spät über Zypern kennenlernen und für sich gewinnen, erlauben sich die Germanen den Luxus von fünf Liebesgöttinnen, die Walküren noch nicht mitgerechnet! Allen voran natürlich Freya, die beliebteste Gottheit der Nordvölker, die noch aus der Wanenzeit, also der vor-arischen und -asischen Zeit stammt. Ihre Jenseitsburg Folkwang ist eigens für Liebende reserviert, gleich, ob sie im Leben glücklich oder unglücklich gewesen sind. Man nahm an, dass selbst unglücklich Liebende spätestens bei Freya auf Folkwang glücklich zusammenfänden! Ähnliches wird von Frigg erzählt, deren Symbolik in weiten Teilen mit der von Freya übereinstimmt. Auch in ihrer Burg Fensalir sammeln sich liebende Paare nach dem Tod.

Ferner gibt es die Göttin Sjöfn, nach deren Namen das Liebesverlangen „Sjafni" genannt wurde. Sie ist besonders darauf bedacht, den Sinn von Frauen wie auch von Männern zur Liebe zu lenken.

Mit der bei uns völlig in Vergessenheit geratenen Göttin Lofn wird sogar der verbotenen Liebe eine Tür offen gehalten. Sie wird unter den Schutz dieser besonderen Göttin gestellt, deren Pflicht es zudem noch ist, widerspenstige Menschen zur Liebe geneigt zu machen. Ihr Name bedeutet „Erlaubnis". Sie ist so freigiebig und den Anrufenden dermaßen gut gesonnen, dass sie von Frigg die Gabe erhalten hat, Liebende miteinander zu verbinden, egal wie hoch die Hindernisse auch sein mögen. Sie versöhnt auch entzweite Paare und gilt ansonsten als Göttin ehelicher Liebe und Eintracht. Ebenso hängt das Wort „Lob" mit ihrem Namen zusammen, war sie doch bei den Menschen aufgrund ihrer besonderen Gaben hochgelobt.

Weiterhin im Dienst der Liebe stehen Gna, die Botin der Frigg, und War oder Wara, die als Schutzgöttin der Gelübde zwischen Liebenden gilt, wie auch der von Verträgen allgemein. Sie lauscht auf die Versprechen, die Männer und Frauen heimlich austauschen und die daher *várar,* Treuegelöbnisse heißen. Sie nimmt allerdings auch Rache an denen, die ihre Gelübde brechen.

Auch die männlichen Gottheiten widmen der Liebe einen großen Teil ihrer Zeit, allen voran Frey, der Bruder der Freya, und natürlich Balder.

Beim Phänomen der Walküren verbindet sich das Thema der Liebe mit dem von Kampf und Spiritualität. Die Walküren, die auch „Freundinnen" genannt werden, besitzen mit der Halle Wingolf ihre eigene Burg in Asgard. Wingolf meint „Halle der Freundschaft", denn Freundinnen sind diese Frauen sowohl untereinander als auch für die Menschen, die sie beschützen, allen voran die Männer, in die sie sich verlieben und die sie zu ihren Schützlingen erwählen. Die Silbe „Wal" in ihrem Namen verweist auf die „jenseitige", spirituelle Dimension ihres Wirkens, denn Wal bedeutet Tod. Walküren (wörtlich: Totenwählerinnen) geleiten die Verstorbenen, insbesondere die im Kampf Gefallenen, entweder zu Freyas Folkwang oder zu Odins Walhall. Das weist darauf hin, dass Tod hier nicht mit Schrecken und Düsterkeit verbunden wird, sondern mit der Freude an einem Wechsel der Welten. In beiden Jenseitsburgen ist gut Schlemmen und Trinken. Tod bedeutet nicht Untergang, sondern Möglichkeit der Teilnahme am vielfältigen Leben der Göttinnen und Götter, bei denen alle auf ihre Weise selig werden dürfen.

Nicht nur Liebende finden nach dem Tod zueinander und dann zur Erfüllung ihrer Liebe, sondern für beinahe jede Neigung findet sich auf Asgard eine Himmelsburg: Wer für sein Leben gern kämpft, wird auf Walhall selig, wer als Jungfrau stirbt, bei Gefjon. Selbst bei Hel winkt ein in Rausch versetzender Metkelch, ganz zu schweigen von den Freuden des „Venusberges". Was auch zeigt, dass die Welt der Lebenden und der Toten, der Menschen wie der Gottheiten, als nah verwandt und nah beieinander erlebt wurden. „Überstieg" war jederzeit möglich. So werden durchaus auch Geschichten erzählt, in denen es Kindern gelang, ihre tote Mutter oder den toten Vater am Grab zu besuchen und dort für kurze Zeit wieder lebendig zu machen, ganz wie wir es aus dem Märchen von Aschenputtel kennen!

Bei Freya laufen all diese Fäden zusammen: Sie ist sowohl Herrin auf Folkwang, Anführerin der Walküren auf Wingolf und schließlich noch Mundschenkin auf Walhall, wo sie den Kriegern ihr Maß an Bier und Rauschtrank zuteilt. Somit führt sie gleich in drei Jenseitsburgen den Vorsitz oder spielt dort zumindest (wie auf Walhall) eine bedeutende Rolle. Damit überragt sie Odin oder Wotan noch an Bedeutung. Auch hier zeigt sich, wie sehr die Nordvölker der Liebe huldigten, wie unverzichtbar sie ihnen in allen Lebenslagen erschien! Selbst die Riesen versuchen ein ums andere Mal, in den Besitz der Göttin Freya und der von ihr verkörperten Anmut und Liebesenergie zu gelangen, da ihrem Leben die Liebe offensichtlich abgeht.

Die Kunst der Liebe gehört somit wohl erst zu einer fortgeschritteneren Stufe der Evolution, die man auf der Stufe der „Riesen" noch nicht kennt. Einzig bei Frau Holle ist die Verbindung geglückt. In ihrer Gestalt kann sich das Riesische der Vorzeit mit der Weisheit und Liebesfähigkeit der neuen Zeit vereinen. Weshalb sie nicht zu Unrecht den Reigen der im Buch vorgestellten Göttinnen und Götter eröffnen wird.

Freya wird – als Walküre – auch Walfreya genannt, womit sie auch zur Totengöttin erklärt wird. Deren Vater Njörd wohnt in Asgard auf Noatun am Meer. Dort, wo er dem Gesang der Schwäne lauschen kann, liegt seine Burg, die auch „Schiffsstätte" heißt. Schwanengesang aber galt allgemein als Todesgesang, da man glaubte, ein Schwan sänge nur kurz vor seinem Tod. So hatte Freya schon von ihrer Herkunft her eine Beziehung zu Tod und Jenseits. In der Symbolik der Walfreya wird zudem die Einheit von Liebe und Tod heraufbeschworen, die einander nicht widerstreiten, sondern bisweilen Hand in Hand gehen, als zwei Seiten derselben Medaille. Die Liebe ist gewissermaßen der Tod, will sagen, jede echte und tiefe Liebe zieht Verwandlung nach sich, was einem Aufgeben und Zurücklassen überkommener Werte und Lebensformen entsprechen kann. So fordert gerade die Liebe zum Leben den steten Wandel geradezu heraus! Das Starre, Harte und Unbewegliche aber ist, wie schon der große chinesische Philosoph Lao-tse wusste, der Gefährte des Todes (vgl. Ode 76).

Die Germanen hielten ihre Götter für sterblich, eine für uns zunächst ungewohnte Vorstellung. Ein Ausdruck davon ist auch der frühzeitige Tod des Liebesgottes Balder. Versteht man Gottheiten als Symbole für höchste Werte und Ideale, die in einer Gesellschaft leben, so wird damit die Überzeugung ins Zentrum gerückt, dass nichts im Leben ewig Bestand haben kann, auch nicht das Beste, was man sich ausmalen kann.

Dazu passt auch, was die Prosa-Edda uns über Balder erzählt: Obwohl er der klügste und wohltätigste Gott der Asen ist, heißt es von ihm, dass keiner seiner Urteilssprüche Bestand hat! Es ist die weise Vorstellung, dass alles, auch das Beste und Schönste, eines Tages vergehen muss, um Neuem, vielleicht Besserem und Schönerem Platz zu machen. Ansonsten bestünde Gefahr, dass die Ideale, die einst ein sinnvolles und angemessenes Leben ermöglichten, ebenso erstarren wie das Eis, das unseren Vorfahren als ständige Bedrohung vor Augen stand. Alles, was lebt, muss sich wandeln und damit eben auch – zumindest teilweise – vergehen; nur so bleibt es lebendig. Das kann zwar, muss aber durchaus nicht, tragisch enden. Immer jedoch besteht die Möglichkeit, wie bei jeder Geburt, durch Tod und Verwandlung hindurch zu einem neuen und sogar besseren Leben zu finden. Nichts dagegen ist tödlicher, als an einer einmal gefundenen Lebensform für immer festhalten zu wollen.

Die Germanen waren hier optimistisch. Nach bestandenem Ragnarök (letztes Geschick) würde es einen neuen (strahlenden) Himmel und eine neue (grünende) Erde geben. So wie das Leben nach dem Tod mindestens so freudvoll sein wird wie das irdische, so wie auf jeden Winter ein neuer schöner Frühling folgt, der das Eis zum Schmelzen bringt, so wird auch Ragnarök nicht als düsteres Ende, sondern als Auflösung und Neubeginn gesehen, dem die Geburt einer neuen, womöglich besseren Welt folgen wird. In dieser Welt wird die Tochter der Sonnengöttin Sol für Licht sorgen und werden Balder mit seiner Gefährtin Nanna als Gottheiten der Liebe neu den Ton angeben! Und auch Menschen wird es selbstverständlich wieder geben: Lif (Leben) und Lifthrasir (Lebensdrang) heißt das Paar, das in die neue Welt einziehen wird. Was wirklich wichtig ist, wird selbst im Untergang bestehen bleiben, – so wie die Samen, der „harte Kern" der Pflanzen, den frostigen Winter überstehen, um sich im Frühling zu neuer Pracht und Blüte zu entfalten!

Jedem Ende wohnt ein neuer Anfang inne. Solange die Sonne weiter scheint, müssen wir uns um den Fortbestand der Welt keine Sorgen machen. Und der Sonne galt, neben der Liebe und der Dichtung, ein Großteil der Aufmerksamkeit in dieser Mythologie. Wen wundert es, wenn wir daran denken, wie lange hierzulande der Winter dauern kann, dass vor allem im hohen Norden Skandinaviens die Sonne für Monate nicht mehr sichtbar wird.

Die Prosa-Edda: eine schamanische Vision

Einst machte sich der sagenhafte, zauberkundige schwedische König Gylfi auf, um die Geheimnisse der Götter und Göttinnen zu erkunden. Er dachte, er stellte es schlau an, wenn er sich in einen alten Mann verwandelt und unerkannt durch die Lande reist.

Die Asen jedoch durchschauten ihn dank ihrer Sehergaben und gaukelten ihm etwas vor: Dem König erscheint eine Halle, vor deren Tor er einen Mann mit sieben Handmessern jonglieren sieht. Diesem gegenüber gibt er sich als Gangleri, Wildniswanderer, aus und bittet um ein Nachtlager. Der Messerwerfer führt ihn zu drei Hochsitzen, die übereinander stehen und in denen drei Männer sitzen. Der unterste nennt sich Hoch, der mittlere Ebenhoch (Gleichhoch) und der oberste Dritt. Wie in einem Klartraum fragt König Gylfi die drei Männer nach und nach alles, was er wissen will, und sie geben ihm bereitwillig Auskunft. Nachdem er durch seine geschickten Fragen die Mythen und Schicksale sämtlicher Gottheiten in Erfahrung gebracht hat, erzählen ihm seine seltsamen Gesprächspartner noch vom Untergang und Neubeginn der Welt. Da hört er plötzlich von allen Seiten ein lautes Krachen, und unversehens findet er sich auf offenem Felde wieder. Burg und Halle sind wie vom Erdboden verschluckt.

So wanderte er heimwärts in sein Reich und berichtete dort alles, was er gesehen und gehört hatte. Die drei Männer aber, die ihm ihr ganzes Wissen offenbart hatten, waren niemand anderes als Odin, der Göttervater selbst, der sich ihm in dreifacher Gestalt mehr verborgen als gezeigt hatte.

Es ist derselbe Gylfi, der uns in der Geschichte um die Göttin Gefjon wiederbegegnen wird. Ihm werden hier nach Art einer schamanischen Vision die Grundzüge der nordischen Götterwelt aufgeschlüsselt und, indem er sie anderen erzählt, zugleich der Nachwelt überliefert. „Frau Holle“ kommt darin nicht vor. Ihre Geschichten sind eine eher volkstümliche Ausgestaltung speziell der hiesigen Mythologie und sollen deshalb den Erzählreigen dieses Buches eröffnen.

Abb.4: Holda, die „gütige Beschützerin"

Kapitel 2

Frau Holle – Prototyp einer großen germanischen Göttin

Die nordische Huldsaga

Zugegeben, sie gehörte nicht gerade zu den Lieblingsmärchen meiner Kindheit, die Geschichte von Frau Holle, wie sie uns von den Brüdern Grimm überliefert wurde. Ich fand Frau Holle als Märchenfigur auch nicht sonderlich spannend. Dass sie große Zähne hatte, überlas ich einfach. War ja auch nicht wichtig, oder? Dabei findet sich gerade in diesem Detail der wichtigste Hinweis auf ihre eigentliche Herkunft:

Ausgerechnet Frau Holle, die wir uns allzu leichtfertig als harmloses altes Mütterchen vorstellen, ist in Wirklichkeit eine Riesin! (Das bestätigen uns auch andere Mythen und Märchen aus ihrem Sagenkreis.) Als Riesin aber sitzt sie zu Recht am Fuße des Brunnens der Vergangenheit, dessen Tiefe wir Menschen niemals ausloten werden. Der Brunnen, die Seen, Gewässer im allgemeinen, sind ihr Zuhause, denn das Raunen der murmelnden Wasser verleiht ihr jene Kraft, die mit vielen Riesinnen und Riesen verbunden wird: die Wahrsagekunst oder Schicksalsdeutung.

Frau Holle ist also eine Riesin und gehört als solche sozusagen zum „Urgestein“ der Welt. Denn die Riesen der nordischen Mythologie sind älter als die Gottheiten, älter selbst als die den Asen vorangehenden Wanen. Die Frostriesen, – zu denen ganz unzweifelhaft auch Frau Holle gehört, da sie selbst den Schnee auf die Erde schickt, – verkörpern die Macht des Eises: seine Macht zu zerstören wie auch seine Macht zu beschützen. Denn das Schneekleid der Erde schützt diese im Winter vor dem Austrocknen und die Pflanzensamen vor dem tiefen Frost.

In Frau Holle erkennen wir somit die eher wohltätige Macht von Eis und Schnee, weshalb es von ihr auch heißt, sie lege während der Winterzeit jeder Blume den Traum vom Frühlingshimmel ins Herz!

Die Frau Holle unserer Märchen ist identisch mit der Huld(a) aus der altnordischen Huld-Saga. In Deutschland wird Holda/Hulda schon im 10. Jahrhundert genannt. Durch die Zeiten hindurch stellte man sie sich als eine hohe Frau von wunderbarer Schönheit vor, in weißem, wallendem Gewand mit goldenem Gürtel. Ein mit silbernen Sternen bestickter Schleier umhüllt ihr goldenes Haar und fällt auf Schultern und Rücken herab. Am Scheitel allerdings ragt eine wirre Locke unter dem Schleier hervor, die sich selbstständig gemacht hat. Dieses eigenwillige Haarbüschel verweist auf ihre stürmische und wilde Seite, in der sie als Windsbraut und Walküre nächtens an der Spitze des „wütenden Heeres" durch die Welt fliegt und Angst und Schrecken um sich verbreiten kann.

In der Huldsaga gibt sie ihre Abstammung von den Riesen zu erkennen:

> Wie so oft ritten die Götter Odin, Loki und Hönir gemeinsam zu einem Jagdausflug in den Wald, als ihnen ein goldgeschmückter Hirsch entgegengesprungen kam. Odin nahm die Verfolgung auf und verlor schon bald sowohl den Hirsch als auch seine beiden Begleiter aus den Augen. Stattdessen sah er sich plötzlich drei stattlichen Frauen gegenüber, die ihn gastfreundlich in ihre Höhle einluden.
>
> Huld, die älteste von den Dreien, lädt Odin ein, das Nachtlager mit ihr zu teilen. Sie gesteht ihm, dass sie ihn mit List herbeigelockt hat, um ein Kind mit ihm zu zeugen. Dazu eröffnet sie ihm das Geheimnis ihrer Herkunft:
>
> Hulds Mutter, Magia mit Namen, war die Königin eines alten, zauberkundigen Geschlechts. Sie heiratete einen Riesen, der sich in ihr Land verirrt hatte und sie bald nach der Hochzeit verließ. Aus Kummer und Enttäuschung über den treulosen Gemahl setzte die Mutter ihre Tochter Huld schon kurz nach der Geburt aus, tötete den Riesen und starb selbst bald darauf an gebrochenem Herzen. So wurde das Mädchen vom Bruder des Vaters aufgezogen, der sie in Drachengestalt holen kam und zu sich nach Hause brachte. Er selbst war ein Riese von großer Zauberkunst.
>
> „Als ich sechzehn Jahre alt war, heirateten wir", erzählt

Huld dem Odin, „und ich schenkte ihm zwei Töchter, Thorgerd und Yrpa, die du nun kennengelernt hast. Kurze Zeit später wurde mein Mann von seinem Nachbarn erschlagen. Aus Furcht vor mir, der zauberkundigen Huld, boten die Mörder einen Vergleich an sowie die Unterwerfung unter meinen Spruch. Daraufhin berief ich alle Riesen und Unholde zu einer Versammlung nach Jötunheim (Riesenheim) zu einem Gerichts-Thing. Dich, Odin, habe ich nun zu mir gelockt, um deiner zu genießen. Dafür will ich dir die Ehre antun, dass du den Schiedsspruch auf jenem großen Thing persönlich fällen darfst. Auch empfehle ich dir meine beiden Töchter Thorgerd und Yrpa."

Odin erklärte sich bereit, Hulds Bitte zu erfüllen. Eingehüllt in das alte Drachengewand flog sie zusammen mit Odin, der auf Sleipnir ritt, zum Thing. Dort fällte Odin folgenden Schiedsspruch:

„Als erstes bestimme ich, dass Huld von nun an die Oberkönigin über das ganze Volk der Riesen und Unholde des Nordlands sein soll. Zweitens soll in Trölladyngja ein Tempel zu unser beider Verehrung errichtet werden, dem Huld mit ihren Töchtern vorstehen wird und dem jährliche Abgaben zu entrichten sind. Drittens bestimme ich, dass diejenigen, welche an der Tötung des Riesen Gifgas beteiligt waren, des Landes verwiesen werden."

(nach Paetwow, S. 123f)

In alten Sagen wird die Huld mit ihren Töchtern vielfach als Schutzgeist angerufen. Dem Odin schenkte sie ihre beiden Raben, die ihn seitdem als seine weisen Ratgeber begleiten und ihm alle Neuigkeiten ins Ohr flüstern, die in der Welt geschehen. Diese beiden hellsichtigen Tiere heißen Hugin und Munin – Gedanke und Gedenken, sie sitzen auf der Schulter des Göttervaters und wurden zu seinem Wahrzeichen.

Wie aus der Huldsaga hervorgeht, war Huld eine Göttin des Gerichts. Entsprechend waren auch Holda die Mal- und Gerichtsstätten heilig, sowie die acht Freisteine, an denen Verfolgte ein Asyl fanden. Ihre leuchtende Gestalt wollte man nächtens bei Vollmondschein, aber auch tagsüber, gesehen haben, wenn sie mit einem Gefolge göttlicher Frauen die ländlichen Fluren abschritt, um mit ihrer Spindel Furchen zu ziehen und heilige Grenzen zu markieren, die kein Frevler zu verletzen wagte.

In der nordischen Huldsaga wird besonders deutlich, wie sehr Frau Holle/Hulda und ihre beiden Töchter im Grunde den drei Nornen am Urdbrunnen gleichen: Holda hält wie die Nornen am Fuß eines Baumes Gericht. Unter den Bäumen ist ihr besonders die Linde geweiht, weshalb wohl im Mittelalter die Gerichtsversammlungen im Schatten dieses Baumes abgehalten wurden. Die berühmte Femlinde bei Dortmund war noch bis 1870 intakt, ehe ein Orkan sie niederriss. Noch bis in unsere Zeit hinein galt die Dorflinde als Treffpunkt ländlichen Lebens.

„Am Brunnen vor dem Tore
Da steht ein Lindenbaum."

Mit Frau Holle, Holda oder Huld begegnen wir einer der schillerndsten und vielseitigsten Gestalten der gesamten germanischen Mythologie, die zugleich so volksnah erschien wie keine andere Gottheit. In ihr erkennen wir sowohl die drei Nornen in all ihren Aspekten als auch die holden Göttinnen Venus, Freya und Frigg, Iduna mit den Äpfeln der Unsterblichkeit und letztlich sogar die Totengöttin Hel.

Wenn wir uns das bekannte Märchen von Frau Holle vergegenwärtigen, wie es bei den Gebrüdern Grimm wiedergegeben ist, so fallen uns weitere zentrale Elemente der Erzählung auf:

– Man findet zu ihr durch einen Sprung in den Brunnen. Dort unten herrscht wider Erwarten nicht Kälte, Moder und Tod, sondern blühendes Leben *(Venusberg)*.

- Die Mädchen müssen ein Brot aus dem Ofen ziehen *(Korngöttin)*.
- Sie müssen einen Apfelbaum schütteln *(Herrin und Spenderin des Apfelbaums)*.
- Sie müssen „Schnee machen", indem sie Frau Holles Betten schütteln.

Sehen wir uns die einzelnen Elemente nacheinander an, so erhalten wir nicht nur ein geschärftes Profil dieser großen, weltumspannenden Göttin, sondern erkennen in ihr zugleich die volkstümliche Ausprägung der oben genannten Göttinnen.

Am Brunnen vor dem Tore

Frau Holle wohnt in der Tiefe, unter Brunnen, Teichen und Seen, denn das irdische Leben bedarf zu seinem Entstehen und Blühen der Erde und des Wassers in all seinen Formen, wozu in unseren Breitengraden eben auch der Schnee gehört, dessen reine weiße Farbe zu vielerlei Symbolik angeregt hat.

Zahlreiche Brunnen waren ihr geweiht. Im Kuniberts-Brunnen bei Köln, im Harz unter der Teufelsbrücke an der Rosstrappe, am Meißner in Hessen, unter dem Brunnen der Spillaholle in Schlesien, im Quickbrunnen zu Dresden lokalisierte man ihre hell erleuchtete, warme Wohnung. Dort in der Tiefe hegt sie ihre Gärten und Wiesen, wo die Ungeborenen harmlos und ohne Verlangen nach der oberen irdischen Welt fröhlich spielen und aus den Blumenkelchen Honigsaft nippen. (Wer dächte dabei nicht an Nektar und Ambrosia der Unsterblichen?) Frauen, die zu ihr in den Brunnen steigen, macht sie gesund und fruchtbar. Neugeborene Kinder, sagte man, stammen aus Frau-Hollen-Teich. Durch Teiche und Brunnen reichte sie die zur (Wieder-)Geburt bestimmten Seelen an die obere Welt hinauf. Brunnen fungierten sozusagen als ihr Geburtskanal, durch den sie die Menschen auch mit anderen guten Dingen aus ihren unvergleichlichen Gärten beschenkte. Noch im 19. Jh. zeigte man in fast jeder Stadt einen „Kinderbrunnen“, aus dem der Klapperstorch die Kinderseelen heraufholen sollte, ehe sie zum Menschenleben geboren würden. Über den Quickborn in Dresden, dessen Wasser Kindersegen verleihen sollte, baute man sogar eine Kapelle mit einem Storch auf dem Giebel, die 1512 erneuert wurde. Sie ist – selbstverständlich – der Jungfrau Maria gewidmet.

Ganz besonders aber hat „Frau Holle“ die Landschaft um den hessischen Meißner geprägt, der seine Wasser zu gleichen Teilen ostwärts zur Werra und westwärts zur Fulda entsendet.

An seiner felsigen Ostwand hat sich im blauen Basaltgeröll eine grüne Schüssel gebildet. Hier rinnt der Godesborn über die Moorwiese in einen kleinen See, den man von alters her den Frau-Hollen-Teich nennt. Dieser Teich soll unermesslich tief und der Eingang zu Frau Holles unterirdischem Garten und Schloss sein. Kinderlose Frauen sollen in diesem Waldweiher gebadet haben und alsbald zu glücklichen Müttern geworden sein. Zuweilen, an heißen Sommertagen, ist sie dort einsamen Wanderern als schöne weiße Frau erschienen, die dann aus dem Teich ein Glockengeläut wie von einer anderen Welt vernahmen.

Das ganze mächtige Bergrevier galt als ihr Gebiet. Auch aus der Westwand springt zwischen den Basaltsäulen ein kristallener Quell in einer engen Klamm zu Tal. Daneben ist ein Felsloch in den Berg gesprengt, das man seit alters her die Kitzkammer nannte. In dieser Höhle hat Frau Holle einst ihre heiligen Katzen gehalten, die im Volksmund als Kitze bezeichnet wurden. Hier ist sie oft als hohe weiße Frau mit einem Schlüsselbund oder als wilde Katze erschienen, und immer war ihre Erscheinung von Musik begleitet.

Sie konnte Riesengestalt annehmen, wenn sie von weit her von Berg zu Berg schritt, ohne die Täler zu berühren. Einmal kehrte sie von einem solchen Ausflug zurück zum Meißner und verspürte einen Druck im linken Schuh. Müde vom weiten Wandern setzte sie sich auf einen Berg und zog ihn aus. Da fiel ein Stein heraus, und das war der große Felsblock, der noch heute bei Reichensachsen zu

Abb.5: Statue am Frau-Holle-Teich auf dem Hohen Meißner, Hessen

sehen ist. Er heißt die „Blaue Kuppe". Am Südhang des Meißners aber erkannte man den großen „Frau-Hollen-Stuhl", einen ausgehöhlten Steinblock mit einer Rückenlehne aus Basalt. Hier sah man einst Frau Holle, die Schirmherrin der Neuvermählten, selber sitzen. Sie strählte ihre goldenen Haare und sang. Wer sich aber nach ihr auf diesem Stuhl niederlässt, der soll von all seinen Gebrechen genesen.

Es versteht sich von selbst, dass man eine solch heitere und segensreiche Gestalt auch mit dem Wasser des Lebens in Verbindung brachte, das von aller Krankheit heilte und selbst Totes wieder lebendig machen konnte. Geschichten wie „Die Alte mit dem Wasser des Lebens" geben davon ein beredtes Zeugnis.

Die Landschaft, welche die beiden Mädchen unten auf dem Boden des Brunnens vorfinden, nimmt sich geradezu paradiesisch aus: eine schöne Wiese, „wo die Sonne schien und viel tausend Blumen standen." Dazu gibt's bei Frau Holle alle Tage Gesottenes und Gebratenes, ein Leben in Überfluss, dem es an nichts mangelt. Vor allem dann nicht, wenn man den Reichtum entsprechend zu schätzen weiß und vorsichtig mit ihm umgeht. Diese Art von Paradies, die wir im Märchen nur in knappen Worten beschrieben finden, nannte man vielerorts auch Venusberg.

Venusberg: Der Himmel ist innen

Brunnen, Quellen, Teiche, Flüsse – sie alle entspringen am Fuße oder im Inneren von Bergen oder Gebirgen. Dies mag die Vorstellungen begünstigt haben, die mit dem „Venusberg" zusammenhängen, der im Volksmund auch „Frau Hollen Hofhaltung" genannt wurde. Dort soll gut leben, tanzen und springen sein, das reine Paradies auf Erden, wo die Göttin der Liebe den beseligenden Met ausschenkt, der die Zeit außer Kraft setzt.

In seinen erhellenden Forschungen über das sogenannte KALL-Schema hat der Paläolinguist Richard Fester Erstaunliches zutage befördert: Er hat sechs Erstprägungen oder Archetypen gefunden, die man als das Fundament sämtlicher Sprachen des Erdballs ansehen kann. Für unseren Zusammenhang ist vor allem die Urform KALL von Interesse. KALL bezeichnet jede Vertiefung, jeden Hohlraum, jede Wölbung, Schale, Kehle, Höhle, Quelle, vor allem auch den mütterlichen Leib, die Geburt, das Kind, den Clan, das Volk. KALL ist auch Niederung, Senke, Meer, Mündung, Flussbett und See, Zugang und Weg.

KALL und seine Derivate stehen weltweit und grundsätzlich für den Begriff des Runden, verweisen auf die Zusammenhänge von Frau und Gefäß, Frau und Quelle, Frau und Höhle, aber auch Frau und LiebesGLÜCK. KALL-Formen deuten auf kultische Reigen: kroatisch KOLO, griechisch CHORos, nordisch LEK. Wie letzteres ist selbst noch unser deutsches Wort REIGen ein Abkömmling von KALL bzw. dessen gleichwertiger Umkehrung LAK. Wobei wir bei

LAK gleich wieder an Lagu(ne), frz. *lac,* engl. *lake* in ihrer Bedeutung von See denken müssen. Auch WALL gilt als KALL-Ableitung; analog die Reihe: schwedisch KÄLLA, deutsch QUELL (Kwell), englisch WELL (wobei „well" im Englischen auch „gut" heißt). Das germanische Wort „Wal", das mit „Tod", „Sterben" und (in der Schlacht) „Fallen" zu tun hat, darf man wohl getrost ebenfalls hier ansiedeln.

Die KALL-Form WÖLbung umspannt Höhle oder Himmel in gleicher Weise. Im Himmel eine über die Erde gestülpte Glocke zu erkennen, brachte die Römer dazu, den Himmel COELum zu nennen. Das lateinische COLere bedeutet zugleich aushöhlen und pflegen. Damit stehen nicht nur „Kult" und „Kultur" im selben Wortfeld, sondern ebenso erscheinen Kult und Höhle einander unmittelbar verwandt. Wort und tieferer Sinn der Höhle haben sich im Deutschen nicht nur zu „Hel" und „Hölle" und „hehlen" (im Sinne von verbergen), sondern auch zu „heilig" und „heilkräftig" weiterentwickelt.

Damit nicht genug, gehören auch „hell" und „Hall" (auch im Sinne von Klang) zusammen: Im Semitischen bedeutet h-l-l soviel wie hell, Mond, Morgenstern, aber auch „rufen", ähnlich im Griechischen: *kalós* = schön, kommt ursprünglich von „leuchtend", bzw. leuchtend hell, bedeutetet aber auch „rufen" = *kaléo.* Halo ist im Englischen der leuchtende Schein, auch „Heiligenschein". Überflüssig zu betonen, wie sehr auch Holla und Hel in all diesen Wortfeldern mitschwingen.

Wenn nach all dem, was oben hergeleitet wurde, hell und dunkel als verwandt erscheinen, weil sie im Grunde derselben Wortwurzel entspringen, dann erklärt sich auch, warum die Unterweltsgöttin Hel als schwarzweiße Jungfrau – als zur Hälfte weiß und zur Hälfte schwarz – vorgestellt wurde! Andere Namen für Hel waren noch Halja, Hellia, Hella oder Hell. Halja bedeutet „die Bergende", und Hella oder Hell hat in der Tat auch mit leuchtend zu tun: In den Niederlanden nannte man das Sternbild des großen Bären Hellewagen, in Westfalen die Milchstraße Hellweg.

Selbst das Totenreich der Hel muss man sich durchaus nicht duster vorstellen. Als der Lichtgott Balder, Freyas Sohn, durch Lokis Tücke starb – und das heißt: zur Hel geschickt wurde –, fand er ihre Räume schön geschmückt, die Ruhekissen mit Goldstoff bespannt, den köstlichen Metbecher bis zum Rand gefüllt. Demnach hatte die Göttin auch Freudensäle, in denen sie die Guten, die nicht nach Walhall (man beachte die KALL-Verdoppelung dieses Namens!) oder Folkwang fanden, empfing und für ihre Tugend reichlich belohnte. Somit ist Halja eine bergende, in den Schoß der Unterwelt aufnehmende, ursprünglich gütige Gottheit. Und auch in ihrem Reich entspringt ja ein Quell: der Brunnen Hwergelmir (was soviel heißt wie „rauschender Kessel"), aus dem die dritte Wurzel der Weltenesche Yggdrasil ihr „Lebenswasser" bezieht. Aus Hwergelmir ergießen sich die Eisströme der nördlichen Polarwelt, die alle Flüsse dieser Welt speisen und selbst wiederum das Feuer von Muspellheim in Schach halten und so den Ausgleich jener Kräfte bewirken, zwischen denen Raum für Schöpfung sein kann. (vgl. Fester S. 84 – 106, Berendt, S. 68f)

Die Wörter von Himmel und Höhle (Hölle) bilden demnach keine wirklichen Gegensätze. Wenn wir uns den Himmel als Glocke bzw. Decke einer großen, überdimensionalen Höhle vorstellen, wird auch der Venusberg zu einem Abbild der Welt. Die Fantasie vom Venusberg als einem Ort, zu dem wir jederzeit Zutritt haben können, wenn wir nur aufmerksam genug sind, zeigt uns diese Welt zu guter Letzt als einen Ort der Geborgenheit, in der uns weiblich-schöpferische Kräfte helfend zur Seite stehen. „Wie unten, so oben" – in Wirklichkeit ist auch der Himmel nichts anderes als die Decke einer großen, nach oben gewölbten Erdhöhle.

Deshalb kann man in den „Himmel" kommen, wenn man durch einen Brunnenschacht in die Tiefe springt! Ja besser noch: Im Grunde halten wir uns alle bereits „im Himmel" auf. Wir müssen nur gewillt sein, die Augen aufzumachen oder auf unsere innere Stimme zu lauschen. Die „Anderswelt", das wussten schon die Kelten, liegt keinen Fußbreit neben der von uns für „wirklicher" gehaltenen „diesseitigen" Welt. Es kommt nur auf die Wahrnehmungsweise an … oder auf einen wagemutigen Sprung in den Brunnen, wo immer sich dieser auftun mag!

„Venusberg" ist überall, vor allem aber im Hier und Jetzt. Nur hat man nicht immer einen Blick dafür.

Der Venusberg hieße aber nicht „Frau Hollen Hofhaltung", wenn man sich dort nicht ganz sinnlich dem Liebesgenuss hingeben könnte. Nicht umsonst nennen wir das Fettpölsterchen über dem „Schambein" der Frau bezeichnenderweise auch „Venushügel". Hier befindet sich der Eingang in jene Quelle des Lebens, in deren Wassern wir einst alle schwammen, und die den Rausch der Liebesekstase ermöglicht. Die uns die Erdenschwere vergessen und uns leichten Herzens „fliegen" lässt (weshalb „vögeln" für dieses Geschehen gar kein so schlechter Ausdruck ist).

So begab sich einst auch der Ritter Tannhäuser in den Venusberg, nachdem er sein Hab und Gut verprasst hatte, und fand dort seliges Vergessen an der Freudentafel der Liebesgöttin. Als er nach Jahren anfing, sein ausschweifendes Leben zu bereuen, verließ er den Venusberg und pilgerte nach Rom, um dort Vergebung seiner Sünden zu erlangen. Der Papst jedoch wies ihn zornig ab und stieß zur Bekräftigung seinen Krummstab in die Erde: „So wie dieser Stab niemals wieder grüne Blätter treiben wird, so wenig wirst auch du jemals Gnade und Vergebung erfahren." Da machte Tannhäuser sich traurig und ratlos von dannen. Wie staunte der Papst aber, als der dürre Stab nach drei Tagen tatsächlich Blätter und sogar Blüten hervorsprießen ließ! Reumütig ließ er nach dem verlorenen Sohn suchen, doch der war längst wieder in den Venusberg und damit zur Religion der Liebesgöttin zurückgekehrt. (vergl. Wägner, S.113)

Die Spenderin des Apfelbaums

Weniger bekannt ist vielleicht, dass Frau Holle auch die Apfelbäume heilig waren. Felder mit blühenden Apfelbäumen sind weiß wie Schnee, sie erinnern an den gerade zu Ende gegangenen Winter und sehen gleichzeitig aus, als ob sie Hochzeit feiern wollten; in ihren weißen, duftenden Prunkgewändern verbreiten sie so etwas wie Festfreude um sich herum. Daher ist der Apfel in vielen Kulturen ein Sinnbild von Auferstehung und ewiger Erneuerung des Lebens.

Die griechische Göttin Hera hatte einen goldenen Apfelbaum mit den lebenverjüngenden Früchten von ihrer Mutter, der Göttin Gaia (Erde), zur Hochzeit geschenkt bekommen und ihn in ihren westlichen Garten gepflanzt, dorthin, wo sich abends die Sonne zur Ruhe legt. Der indoeuropäische Wortstamm für „Apfel" lautet „abol", slawisch „jabol", und hängt unverkennbar mit dem Namen des griechischem Gottes Apoll zusammen. Die goldenen Äpfel erscheinen somit als Symbol der Sonne, auch im Märchen. (vergl. Hasel/Stumpf/Zingsem, *Mythische Bäume,* Stuttgart, Nymphenburger 2021) Die der Hera entsprechende germanische Göttin Frigg beschenkte Menschenmütter, die sie um Kindersegen baten, mit Äpfeln. Wenn sie solch einen Apfel aßen, wurden sie kurz darauf schwanger.

Friggs Botin, die windschnelle Göttin Gna, schwebte einst über Hunaland dahin und hörte die inständigen Gebete eines Königs um Nachkommenschaft, damit sein Stamm nicht aussterbe. Er und seine Gemahlin waren schon betagt und hatten daher kaum noch Hoffnung, dass sich ihr Kinderwunsch erfüllte. Lächelnd reichte Frigg ihrer Botin darauf einen Apfel. Der werde, sagte sie, des Fürsten Wunsch erfüllen. Gna nahm die Gestalt einer Nebelkrähe an, als sie sich dem betenden König näherte, und ließ unbemerkt den Apfel in seinen Schoß fallen. Obwohl er über diese Gabe sehr verwundert war, gab der König die Frucht, als er nach Hause kam, sogleich seiner

Frau zu essen. Neun Monate später gebar sie einen Sohn mit Namen Wölsung, Vorfahre des berühmten Sigurd der Nibelungensage. (vgl. Wägner, S. 99f)

Auch Frigg, wen wundert's, wurde in manchen Gegenden mit Frau Holle gleichgesetzt. Wie sie konnte sie durch den weihnachtlichen Winterwald fahren und die Menschen mit Geschenken erfreuen. Die Geschichte von „Frau Holle am Hörselberg" (ein anderer Name für Venusberg!) beschreibt sie uns als gütige Spenderin des Apfelbaums:

> Vor Zeiten, als noch die Felshänge des Hörselberges mit Urwald bedeckt waren und das wilde Getier in den Schluchten wohnte, da hauste hier ein armseliger Tagelöhner mit Frau und Kind in der Einöde. Während des Sommers verdingte er sich im Tagelohn und ließ seine Frau mit den beiden Töchtern allein zurück. Da stand in einer stürmischen Nacht, als die Frauen wieder einmal alleine waren, auf der Türschwelle ein Mütterchen, zerzaust und gebückt, und bat um Obdach. Die Alte erhielt nicht nur ein Bett für die Nacht, sondern zum kargen Abendessen noch ein Glas Apfelwein aus der hauseigenen Kelter.
> Am Morgen hantierten die drei Frauen ganz sacht in der Hütte herum, um die Alte nicht zu stören. Als aber der Wind die Sturmwolken aufriss und die Sonne durch die winzigen Scheiben blinzelte, da klinkte die Mutter vorsichtig die Tür auf, um nach dem Gast zu sehen. Da war das Bett schon gemacht, und von dem Mütterchen fand sich keine Spur mehr. Stattdessen durchzog ein Wohlgeruch von Rosen das ganze Haus. Da sagte die Mutter: „Kinder, das kann nur die Frau Holle gewesen sein."
> Mit Spinnen und Weben ging ihnen der Winter dahin, und im Frühling wurde der Mutter Vorahnung zur Gewissheit. Als die Töchter eines Morgens durch die betauten Scheiben in den Garten hinaus lugten, standen da die schönsten Apfelbäume im Schneekleid der Blüte. Die waren am Tag zuvor noch nicht

da gewesen. Also konnten sie nur von Frau Holles guten Geistern in dieser Nacht gepflanzt worden sein. „Denn sie ist ja die Herrin des Gartens, die Freundin fleißiger Spinnerinnen und gastfroher Herzen." Zu ihrer großen Freude hörten die Frauen zugleich ein wunderbares Brausen und Summen in den Zweigen der schneeigen Kronen. Dieser Singsang rührte von abertausend Bienen und Hummeln, die ihre Honigrüssel in sämtliche Blütenkelche tauchten. Und zum Dank schwoll zum Herbst der Saft in die wangenroten Früchte. Da kamen Frau Holles Zwerge und halfen dem Tagelöhner einen köstlichen Apfelwein zu keltern, der weit über Land berühmt wurde und der armen Familie zu Wohlstand verhalf. So entstand das Dorf Weingarten am Hörselberg. (nach Paetow, S. 11ff)

Der Apfel gehört zu den Rosengewächsen, die Rose aber ist das Sinnbild der Liebe. So weist auch diese Geschichte Frau Holle wieder als Liebesgöttin aus. Und wie schon ihre große sumerische Vorgängerin Inanna/Ischtar sehen wir auch hier die Göttin der Liebe mit der Göttin der Gerechtigkeit vereint.

Im Märchen von der „treuen Seidenspinnerin" schenkt sie einem armen und verzweifelten Bauernmädchen, das auf der Suche nach ihrem Liebsten ist, drei wunderschöne, zauberreiche Äpfel: „In dem einen ist eine goldene Spindel, in dem zweiten eine goldene Haspel, in dem dritten ein goldenes Spinnrad." Mit diesen Gegenständen wird sie den Liebsten zurückgewinnen. (Paetow, S. 72) Der Bezug zum Spinnen stellt gleichzeitig eine Anspielung auf den Lebensfaden dar, der von Frau Holle – darin den Nornen gleich – gesponnen wird. Als Schicksalsgöttin macht sie sich zur Anwältin der Armen und Übervorteilten, damit auch diese ihr Glück finden.

Der Apfel ist, wie gesagt, ein altes Unsterblichkeitssymbol, somit Symbol auch ewiger Liebe. Schneidet man einen Apfel quer durch, erscheint ein fünfzackiger Stern. Verbindet man dessen Zacken mit Linien, so kann man diese Linien unendlich übereinander fortzeichnen, ohne jemals den Stift absetzen zu müssen. So entstand das berühmte Pentagramm, das – mit der Spitze nach oben zeigend – zugleich zum Symbol des Menschen wurde (mit Kopf und vier ausgebreiteten Gliedmaßen). Als „Drudenfuß" oder „Schwanenfuß" war es auch Schutzzeichen bei magischen Handlungen.

Die Göttin des nordischen Pantheons, die man zuallererst mit den goldenen Äpfeln der Verjüngung verbindet, ist Iduna – nach der nicht umsonst ein Versicherungskonzern (Lebens-, Kranken- und Unfallversicherung) benannt worden ist. Jeden Morgen gab Iduna den Gottheiten auf Asgard von ihren Äpfeln zu essen und hielt sie dadurch ewig jung. Von ihr wird später noch ausführlich die Rede sein. Hier genügt es zunächst festzuhalten, wie sehr Frau Holle selbst Züge der Iduna angenommen hatte.

Die Korngöttin

Die Göttin, mit der sie jedoch am meisten gleichgesetzt wurde, war die bei Göttern und Menschen (und Riesen) gleichermaßen beliebte Himmelskönigin und Totengöttin Freya, der hier im Buch natürlich noch ein eigenes großes Kapitel gewidmet wird. Im Folgenden werden nur einige grundsätzliche Parallelen aufgezeigt, die sich vor allem auf ihrer beider Funktion als Korngöttinnen beziehen.

Das Brot, das von den Mädchen im Märchen aus dem Ofen gezogen werden will, weist klar auf diesen Aspekt der Holle hin. Brot wird aus Mehl gebacken, das vorher als Kornähre in der Ackerfurche stand. Die Ähren aber galten, wie schon bei der „blonden Demeter" in Griechenland, als das goldene Haar der Göttin.

Ganz wie ihre volkstümlichere „Schwester" erschien auch Freya, in lichte weiße Gewänder gehüllt, an Flüssen, Seen, Quellen und Teichen, um ihr goldenes Haar zu kämmen: Urbild aller Fantasien über die „weiße Frau" oder „weiße Dame". Ihr Goldhaar, das bis zur Erde fließt, verweist symbolisch auf das Korn, das aus der Erde wächst, denn die Ähren gelten als das Gold der Erde.

Immer wieder erzählen uns Märchen und Sagen davon, wie Spreu oder Strohhalme ganz plötzlich – in einem glücklichen, unbedachten Augenblick – zu Gold werden. Unter Frau Holles gnädigen Händen verwandeln sich noch die unscheinbarsten und alltäglichsten Dinge, wie Holzspäne, Zweige oder Kieselsteine in Gold, und oft macht sie sich einen Spaß daraus, die Menschen damit zu foppen. Denn die meisten werfen zunächst achtlos beiseite, was sich später als die wertvollste aller Gaben entpuppt. Meist ist es Zufall, dass noch ein paar Halme in der Tasche zurückgeblieben sind oder ein Stein im Schuh drückt – was dann plötzlich am nächsten Tag und bei genauem Hinsehen ein Goldbarren oder Goldstück geworden ist.

Wer aber glaubt, sich noch mehr von dem Schatz holen zu können, wird enttäuscht. Geschenk soll Geschenk bleiben: unverdientes Glück und nicht berechnetes Kalkül. So wird vermittelt, dass Gier keinen Wert hat, und gleichzeitig dazu angehalten, im Unscheinbaren den Wert zu erkennen. Wachsam und achtsam zu bleiben für die leisen Töne, das kleine Glück und die Schönheiten, die uns von der Natur geschenkt werden und die im Grunde mehr bedeuten als alles Gold der Erde.

Frau Holle, heißt es, belohnt die Guten und straft die Bösen, aber im Grunde belohnen und bestrafen wir uns selbst durch die Art und Weise, wie wir mit den Dingen, Menschen und Situationen umgehen, die unseren Weg kreuzen. Wer in den kleinen Dingen des Alltags den Reichtum erblühen sieht, wird sich als reich und glücklich empfinden, wer aber daran vorbeigeht und auf den großen Wurf wartet, wird oft bitter enttäuscht sein und sich als Pechvogel betrachten.

Weiter oben war schon die Rede von der Kitzkammer, in der Frau Holle ihre heiligen Katzen hütet – ein weiteres Indiz für ihre offensichtliche Identität mit der Göttin Freya, denn auch dieser galten die Katzen als heilig. Freya selbst fuhr in einem von Katzen, meist zwei feurigen Luchsen, gezogenen Wagen durch die Lüfte. Die Haarbüschel der Luchse, die glänzten und glühten wie Sonnenstrahlen, reflektierten das sonnige Gemüt der Göttin, die oftmals selbst mit der Sonne gleichgesetzt wurde.

Katzen durfte man generell kein Leid antun, weil sie Freyas Tiere und ihre Glücksbotinnen waren. Immer wieder erzählte man sich, dass Freya, ganz genau wie Frau Holle oder auch Frigg, die Herzen der Menschen prüfte, indem sie ihnen eine verletzte Katze über den Weg schickte. Wer ein solches Tier liebevoll aufnahm, konnte des Segens der Göttin gewiss sein und wurde oft reich beschenkt. Schien einer Braut zur Trauung die Sonne, so hieß es: „Die hat die Katze gut gefüttert." Wer „die Katze nicht fütterte", beleidigte die Göttin der Liebe und konnte selber keine Liebe erwarten.

Die Spinnerin

Im Märchen ist es die Tätigkeit des Spinnens, welche die Mädchen in Frau Holles Reich führt. Spinnen und Weben galten als genuin weibliche Tätigkeiten, wobei das Drehen der Spindel und das Schnurren des Spinnrads als trancefördernd galten. Leicht konnte man so ins Träumen und in die „andere Welt" geraten. Große Wahrsagerinnen wurden oft mit einer Spindel in der Hand dargestellt. Wir erinnern uns, dass auch Dornröschen sich an einer Spindel sticht, ehe sie in den Schlaf hinüber sinkt.

Wie Holda/Holle galt auch Freya als eine spinnende und webende Göttin. Das Tuch, das sie webt, erscheint am Himmel als Wolke. An ihrem goldenen Rocken spinnt sie seidenweiches Garn, das sie an fleißige Frauen verschenkt. Dieses nimmt kein Ende, wenn die Weberin es zum Webstuhl bringt und sichert ihr lebenslangen Gewinn. Im Oriongürtel erblickte man das Abbild ihres mit Perlen und Edelsteinen besetzten Spinnrockens am Himmel. Dieser *Frejerock* wurde christlich zu *Mariärok*. So spiegelte der Himmel das Geschehen auf Erden wider.

Ein sichtbares Abbild des Himmels auf der Erde war umgekehrt die blaue Flachsblume. Überflüssig zu betonen, dass Frau Holle als ihre Erfinderin galt, wie auch die gesamte Flachsverarbeitung als ihr ursprüngliches Werk angesehen wurde. Konnte es wohl ein schöneres Bild für die Vereinigung von Himmel und Erde geben als der Anblick eines blühenden Flachsfeldes, das mit seiner Farbe gleichsam den Himmel auf die Erde holt? Ganz wie die Oberfläche eines Teiches, Sees oder Brunnens reflektiert die Erde den Himmel und nimmt ihn in sich auf. Von Frau Holle selbst ging die Sage um, dass sie ein Gewand trug, das so blau war wie der Sommerhimmel:

> „Im märkischen Havelland ist Frau Holle unter dem Namen Frau Harke wohlbekannt. Dort hütet sie in den Hellbergen die Seelen der Ungeborenen. Allda findet man auch ihren See, in dem sie vor Zeiten ihr Linnen wusch, und aus dem die Mädchen das Osterwasser schöpfen. Wenn nun Frau Harke zur Sommerzeit durch das Havelland geht, dann ist der Saum ihres blauen Kleides so grün wie ein Lindenblatt. Ihre blonden Zöpfe liegen schwer auf ihren Schultern, und in ihren Augen spiegelt sich der märkische Himmel." (Paetow, S. 114)

Aus der blauen Blume des Flachses wird eines Tages das Linnen, weiß wie Schnee, Hochzeitskleid und Todeslaken in einem. Die weißen Blüten der süß duftenden Myrte gehören ebenfalls gleichzeitig zum Symbolbereich des Todes und der Hochzeit. Auch die Brautleute vollziehen bei der Hochzeit den Schritt in ein verwandeltes Dasein, das ihrer bisherigen Lebensform ein Ende setzt. Ein neues Leben kann und soll beginnen. Daher haben Hochzeitsriten immer etwas ergreifend Numinoses, denn in gewisser Weise geht es dabei um die zeremonielle Unterstützung einer Erfahrung von Tod und Wiedergeburt.

„Rauhnächte" und Mai-Nächte

Fuchsteufelswild können die mildesten Göttinnen werden, wenn ihren Schutzbefohlenen, seien es Pflanzen, Tiere oder Menschen, ein Haar gekrümmt wird. Dann kehren sie wie aus heiterem Himmel ihre stürmische und – wie der eisige Nordwind – alles vernichtende

Seite hervor. Freya gilt als die Anführerin der Nornen und Walküren. Wie Skuld und Holla hat sie diese kämpferische Seite, die sich in der Natur u. a. als nächtlicher Sturmbraus bemerkbar macht oder sich im Gewitter mit Donner, Blitz und Hagel entlädt und alles kurz und klein schlagen kann. Als Walfreya (Totenwählerin) lenkte sie die Schicksale der Völker und den Ausgang der Schlachten.

Im Jahreskreis ist dies die „wilde Zeit", die Zeit der zwölf „Rauhnächte", auch „Klöpfelnächte" genannt, die vom 25. Dezember bis zum 6. Januar währen. Dies ist die finsterste Zeit des Jahres, wenn die Welt sich aufzulösen scheint, der Sturm an die Fensterläden klopft und das Leben in Kälte und Eis zu erstarren droht. In ihrem wilden Aspekt hat Holda viel mit Skuld gemeinsam, der dritten und ungnädigen Norne. Als Totengöttin ist sie die Hüterin der ungeborenen Kinder. Von ihr kamen und zu ihr gingen die Seelen der Menschen, die sie in ihren Gärten hütete und in ihren heiligen Wassern zur Wiedergeburt vorbereitete. Hier schließt sich wieder der Kreis: Was sie im Winter des Lebens (der Erde) an Energie entzieht, schenkt sie in der Blüte des Frühjahrs reichlich zurück. Aus Skuld wird wieder Urd. Der aufbrausende See, der seine Opfer verschlingt, wird wieder zum Lebensborn.

Man erzählte sich, dass in dem von Holda bewohnten Quickborn (Lebensbrunnen) verkrüppelte Menschen gesunde, kräftige Glieder und Greise die entschwundene Jugend wiederfänden – eine Sage, die sie sowohl mit Iduna als auch mit Ostara zusammenbringt, der zu Ehren man vom 30. April auf den 1. Mai die Walpurgisnacht feierte. Es wird wohl kein Zufall sein, dass im Mittelalter das Kloster Germerode, das im Bezirk des berühmten Frau-Hollen-Teichs am hessischen Meißner gelegen war, der hl. Walpurgis geweiht war.

Der 6. Januar jedenfalls war der hochheilige Festtag der Frau Holle, der auch „Altjahresabend" genannt wurde. Dann fuhr sie als „Weihnachtsfrau" mit ihrem Schlitten oder ritt auf ihrem Schimmel durch die winterlich verschneite Welt und kehrte bei den Menschen ein. Und „wo sie fährt, da wird beschert", verhieß ein altes Sprichwort. Berhta, Berchta oder Percht(a) hat man sie wohl auch genannt.

Das Wort bedeutet „leuchtend schön“ oder „hell glänzend“ und bezieht sich hier auf den blendend weißen Schnee, der als direkte Gabe der Göttin gilt und die winterliche, dunkle Welt durch sein Strahlen erhellt. An einem solchen Tag konnte es schon einmal vorkommen, dass Frau Holle selbst um Hilfe bat:

„Es war aber wieder Berchtenabend, den das Volk auch Frau-Hollen-Abend oder Dreikönigsfest nennt“, so beginnt die Geschichte von „Der Heimchenkönigin Überfahrt über die Saale“. In dieser Nacht vernimmt ein schon betagter Fährmann, der sich gerade schlafen gelegt hatte, wie im Traum den alten Ruf „Hol über!“ Als er schlaftrunken und übellaunig über die von Eis knirschende Wiese zur Bootsanlegestelle stapft, „erblickte er über dem dunklen Fließband des Stromes wie aus Nebeln gesponnen ein mächtiges Weib“, und als er mit seinem Kahn ans andere Ufer gelangte, „da war das Weib zur Riesin aufgewachsen.“ Frau Berchta ist jedoch nicht alleine gekommen. Mit sich führt sie eine unüberschaubare Zahl von „Heimchen“, die alle mit übergesetzt werden wollen und jedes Mal das Boot fast zum Kentern bringen, so viele sind sie. „Und noch quoll es heran mit bunten Körbchen, dem Rucksack Huckepack. Die kleinsten ritten auf Ziegenböcken, andere schleppten an einem schweren Pflug.“ Dreimal insgesamt muss der Alte die Fähre von Ufer zu Ufer treiben, „dann zog der Geisterzug mit Saitenspiel und Gesumme dem Bergwald zu.“

Der Schiffer aber sorgt sich um seinen Lohn. Zwar hat jeder Fahrgast klipperklapper den Lohn in seine Mütze geworfen, doch blieb der Alte skeptisch. Und tatsächlich, als er die Kappe umstülpte, fand er nur einen schmutzigen Haufen von Kieselsteinen. Die warf er fluchend in den Fluss und wankte müde nach Hause. In seiner Kammer riss er die Mütze vom Kopf. Da sprangen ihm zwei Münzen über die Nase und rollten unter den Ofen. Wie er sie aber hervorholte, da waren sie von blankem Gold! Eilends rannte er wieder zum Fluss hinunter, um zu sehen, ob er die weggeworfenen Steinchen noch finden könnte, doch konnte er keine mehr entdecken. (vgl. Paetow, S. 105-108)

Eine typische Hollen-Geschichte. Wunder lassen sich nicht berechnen. Geben sollte man, ohne gleich nach dem Gewinn zu schielen.

Interessant sind an dieser Geschichte natürlich auch die Heimchen, weisen sie doch Frau Holle direkt als die Hüterin der Kinderseelen und damit Totengöttin aus. Sie gilt als Schutzgöttin vor allem auch für die früh verstorbenen Kinder, mit denen zusammen sie während der Rauhnächte die Lande durchstreift.

In der Geschichte vom „Tränenkrüglein“ erfahren wir von einer Mutter, die sich nach dem Tod ihres einzigen Kindes die Augen ausweint. Als sie am Hollen- oder Berchtenabend noch einen Botengang machen muss, begegnet ihr Berchta-Holla als Seelenführerin mit ihren Heimchen. Die zogen „mit zirpendem Singsang“ an ihr vorüber und dem Walde zu. Nur eines ist zurückgeblieben, weil es sich mit einem viel zu schweren, übervollen Krug abschleppen muss. Schweren Herzens erkennt die Frau ihr eigenes Kind, das sich nur deshalb so plagen muss, weil die Mutter zu viele Tränen vergießt. Das Kind bittet sie, es endlich frei zu lassen, damit es unbeschwert mit den anderen mitlaufen kann. So ist die Mutter getröstet, weil sie weiß, dass ihr Kind in guten fürsorglichen Händen ist. (vgl. ebd. S. 112-114)

Der Pflug, den die Heimchen schleppen, verweist wiederum auf Frau Holle als Korngöttin. Mitten im harten Winter lockert sie mit diesem überdimensionalen Gerät das Erdreich von unten auf, damit im Frühjahr die neue Saat umso leichter keimen kann. Eine echte Leben-im-Tod-Göttin also, die den ganzen Jahreskreis unter ihre fürsorglichen Fittiche nimmt.

Wichtig ist in diesem Zusammenhang, dass die zwölf Rauhnächte ihr Pendant in den zwölf Mainächten fanden, was heute kaum noch bekannt ist.

Nach der nordischen Mythe hat in den ersten zwölf Tagen des Mai die Vereinigung Wodans mit Frigg stattgehabt, und es sind daher diese Tage von unseren Urahnen festlich begangen worden. Jene zwölf Nächte galten für heilig und an ihnen wurde später das sogenannte „Mailag" oder „Maifeld", der altdeutsche Landtag, abgehalten. Nachklänge jener Feier sind die Feste der Frühlingseinholung, gewissermaßen zur Feier der Rückkehr Wodans und seiner Brautfahrt, und sie hat sich in zahlreichen Gebräuchen zum großen Teil auf das christliche „Pfingstfest" übertragen. (Wägner, S. 467)

Es ist dies das Fest der „Maibraut" und der „Maifrau", das von der Göttermutter herrührt. Die Christen machten den Mai zum Marienmonat und Maria zur Maienkönigin, allerdings ohne die Symbolik der Heiligen Hochzeitsfreuden.

In die Zeit der Rauhnächte gehört schließlich noch die immergrüne Stechpalme (Ilex) mit ihren roten Kugelbeeren als Frau Holles heiliger Baum. Sie ist nur bedingt frostbeständig und wurde deshalb vor allem auch in dem vom Golfstrom begünstigten England und von den keltischen Druiden verehrt. Die roten Beeren der Stechpalme gelten als Sinn- und Abbild der weiblichen Lebensenergie, (während die weißen Mistelbeeren mit der männlichen verbunden werden). Der englische Name für diesen Baum ist „Holly", was natürlich auch mit „holy", heilig, verwandt ist. Ihre Zweige wurden traditionell am Abend der Wintersonnenwende gesammelt, dem sogenannten „Holly day", woraus profan „holyday", freier Tag, wurde. Den britischen Einwanderern nach Amerika bedeutete dieser Baum so viel, dass sie auch dort ihren „Hollywood" anpflanzten. „Hollywoodstar" wurde die Stechpalme auch genannt, „Stern des heiligen Waldes". Germanische Stämme verehrten diesen immergrünen Baum als eine Erscheinungsform der Liebesgöttin Freya, was wiederum die enge Beziehung zwischen Freya und Frau Holle nahelegt. (vgl. Rätsch/Müller-Ebeling, S. 93-96)

Abb.6: Die WeltescheYggdrasil

Kapitel 3

Die Weltesche Yggdrasil

Die Brunnen am Fuße des Weltenbaums

Die germanischen und keltischen Mythen sind voll von Geschichten über heilige Brunnen. Dabei lenkt die Brunnensymbolik der germanischen Mythologie unser Augenmerk auf die Zusammenhänge zwischen Wasser (Klarheit) und Weisheit. Zur (Wasser-)Klarheit des Geistes gesellt sich die prophetische Gabe. Am Fuß des Brunnens der Vergangenheit werden Weisheit und Weissagung eins. Denn die Brunnen, um die es hier geht, hüten mythisches Urgestein, sie waren sozusagen schon zugegen bei der Schöpfung der Welt, kennen und bewahren alle Geheimnisse der ersten Zeit. Nur ihnen ist zu danken, dass die Welt im Innern überhaupt zusammenhält. Und weil das so ist, hat alle „hiesige" Brunnenmythologie auch mit der „anderen" Welt, der Welt des Jenseits zu tun, wo Kräfte wirksam sind, die dem Menschen vorgegeben und von ihm nicht unbedingt zu lenken und schon gar nicht zu beherrschen sind.

Unsere Vorfahren stellten sich den Kosmos als einen riesigen Lebensbaum vor: die Weltenesche Yggdrasil, weit verzweigt, tief verwurzelt, immergrün und doch in Gefahr abzusterben, sobald ihre Pflege auch nur einen Augenblick lang vernachlässigt wurde. Denn die Kräfte der Zerstörung sind Bestandteil des Lebens, und daran ist nichts zu ändern. Verhindern kann man lediglich, dass sie überhand nehmen, und dafür sorgen drei Brunnen, aus denen die drei Wurzeln der Weltenesche täglich ihr frisches Quellwasser beziehen und so ihre verbrauchten Energien erneuern können. Alle drei Brunnen werden persönlich betreut, und das garantiert einen verantwortlichen Umgang mit dem Lebensbaum. Leben, so wie es hier verstanden wird, kann nicht einfach sich selbst überlassen werden, sondern bedarf zu seinem Gedeihen täglicher, bewusster Pflege. Bezeichnend ist, dass alle drei Urzeitbrunnen von Riesinnen und Riesen bewacht werden: der Urdbrunnen von den drei Nornen oder Schicksalsschwestern, der Mimirsbrunnen von dem weisen Riesen Mimir und der „Hwergelmir", der mitten in der Unterwelt entspringt, von der

Göttin Hel, deren Mutter eine Riesin war. Drei Brunnen, das bedeutet auch drei Zuständigkeitsbereiche. Um den Urdbrunnen versammeln sich Götter und Menschen gleichermaßen, um den Mimirsbrunnen die Riesen und um den Hwergelmir die Toten. Götter und Menschen schöpfen folglich aus derselben Quelle: aus dem Wissen der Vorzeit, wie es von den drei Riesen-Schwestern am Urdbrunnen verkündet und lebendig gemacht wird. In der „Lieder-Edda", einer Gedichtsammlung aus dem 12. Jh. heißt es:

Eine Esche weiß ich,
Sie heißt Yggdrasil,
Die hohe, umhüllt
Von hellem Nebel;
Von dort kommt der Tau,
Der in Täler fällt,
Immergrün steht sie
Am Urdbrunnen.
Von dort kommen Frauen,
vielwissende,
drei, aus dem Born,
der unterm Baume liegt:
Urd heißt man eine,
die andere Werdandi -
sie schnitten ins Scheit -
Skuld die dritte;
Lose lenkten sie,
Leben koren sie
Menschenkindern,
Männergeschick.

(Völuspa, Str. 13f)

Es lohnt sich, bei dieser Weltenesche einen Augenblick zu verweilen, denn sie ist vor allem das Symbol eines ausgeglichenen, Himmel, Erde und Unterwelt umspannenden Wasserkreislaufs. Täglich begießen die Nornen die Wurzel des Weltenbaums mit dem Lebenswasser vom Urdbrunnen und dazu mit dem Schlamm, der um die Quelle herum liegt. Davon werden die Zweige der Esche saftig und glänzend. Vom feuchten Laub steigt Nebel auf, der als Tau zurück in die Täler fällt, Pflanzen wachsen lässt, Tieren und Menschen Nahrung spendet und zuletzt wieder in den Urdbrunnen mündet, von dem er ausging. Eine Ziege namens Heidrun steht hoch oben im Wipfel des Baumes, der Lärad (Friedespender) heißt, und knabbert die jungen Knospen von den Zweigen. Aus ihrem Euter quillt jeden Tag ein Schöpfeimer voll Met, mit dem sie die verstorbenen Krieger in Walhall ernährt und in einen seligen Rausch versetzt. Im selben Wipfel äst der Hirsch Eichdorn. Von seinem Geweih tropft Flüssigkeit hinunter bis in den unterweltlichen Brunnen Hwergelmir, und von dort wiederum entspringen alle Flüsse der Welt, die Eisströme des nördlichen Polarkreises, aus denen einst die Welt entstand, ebenso wie die Ströme, die Midgard, das Land der Menschen sowie Asgard, das Reich der Gottheiten durchziehen.

Eichdorn heißt der Hirsch,
der auf der Halle steht
und von Lärads Laube frißt;
von seinem Geweih
träuft es ins Wallebecken,
davon kommen die Quellen all.
Heidrun heißt die Geiß,
die auf der Halle steht
Und von Lärads Laube frißt;
Mit klarem Met
soll sie die Kannen füllen,
nie vertrocknet der Trank.

(Grimnirlied, Str. 21f)

So zeigt sich, wie alles mit allem zusammenhängt. Das Wasser aus der Tiefe wird von oben herab, vom Wipfel des Baumes wieder aufgefüllt. Dasselbe Wasser durchströmt einmal die seligen Gefilde der Götter und ein anderes Mal die Hallen der unterirdischen Hel. Es kommt zu den Verstorbenen wie zu den Lebenden, es macht keinen Unterschied zwischen Gottheiten, Menschen, Tieren und Pflanzen, ja es speist selbst noch die Toten. Sie alle nähren sich aus denselben Quellen, und da diese Quellen heilig sind, haben auch alle Wesen, die daraus trinken und getränkt werden, Anteil an dieser Heiligkeit. Ausnahmslos alle sind sie im selben heiligen Geist miteinander verbunden, der durch ihre Adern fließt. Eine perfekte „Kommunion", in der alles mit allem verbunden ist und das Göttliche nicht getrennt von Menschen, Tieren, Pflanzen, Erde erfahren wird. Keine Energie geht verloren, alles verwandelt sich in einem beständigen Austausch zwischen Unten und Oben, Schöpfung und Zerstörung.

Die Nornen, die erst mit dem Ende des Goldenen Zeitalters auftauchen (nachdem die Asen schuldig geworden sind im Krieg gegen die Wanen), sind ein personifizierter Ausdruck dieses Gesetzes von Werden und Vergehen, dem sich letztlich auch die Gottheiten beugen müssen. Weshalb sie ihre Gerichtsstätte am Urdbrunnen eingerichtet haben. Jeden Morgen kommen sie an der Quelle zusammen, um sich mit den Schicksalsfrauen zu beraten, die so alt sind wie die Zeit selber. Sie suchen ihre Weissagungen und Sprüche zu ergründen und halten Gericht im Schatten des heiligen Baumes, mit dem Wispern der Quelle im Ohr.

Der Urdbrunnen ist der älteste, mystischste und daher heiligste aller Brunnen. Sein Wasser ist so heilig, dass alle Dinge, die je hineinfallen, so weiß werden wie die Haut, die innen an der Eischale sitzt. Bei dieser Quelle steht eine hochgewölbte, von heiligen Wasserfluten umrauschte Felsenhalle. Hier leben die drei Nornen und weben die Geschicke aller Menschen zu dem großen farbenfrohen Flickenteppich, den wir Welt nennen. Sie richten und schlichten, sie lohnen und strafen. Sie spinnen und schürzen den Neugeborenen Fäden, härene und seidene und etliche von Gold und werfen einen schwarzen nach Norden, der unzerreißbar ist, der Leid bedeutet und den

Niedergang zu Hel, ins Reich der Toten, wo gleichwohl ein Kelch voll Met, der Trank der Unsterblichkeit auf sie wartet.

Mimameide steht auf der Heide,
Hat ein grün Röckel an, sitzen drei Jungfern dran;
Die eine guckt nach vorne, die andre in den Wind.
Das Weibsbild an dem Borne hat viele, viele Kind.

(Wägner, S. 41)

Die Weltenesche heißt auch Mimameide, d. h. Mimirs Baum, benannt nach dem weisen Riesen Mimir, dessen Brunnen die zweite Wurzel des Weltenbaumes speist. Und auch dieser Mimirsbrunnen hat es „in sich". In ihm sind Scharfsinn und Verstand verborgen, und die Erinnerung, denn Mimir heißt soviel wie Erinnerung. (Das Wort hängt etymologisch mit dem Wort Minne zusammen, das damit die Doppelbedeutung von Liebe und Gedächtnis erhält.)

Eines Tages kam der Göttervater Odin höchst persönlich zum Riesen Mimir, der sein Onkel mütterlicherseits ist, und verlangte einen Trunk aus dessen Quelle. Er gab ihm dafür im Austausch eins seiner beiden Augen. Mit diesem Auge „schöpft" der Riese seither täglich das Wasser aus dem Brunnen der Erkenntnis. Auch Odin darf nun jeden Morgen aus dem Brunnen trinken, aber er hat seither nur noch ein Auge, weshalb er in Mythen und Märchen oft als einäugiger Mann mit einer schwarzen Augenbinde dargestellt wird. Weisheit hat eben ihren Preis!

Ich weiß Odins
Auge verborgen
in Mimirs Quell,
dem märchenreichen;
Met trinkt Mimir
allmorgendlich
aus Walvaters Pfand.

So erzählt es uns die Völuspa in Strophe 23. Die Geschichte zeigt uns den höchsten Gott des germanischen Pantheons gewissermaßen als „Weichei", dem Innenschau und intuitives Denken so wichtig sind, dass er dafür gerne einen Teil seines klaren, rationalen Denkens opfert. Odin ist nun beinahe so weise wie die Nornen: Mit einem Auge schaut er vorwärts und nach außen, mit dem anderen rückwärts und nach innen. So macht er die Vergangenheit zu einem Teil seiner Gegenwart, hält sie bewusst und vergisst nichts.

Bei Hel schließlich, in Niflheim (Nebelheim, nördliche Polarwelt), sprudelt der urweltliche Brunnen Hwergelmir (rauschender Kessel), in dessen Tiefen die Geheimnisse der vorweltlichen Dinge verborgen ruhen, die weder Menschen, noch Götter, noch Riesen zu ergründen vermögen. Er ist voll giftiger Schlangen, so viele, dass keine Zunge sie aufzählen kann, und Nidhögg, der „Neiddrache" ist die größte von ihnen.

Die Esche Yggdrasil
Muss Unbill leiden,
Mehr, als man meint:
Der Hirsch äst den Wipfel,
Die Wurzeln nagt Nidhögg,
An den Flanken Fäulnis frißt.
Mehr Würmer
Liegen an den Wurzeln Yggdrasils,
Als ein Unwissender ahnt …
Sollen immerdar
Zerfressen die Faserwurzeln.

(Grimnirlied, Str. 28 u. 33)

Durch Mimirs Born im Reich der Riesen, vor allem aber durch die Wasser des Urdbrunnens, an dem die drei Nornen sich täglich mit den Gottheiten besprechen, wird der Schaden einigermaßen begrenzt. Wie die Welt von zerstörenden Gewalten bedrängt und beschädigt wird und doch in ihrer Schönheit fortdauert, so bleibt der immergrüne Baum bestehen, dessen Blätterschmuck zwar angegriffen, doch nicht auf Dauer zerstört werden kann. Davon weiß der Adler, hoch oben auf dem Wipfel, wahrlich ein Lied zu singen: Er nistet dort oben im Geäst und singt vom Werden und Vergehen. Ein Habicht sitzt zwischen seinen Augen, der „Wettermacher" heißt. Zwischen ihm und dem Neiddrachen flitzt beständig das Eichhörnchen Ratatösk (auch: Ratatwisker) hin und her und trägt des Adlers Worte in die Unterwelt; womit es den Streit der beiden gegensätzlichen Parteien munter am Leben hält. So ist das Bild der Weltesche ein vollkommenes Symbol des kreisenden Lebens, das von lauter Gegensätzlichkeiten zusammengehalten wird.

Das Gegeneinander von Vogel und Schlange, die im Grunde ein zusammengehöriges Paar bilden, ist weltweit ein beliebtes Motiv. Ebenso wie das Motiv von Schlange und Lebensbaum. (Vgl. zum Motiv des Lebensbaums das Märchen bei Zaunert, „Von dem hohen Baum der himmlischen Schönheit und der finsteren Welt", S. 85ff. Auch der Weihnachtsbaum, der die Erde mit dem Himmel verbindet, gehört in den Kreis der schamanischen Weltenbäume.)

Die Schicksalsfrauen am Urdbrunnen

Drei Schwestern wohnen am Weltenbaum,
Drei Riesenjungfrau'n, die alles wissen
Und täglich schöpfen im heil'gen Borne,
Den Baum zu nähren vom Quell der Zeit.

Urd heißt die eine, die Frühverblühte,
Die rückwärts schauend forscht neue Kunde,
Sie deutet sinnend und gräbt in Runen,
Was sich begeben – Vergangenheit.

Werdand', die zweite, die Tatenmutter.
Das blüh'nde Leben voll Jugendzauber.

Ihr Auge lächelt, ihr Blick ist helle,
Nach Augenblicken misst sie die Zeit.

Skuld heißt die dritte der Zauberschwestern,
Ist ew'ges Rätsel, ist Gott und Schicksal.
Ach, alle Hoffnungen, alle Bitten
Und alle Wünsche sind ihr geweiht.

(Wägner, S. 219)

Die drei Nornen sind Schwestern und entstammen – wie auch Mimir – dem Geschlecht der Riesen. Und riesig ist auch das Wissen das sie in ihrem Brunnengedächtnis „behalten" haben. Die Riesen bewahren ihre Erinnerungen im Brunnen, und gegen diesen „Speicher" ist auch das beste menschliche Auffassungsvermögen nicht mehr als ein Kürzestzeitgedächtnis. Gegen diese Art von Urzeitgedächtnis ziehen sogar die Götter den Kürzeren. Deshalb ist morgens ihr erster Gang zur Urdquelle. Hier können sie sozusagen ihr Gedächtnis auffrischen, was nötig ist, wenn sie in Recht und Gerechtigkeit richten wollen. Das Wort Schöffe hängt übrigens noch mit den Nornen als Gerichtsbeisitzerinnen zusammen, denn Schöffe kommt von schaffen, was soviel wie urteilen bedeutete.

Urd (altsächsisch „Wurt" und angelsächsisch „Wyrd" genannt) ist die mächtigste der drei Nornen, denn: „Im Anfang war das Wort"! Ihr Name bedeutet tatsächlich „Wort" und Wort ist – von der Wortwurzel her – gleichbedeutend mit Anfang und bezeichnet in diesem Fall den Anbeginn der Welt.

Verdandi, die mittlere Schwester, bezeichnet das Werdende, das (sich in der) Gegenwart entrollt. Sie verwirklicht, was Urd ausspricht, lässt die Dinge werden, sich entwickeln, gibt ihnen Spielraum, sich in der Welt zu entfalten. Sie hat Mitleid mit den Schwachen, richtet freundlich die Strauchelnden wieder auf, blickt streng auf das herrische Gebaren der Überheblichen, aber leicht amüsiert auf die ausgelassene

Lust übermütiger Jugend. Sie sieht die Zukunft der vom Schleier der Täuschung befangenen Menschen und hat für deren Verblendung nur ein mildes Lächeln übrig.

Skuld, die dritte im Bunde ist die jüngste und unerbittlichste von allen. Ihr Name bedeutet „Notwendigkeit" und hat nichts mit Schuld zu tun, sondern mit der schlichten Wahrheit, dass wir alle sterben müssen. Mit eisernem Griffel ritzt sie die Rune des Todes und spricht mit unerschütterlich kalter Entschlossenheit: „Es muss sein!" Den guten Wünschen und Gaben ihrer Schwestern, die sie in ihre goldenen Lebensfäden spinnen, knüpft Skuld ihren schwarzen an, verwandelt den Segensspruch in einen Unheilsfluch.

Abb.7: Die drei Normen am Fuße des Weltenbaumes Yggdrasil

Genau genommen hält sie damit aber lediglich den Kreislauf des Lebens in Schwung, der aus Schöpfung, Zerstörung und Neuwerdung besteht, weshalb Skuld keineswegs eine verachtete Gottheit war. Als einzige der drei Nornen ritt sie auch als Walküre über den Himmel, d. h. sie fungierte als Totenwählerin, die nicht nur selbst beherzt in den Kampf zog, sondern auch die verstorbenen Helden nach der Schlacht entweder zu Odin nach Walhall oder zu Freya nach Folkwang geleitete. Die Pferde, auf denen die Walküren durch die Lüfte jagten, waren Wolken(-Rosse). Deshalb hieß es, dass von ihren Mähnen der Schweiß (in Form von Tau oder Regen) auf die Erde herab tropfte. Wie es im Helgi-Lied über die Walküren heißt:

Drei Reihen Mädchen; doch ritt voraus
Unterm Helm die Eine licht.
Die Mähren schütteln sich, aus den Mäulern troff
Tau in tiefe Täler,
Hagel in hohe Bäume:
Das macht die Felder fruchtbar.

(Simrock, S. 152)

Skuld sorgte also persönlich für den Regen, der Menschen, Tiere und Pflanzen erquickte und – ganz nebenbei – auch die Wasser des Urdbrunnens wieder auffrischte.

Interessant ist nun, dass die Namen der beiden ersten Schicksalsgöttinnen vom gleichen Stamm gebildet sind: Urd und Verdandi gehen beide auf die Sanskrit-Wurzel v-r-t zurück (vgl. auch die englischen *wyrd-sisters!).* Worte, die mit dieser Wurzel zusammenhängen, haben alle mit „sich entrollen“, „werden“ und „entstehen“ zu tun: Sie erwecken das Bild einer Rose, deren Knospe sich zur Blüte entfaltet. Das hebräische Wort „wered“ ist beides: Knospe (das Werdende) und Rose (das Gewordene), und mit diesem „wered“ ist unmittelbar das deutsche Wort *werden* verwandt. Knospe-Rose-Blüte: die werdende und ge-word-ene, Wort-ge-word-ene Rose. Das Wort ist Urd

– Schicksal, und Verdandi – Zukunft. Knospe-wird-Rose. Alle drei Worte sind ursprünglich ein einziges: die Ur-Wurzel v-r-t. Und das ist ja wirklich die Idee der Knospe: Sie muss erst noch werden. Woraus wird sie? Aus der Wurzel, ein Wort, das wiederum demselben Wortstamm entspringt: Wort-Wurzel, also zweimal v-r-t.

Wort ist Wurzel, und Urd ist dementsprechend die Wurzel-Norne, denn in Urd steckt ebenfalls Wurzel. Zusammenhänge, von denen sich noch moderne Sprachforscher begeistern lassen. Das Sprachgefühl der alten Germanen konnte wohl kaum ein schöneres und tieferes Bild wählen, um das Werden auszumalen, als das Laut- und Sinnbild der Rose, meint Arnold Wadler. Als tiefster, machtvollster Ausdruck dieses Ur-Stammes, weitester Inbegriff ewigen Lebens, ewigen Seins erscheint uns das Wort „Wort“ als eine Geist gewordene Rose (vgl. Berendt, S. 71f). Oder: Wenn wir die Rose als Sinnbild der Liebe nehmen, dann ist Urd-Wered, die zur Rose erblühte Liebe, das erste Wort, das je gesprochen wurde. Im Anfang war das Wort, und das Wort war Rose, und die Rose wurde das Symbol der Liebe. Das macht die Liebe zur Wurzel der Welt!

Wie es in einem lettischen Lied heißt:

> „Am Meeresstrande ist eine schöne Rose gepflanzt. Sie wächst zum Himmel empor, ihre Zweige reichen in die Wolken hinauf, und auf den Stengeln der Rose steigt der Mensch zum Himmel empor.“ (Herrmann, S. 336)

Frau Holle, die Holde, Huldvolle, wir hörten es, verbreitet um sich den Duft der Rosen. Das verbindet sie – außer mit der Liebesgöttin – ebenso mit Urd.

Auf dem Urdbrunnen ziehen zwei Schwäne ihre Kreise. Wenn die Nornen wissen wollen, was in der weiten Welt vor sich geht, leihen sie sich das Federkleid eines solchen Schwans aus, und jagen damit über den Himmel. Eine von ihnen bleibt immer zurück am Fuße des Weltenbaumes, um Wache zu halten, somit brauchen sie nur zwei Schwäne, bzw. deren Federkleider!

Auch in der Schwanensymbolik treffen sich die Schicksalsfrauen mit den Walküren. Die Liebesgöttin Freya, in ihrer Eigenschaft als Walküre, fliegt als Schwan durch die Lüfte, wie überhaupt die Bezeichnung „Schwanfrau“ nur ein anderer Name für Walküre ist. Brynhild, die wohl berühmteste Walküre, wird mit einem Schwan auf der Welle verglichen, und das ist Ausdruck ihrer allumfassenden, profunden Weisheit und auch Liebesfähigkeit.

Freya sprach man die Gabe der Prophetie und Schicksalsdeutung zu. Freya im Schwanenhemd ist Herrin der Nornen und Walküren und damit zugleich auch Totengöttin. Mit dieser doppelten Symbolik wurde der Schwan schon als das heilige Tier der Aphrodite verehrt, die zugleich Liebes- und Todesgöttin war. (Wir werden später noch darauf zurückkommen.)

Die Sachsen in Holstein nannten die Schicksalsschwestern auch „Metten“, die Angelsachsen „Mettena“, und das heißt die Messenden, Abwägenden! Sie wohnen grundsätzlich an Seen, Weihern oder Teichen. Noch bis ins letzte Jahrhundert hinein sagte man in Holstein „die Metten haben gesponnen“, und meinte damit die feinen Gespinste des Spätsommers, wenn das Feld mit tausend und abertausend Spinnweben überzogen war. „Altweibersommer“ nennen wir das bis heute! In Bayern sprach man von „Heilrätinnen“, Wesen, die das Glück der Menschen „beraten“ und beherrschen. Zwei sind gut gesinnt, die dritte aber ist furchtbar.

Diese drei Frauen sollen bei Unterigling in Niederbayern ihr Schloss gehabt haben. Dort zeigte man noch lange Zeit einen geheimnisumwobenen Weiher und den sogenannten Frauenwald. Das Gespinst der beiden guten Schwestern verlieh besonders Wöchnerinnen Heil und Segen, und ihr Gesang soll für Bräute und neugeborene Kinder Glück bedeutet haben. Man hieß sie auch die „weißen Schwestern“. Wie lichte Wolken zogen sie ihre Gewebe von Berg zu Berg oder hoch in die Luft, und wo die Gespinste hängen blieben, sagten sie gutes Wetter voraus. Zur Erntezeit opferte man ihnen drei Kornähren.

Der Volksmund erhob die Nornen schließlich sogar in den Rang von Heiligen: St. Wilbetta, St. Walbetta und St. Einbetta: die Gutes Wünschende, die Krieg Kündende und die Schrecken Sendende. Sie sollen in einem Kloster auf einem Hügel wohnen, der von einem Weiher umgeben ist. Sie spinnen, verleihen Kindersegen und sind Festpatroninnen.

Die Bezeichnung „Nornen" blieb jedoch nicht nur auf Urd, Verdandi und Skuld beschränkt. Wie es in einem Gedicht heißt:

Nicht einer Abkunft
sind alle die Nornen,
sie sind verschiedenen Geschlechts:
die stammen von Asen,
die stammen von Alben,
doch die von Dwalin ab.

(Diederichs, S. 106)

Auch schien es besondere Nornen als Geburtshelferinnen zu geben, denn in einem anderen Gedicht taucht die (unbeantwortete) Frage auf:

Welche Nornen kommen
bei Kindesnöten,
und lösen die Leibesfrucht?

(ebd.)

Insbesondere dürfen auch die Walküren sich immer wieder als Nornen bezeichnen, da sie sich mit dem Schicksal derer, die sie lieben, eng verbinden.

In der Sage um König Fridleif von Dänemark wird eine Nornenbefragung recht anschaulich geschildert: Neun Tage nach seiner Geburt wurde er von seinem Vater in den Tempel der Schicksalsschwestern gebracht, damit die Nornen seine Zukunft entwerfen:

> Ehe er (der Vater) den geweihten Faden löste, der das Heiligtum umschloss, richtete er Gebete an die Gottheit und tat feierliche Gelübde. Darauf trat er ein und sah drei Frauen auf Hochsitzen im heiligen Raume, die schweigend auf ihn nieder blickten. Die erste war altersgrau, aber freundlich und heiter, wie die frohen Tage vergangener Jugend; die zweite erhob die Hand, wie eine Schildjungfrau (Walküre), die auf die feindliche Schlachtordnung deutend zum Kampfe auffordert; die dritte schaute düster unter dem Schleier hervor, der ihre Stirn umzog. „Schön wird der Edeling werden", sprach Urd milden Herzens, „und der Menschen Gunst sich erwerben." – „Ich verleihe ihm unverzagten Mut im Kampfe und Freigebigkeit gegen seine Freunde", fuhr Verdandi fort. Darauf schloss die finstere Skuld die Begabung mit den Worten: „Unersättliche Habsucht soll seine Seele erfüllen." (Wägner, S. 219f)

Im Grunde wird hier auch die schlichte Wahrheit zum Ausdruck gebracht, dass kein Mensch, und sei er noch so „begabt", ohne Fehler ist. Keine Rose ohne Dornen. Jede noch so hochherzige Eigenschaft hat auch ihre Schattenseite. Auch das ist vorgegebenes Schicksal, zu dem die Menschen sich nur weise verhalten, das sie aber niemals grundsätzlich ändern können.

Abb.8: Gefion pflügt mit ihren Stieren Seeland

Kapitel 4

Gefjon und das Lied der Schöpfung

Die Musik im Ganzen ist die Melodie,
zu der die Welt der Text ist.
(Arthur Schopenhauer)

Das nordisch-germanische Universum, oder müssten wir nicht sogar sagen „Multiversum", versteht sich als ein singendes und klingendes. Es wird durch Klang, Gesang und Musik geradezu am Leben erhalten. Wir sahen dies nicht zuletzt bei Frau Holle, deren wohltätige Erscheinung immer von Summen, Sirren, feineren Tönen oder Glockengeläut begleitet ist.

In einem solchen, auf Töne abgestimmten Universum erhält auch das Singen eine andere Bedeutung: Es wird selbst zur schöpferischen Tat: „Poíesis" – Tun – im wahrsten Sinne des Wortes (von griech. „poiein" – machen); und die Liedermacher oder -schmiede der damaligen Zeit umgab deshalb der Nimbus der Heiligkeit. Man rief sie nicht nur zur Unterhaltung, sondern auch zur Heilung von Krankheiten herbei. Kultur war ohne sie nicht denkbar.

Wo sie fehlten, wie zu Beginn der folgenden Geschichte, war im wahrsten Sinne des Wortes alles öd und leer.

Die Entstehung der Insel Seeland

Gefjon zog von Gylfi,
glückhaft beredt, kraftvoll –
von der Fahrt das Vieh rauchte
fernhin Dänemarks Kernland
Acht Stirnsterne (Augen) tragen
Die Stiere, vier Häupter,
wie vor der Wiesenaue (Aue = Insel)
weitem Raub sie schreiten.

(Diederichs, S. 124)

Gylfi, der berühmte Schwedenkönig saß einst mit seinen Gefolgsleuten beim Mahle, doch es wollte sich partout keine Feststimmung einstellen. Missmutig stieß er den schäumenden Becher von sich, doch im Unterschied zu dem, was wir vielleicht erwarten würden, politisch schlechte Nachrichten etwa oder Querelen unter seinen Rittern, bedrückte ihn etwas ganz anderes: Das Fehlen von Poesie und Musik am Hofe und bei diesem Mahl insbesondere. Lieber, so hieß es, war er bereit, auf Essen und Trinken zu verzichten als auf Harfenklang und Skaldengesang. Nie zuvor hatte es beim Mahl an Dichtung und Gesang gefehlt, nur diesmal sah es so aus, als ob sie auf den Zauber der Musik verzichten müssten.

Da vernahmen die im Saale Versammelten plötzlich von draußen anmutige Harfenklänge, so überaus lieblich, dass alle Herzen augenblicklich von Freude erfüllte wurden, dann wieder so machtvoll, als ob zwölf Skalden gleichzeitig in die Saiten griffen. „Die Pforte ging auf, und herein trat ein hohes Frauenbild, von Anmut und Liebreiz umflossen, wie eine Göttererscheinung anzuschauen."

Mit ihrem Lied kündet sie zugleich von des Königs Zukunft, von den Walküren, die ihn schirmen und schützen werden. So herzergreifend schön wusste die Skaldin ihr Lied vorzutragen, dass sie ihre Zuhörer mitnahm durch ein ganzes Wechselbad von Gefühlen. Was begann wie ein Grabgesang, glich schließlich dem Säuseln der Frühlingsluft, die von Auferstehung kündet. Tiefe Stille herrschte im Saal, kein Beifall ließ sich hören, zu ergriffen waren alle von den klangvollen Worten und nur ihr Schweigen zeugte von der Töne Macht! Erst als der sinnenbetörende Rausch der Töne langsam nachließ, erhob sich der König von seinem Hochsitz, und im Überschwang seines Glücks versprach er der edlen Frau alles, was sie sich nur wünschen würde, und sei es sein eigenes Reich! Sie aber gibt sich als „Gefjon, die Geberin" zu erkennen und wünscht sich nur einen Teil seines Landes: gerade soviel wie sie mit ihren vier Stieren in einem Tag und einer Nacht umpflügen kann.

Dem König schien dies kein zu hoher Preis und freudig gewährte er ihr die Bitte.

Wie staunte Gylfi jedoch, als er die Stiere Gefjons erblickte: Stark und hoch waren sie, gleich wandelnden Bergen schritten sie dahin, und ihre weißen Stirnen glänzten wir der Schein des vollen Mondes! Da schwante dem König wohl, dass er es hier nicht mit gewöhnlichen Tieren zu tun hatte, doch es war zu spät: Die prachtvollen Stiere zogen einen Pflug mit hundert Pflugscharen, die bis in die unterste Tiefe griffen und alles Land, das sie so umfassten, vom mütterlichen Boden losrissen. Weiter und immer weiter zogen sie das so erworbene Stück Land und wateten damit weit ins offene Meer hinaus. Vor den Augen des staunenden Königs und des Volkes wuchs auch Gefjon immer mächtiger empor, sodass selbst die tosenden Fluten nur gerade noch leicht ihre Hüften umspielten.

Das abgetrennte Erdstück nannte sie später Seeland. Als sie dort an Land stieg, berührte sie die vier Stiere mit ihren Zaubersprüchen, und sie verwandelten sich wieder in kräftige ansehnliche junge Männer, Gefjons Söhne, die sie einst zusammen mit einem Riesen gezeugt hatte.

Unter ihrer Obhut gedieh auf der Insel bald das blühende Leben. Zahlreiche Menschen fanden sich ein, die im Überfluss dort lebten und viele Freuden und Annehmlichkeiten genossen. Gefjon herrschte daselbst völlig ungestört auf dem stolzen Königssitz Hledra, sie verband sich mit einem neuen Mann und wurde Stammmutter eines ruhmvollen Geschlechts von Königen.

In Schweden entstand statt dessen der Mälarsee, und zur Erinnerung an dieses vorzeitliche Ereignis hat man Gefjon mit ihrem Stiergespann an einem Brunnen in Stockholm ein Denkmal gesetzt.

Gefjon aber ist niemand anderes als die Göttin der Erde selbst. Ihr Name wird unter anderem vom griechischen Wort „gä", die Erde, abgeleitet. Auch steckt die Wurzel unseres Verbs „geben" darin, weshalb sie oft „Friagabis", die Freigiebige genannt wurde, was auch wieder auf die Erde als Spenderin des Lebens hinweist. Ferner wird der Name noch mit dem angelsächsischen Wort „gefean" verbunden, was Heiterkeit bedeutet. (vgl. zum Ganzen, Wägner, S. 58 – 63)

Auch in dieser Geschichte erweist sich die Musik wieder als die eigentliche und große Zauberin. Im Gesang vereint sich die Kraft von Dichtung und Musik, und diese Kraft ist genuin schöpferisch. Wenn es Gefjon ist, die hier singt, dann erweist sich die Erde als ein Instrument von Klängen, das seinerseits mit Klängen in Resonanz schwingt. Und deshalb über Klang und Gesang zu beeinflussen ist.

Darum sind es in anderen schamanisch organisierten Kulturen wie den Hopi in Nordamerika häufig die Göttinnen und Götter selbst, die ihre Geschöpfe regelrecht ins Leben singen. „Incantation", das englische Wort kommt von lat. „cantare", bedeutet neben „singen" auch „dichten", „zaubern", durch Zauber schaffen und bezaubern! Das dazugehörige Substantiv „carmen" wird übersetzt mit „Zauberspruch", Weissagung, Orakelspruch, Dichtung, Lied und Gesang. Bei den Huicholes-Indianern in Mexiko bezeichnet das von den Spaniern übernommene Wort „cantor" den Zauberer und Schamanen!

Das Wort mag zwar erschaffen, doch seine wirkende Kraft liegt im Klang. Deshalb die große Bedeutung von Mantra und Gesang, die den Klang des Wortes verstärken und (bis zur Beschwörung) intensivieren. Bei dem matriarchalen Volk der Toda im Nilgiri-Gebiet in Indien etwa muss jede Heilpflanze mit einem Mantra verbunden werden. Ansonsten bliebe sie wirkungslos!

Auch indigene Völker wie die Ojibway in Kanada kennen für jede Pflanze den richtigen Gesang, und nur so können sie sicher sein, dass sie ihnen hilft. Inzwischen ist es sogar wissenschaftlich erwiesen, dass und wie stark Pflanzen auf Töne ansprechen! Und so lässt sich mit Mitteln von naturwissenschaftlichen Experimenten nun nachweisen, was offensichtlich unsere Vorfahren schon viel früher wussten: „dass sich uns nämlich die Welt in einer eben noch unvorstellbaren Weise als Klang darstellt." (Berendt, S. 74) Und somit eigentlich alles in Resonanz zueinander steht!

Von Gefjon wurde im übrigen auch gesagt, dass sie der Welt Schicksal genau so kenne wie Odin, der sie gegen Loki verteidigt:

„denn der Welt Schicksal,
mein ich, weiß sie alles
ebenso wie ich."

(Lokasenna, Str. 21)

Gefjon wurde als jungfräuliche Göttin verehrt, die alle in ihre Himmelsburg aufnahm, die als Jungfrauen starben. Diese Jungfräulichkeit kann sich bei ihr unmöglich auf eine biologische Unberührtheit beziehen. Symbolisch weist sie vielmehr auf das Erblühen der Göttin hin, die als Erdgöttin in jedem Frühling neu fruchtbar wird.

Bemerkenswert ist hier allerdings, dass die germanische Welt einen Teil des himmlischen Jenseits ausschließlich für Frauen reservierte!

Iduna, Bragi und die Laute des Frühlings

> „Im Anfang der Zeiten lag Stille des Todes auf dem Ozean der Unendlichkeit. Kein Windhauch bewegte die Luft, keine Welle erhob sich aus der Tiefe. Alles war starr, stumm, ohne Atem und Leben. Da endlich zeigte sich auf den Wogen des Ozeans ein belebtes Wesen. Es fuhr ein Schiff über die öde starre Fläche. Auf dem Verdeck ruhte schlummernd, versunken in den Traum des Lebens, Bragi, der göttliche Liederschmied, und die Harfe mit goldenen Saiten lag neben ihm. Als das Fahrzeug vorüber glitt an der Schwelle des Todeszwerges Nain, da erwachte der herrliche Gott, griff mächtig in die Saiten und sang ein Lied, weit schallend durch die neun Welten, ein fröhliches Lied vom Wonnerausch des Daseins, von Kampfeswut und Siegesmut, von Liebeslust und Liebesglut." (Wägner, S. 171)

Sprache, Lied und Dichtung sind überall auf der Welt mit dem Ereignis von Schöpfung verbunden. Umgekehrt gelten uns alle Tätigkeiten, die mit diesen drei Wörtern zusammenhängen, als schöpferisch. Bragi, von dem der obige Text erzählt, galt als der Dichtergott der Germanen. Bereits sein Name ist direkt mit dem Wort „Sprache" als solchem verbunden. Bragi nämlich ist lautlich verwandt mit dem indischen Wort *Brahman*, wie es etwa durch Brahma, den Schöpfergott der Hindumythologie, in der Welt wirkt. *Brahman* meint „das heilige Wort", und das bedeutet zugleich „die magische Gewalt, die in Spruch und Zauber lebendig ist" (Zimmer 1978, S. 106). In ihm sind Gott und Wort und Schöpfung ein und dasselbe.

Die Wortwurzel zu *Brahman* aber ist in der indischen Sprache des Sanskrit *Brihaspati,* und das heißt soviel wie Sprechen und Beten. „Brihaspati" meint also ein Sprechen, das gleichzeitig Beten, Segnen und Zaubern ist. Wobei „Zaubern" hier nichts mit Hokuspokus oder schwarzer Magie zu tun hat. Vielmehr ist ein Zaubern gemeint, das mit dem oben bereits beschriebenen lateinischen Wort *cantare* zusammenhängt, das einem „ins Leben singen" gleichkommt.

Nicht zuletzt leitet sich auch das hebräische Wort *Beracha*, der „Segensspruch" aus der Wortwurzel *Brihaspati* ab. (vgl. zum Ganzen: Berendt, S. 69 – 71) Zum selben Wortfeld wie *Beracha* gehören dann allerdings auch die hebräischen Wörter *Bereshit* (im Anfang) und *bara* (schaffen), jene beiden Worte, mit denen die Schöpfungsgeschichte der Bibel in Gn 1, 1 einsetzt: „Im Anfang erschuf …" Der Anfang als ein Segensspruch, mit dem die Schöpfung ins Leben gerufen wird: durch das Wort wird sie Klang, und im Klang wird sie lebendig.

Die Prosa-Edda beschreibt den Gott folgendermaßen:

> Bragi heißt ein Ase, der ist berühmt wegen Klugheit und besonders wegen Sprachgewandtheit und Kunst der Worte. Er versteht am meisten von Dichtung, und nach seinem Namen nennt man „Brag der Männer" oder „Brag der Weiber" den, der an Wortgewandtheit andern überlegen ist, Weib oder Mann.
> (Diederichs, S. 144)

Wie schöpferisch Bragis Gesänge wirken, zeigt sich nirgends besser als bei der Verfolgung Lokis. Als die Asen Loki fangen wollen, damit er für den Mord an Balder Buße tut, da ist auch Bragi mit seiner Dichtkunst zur Stelle. Loki hatte sich in einen Lachs verwandelt, und es stand zu befürchten, dass er ins offene Meer entkommen und dann auf Nimmerwiedersehen verschwinden würde. Da sang Bragi ein Zauberlied, und sogleich erschien, vom Meeresgott entsandt, ein entsetzlicher Hai, der sich vor die Flussmündung lagerte und dem Lachs ein Entkommen unmöglich machte.

Dichtkunst statt Waffen! Da ergäben sich ungeahnte Perspektiven! Von Bragi wird im übrigen nie gesagt, dass er zur Waffe greift. Weshalb er in der Lokasenna (Str. 13 u. 15) von Loki verspottet wird:

Von den Asen und Alben
die hier innen sind,

bist du der feigste im Gefecht
und der scheueste vorm Schuß.

Im selben Gedicht schimpft er ihn „Bragi, du Bankzierde", was diesen allerdings nicht weiter beeindruckt.

Der Mythos verheiratet den Dichtergott Bragi mit Iduna, jener wundervollen Frühlings-Göttin, die mit ihren goldenen Äpfeln der Verjüngung die Unsterblichkeit aller Gottheiten auf Asgard garantiert und außerdem den Trank der Poesie in Verwahrung hat, den Odin einst unter Einsatz seines Lebens von den Riesen zurückgewann.

In jedem Frühling wird die Welt wie neu erschaffen. Und die Göttin „ist" dieser Frühling, das Wesen von Auferstehung und Erneuerung. Entsprechend bedeutet auch ihr Name „die Erneuernde" oder „die Verjüngende". Christian Rätsch (S. 60) zählt sie zu den Wanen, von denen später noch die Rede sein wird.

Iduna hatte sich ihre luftige Wohnung hoch oben in der Krone von Yggdrasil eingerichtet. Dort empfing sie abends Bragi, der sie mit seinen Liedern erfreute. Dann stimmten die Vögel des Waldes mit ein, und alle Melodien klangen so bewegend, dass sogar die ernsten Nornen am Fuße der Weltenesche davon berührt wurden.

Doch gibt es auch Geschichten, die Iduna selbst mit den Nornen am Urdbrunnen in eins setzen! Während die ganze Welt in Schlummer sinkt, schöpft die Göttin aus dem Brunnen der Verjüngung, mit dessen Wasser sie die Wurzeln des Weltenbaumes begießt, damit er immerfort grün bleibe und niemals die Blätter verliere. Es ist nicht einfaches Wasser, das sie aus dem Brunnen schöpft, sondern Odrörir, den Dichtermet und Begeisterungstrank, mit dem dereinst der Frieden zwischen Wanen und Asen besiegelt worden war. Auch ihm wird eine verjüngende und verschönernde Kraft nachgesagt.

Die Parallele zu den Nornen geht sogar noch weiter, wenn man von Iduna erzählt, dass auch sie den Schicksalsfaden flicht! In der Sage um „Frithjof den Kühnen und die schöne Ingeborg" wird die Geliebte mit Iduna verglichen:

> Am Fuße des Baumes saß Ingeborg, mit einem Gewebe beschäftigt, lieblich wie Iduna, wenn sie am Weltenbaum an der Nornen Statt die Schicksalsfäden flicht und Bragi erwartet.
> (Wägner, S. 394)

Hier wird die Dichtung zur welterschaffenden wie auch -erhaltenden Kraft! Von Idunas Wohl und Wehe hängt das Schicksal der ganzen Welt ab. Und so sind die Götter in großer Sorge, als die Blätter und Zweige von Yggdrasil eines Tages schlaff und welk herunterhängen. Iduna hat ihre luftige Höhe verlassen, die „grüne Heimat“ (wie man den Wohnsitz der Götter auch nannte), und ist in die Tiefe zur urkalten Hel hinabgesunken. Die Frühlingsblüte ist verwelkt und zusammen mit dem Lenz sind die Lieder der Sänger/innen vorerst verstummt. Bragi teilt das Geschick seiner Gattin und bleibt freiwillig bei ihr in der Tiefe, damit sie in ihrer Trauer nicht einsam dahinschwinde. Ein Wolfsfell, weiß wie der Winterschnee wird über die Tiefe gebreitet, in die Iduna versunken ist.

Und hier scheint sie wieder durch, die Naturmythe. Es ist Winter, und die bange Frage, die alle bewegt, ist die, ob die Göttin von neuem auferstehen und die Erde neu mit ihrem hoffnungsvollen Grün überziehen wird.

Die badische Sage von Erk und Idele

Die Sage von „Erk und Idele“, die am Mummelsee im Badischen spielt, liest sich wie eine volkstümliche Variante des Mythos von Bragi und Iduna und soll deshalb hier erzählt werden:

Vorzeiten war das Murgtal und das ganze Rheinland eine Wüstenei. Es wohnten da nur Flößer, Holzfäller und Hirten zerstreut auf ihren Höfen, und es war ein armseliges Leben, wenn im Frühjahr der Schnee nicht schmelzen wollte und der Wintersturm durch die Tannen tobte. Manchmal aber hörte man hier am See in mondheller Mainacht einen lieblichen Gesang, als ob er aus der Tiefe käme; dann brach das Eis; Blumen und Gräser fingen an zu wachsen, und die Hirten konnten ihr Vieh auf die Weide treiben. Der Winter war vorbei.

Ein junger Bursche mit Namen Erk hätte für sein Leben gern gewusst, wer da so schön sang. Er trieb am liebsten seine Herde hierher an das Ufer des Sees. Und sobald er das Singen hörte, antwortete er, so gut es ging, auf seiner Schalmei.

Eines Tages war er beim Musizieren eingeschlafen, und als er um Mitternacht aufwachte, stand vor ihm eine wunderschöne Frau im grasgrünen Kleid und mit einem silberglänzenden Schleier auf dem Kopf. Sie erklärte ihm, dass sie Idele heiße und unter Wasser in einem Haus von Kristall wohne. Sie schenkte ihm eine prächtige Schalmei, deren Töne so rein waren wie Glockenklang. Auf ihr Geheiß blies Erk damit Melodien, die ihm noch nie zuvor in den Sinn gekommen waren. Und als Idele dazu sang, erwachten in den Büschen Drosseln, Finken und andere Vögel und stimmten mit ein, und es war, als ob auch die Engel im Himmel dazu sängen und musizierten, dass man es bis zum Rheinstrom hören konnte.

Bei Tagesanbruch mussten sie Abschied nehmen und Idele kehrte zurück in den See, denn ein böser Zauber(er) hielt sie dort in der Tiefe fest und vom Leben fern. Als Erk seine Herde in die Täler trieb, fand er auf einmal alles verändert. Wo sonst wüstes Land gewesen war, breiteten sich nun Gärten und Ackerland aus, Bäume blühten und Saaten grünten, und alle Leute wunderten sich und sagten zueinander: „Das hat die Jungfer vom See heute Nacht mit ihrem Singen vollbracht."

Nun brach eine fruchtbare Zeit an. Jedes Jahr aber wanderten Erk und Idele bei Vollmondschein im Mai singend und schalmeiend durch die Felder, und wo man sie gesehen hatte, wuchsen Korn und Kraut in ungewöhnlicher Fülle. Im zehnten Jahr aber ließ sich Idele weder hören noch sehen, und da schmolz der Winterschnee erst spät, kalte Winde wehten den ganzen Sommer über, sodass die Frucht verdarb und große Not herrschte.

Im folgenden Jahr fielen räuberische Banden ins Land und verwüsteten Dörfer und Felder. Zwar ging Erk immer noch in den Vollmondnächten zum See, doch gab ihm nur noch das Stöhnen der Unken und nicht mehr der Gesang der Seejungfer Antwort.

Erst allmählich unterschied er aus den Unkentönen eine besondere Virtuosin heraus, deren Stimme wie Silber klang und seine Melodien begleitete. Diese Kröte gewann Erk so lieb, dass er sie sogar auf seine Hand setzte und streichelte. Einen Storch, der sie fressen wollte, vertrieb er eines Tages mit einem kräftigen Steinwurf. Worauf die Kröte, wie zum Dank, eine Melodie ertönen ließ, wie er sie einst von der Seejungfer vernommen hatte. Da überkam ihn eine solche Sehnsucht, dass er das Tier vom Boden aufhob und küsste. Ein Donnerschlag rollte durch das Gebirge, und statt der Unke erblickte er plötzlich wieder Idele im vollen Glanz ihrer Schönheit. Sie führte ihn darauf in ihre Unterwasserwohnung, wo Blumen von Kristall und Edelsteinen die Dämmerung erhellten, und beglückte ihn mit ihrer Liebe. Als Ehegatten wanderten die beiden nun wieder vereint in jeder mondhellen Mainacht singend und musizierend durch die Felder, und das Land ringsum erblühte von neuem zu großem Wohlstand. (vgl. Wägner, S. 177ff)

Im Grunde sind es Iduna und Bragi, die beiden Gottheiten der Dichtkunst und des erwachenden Frühlings, die in dieser Geschichte durchschimmern. In der nordischen Mythologie singt Bragi das heilige Lied vom Werden und Vergehen und vom Aufblühen des neuen Lebens im Mai, dem Monat des keimenden und knospenden Grüns. Mit seinem Gesang weckt er die stumme winterliche Natur aus ihrer Erstarrung, verwandelt das dürre Land in eine Oase von Blütenduft und Vogellachen. Bragi, der selbst aus dem Meer, dem Urelement des Schöpferischen kommt, bringt den springenden, klingenden Frühling (engl. „spring" = Frühling und Quelle!).

Nun spendet Iduna ihre Äpfel der Verjüngung des Lebens und verweist uns gleichzeitig an dessen andere, verborgene Hälfte: Im Herbst, so erzählt der Mythos, wird Iduna von dem Frostriesen

Thjassi „geraubt". Um sie nach Asgard, in die Götterburg zurückzubringen, muss der Gott Loki sie in eine Nuss verwandeln. In der Härte des Winters muss sich alles auf den kleinsten Kern und Keim zurückziehen, wenn es überleben will. Bragi und der Mai, der „fröhliche, jauchzende Mai", der „sich reckt und streckt mit Lachen" (Wägner S.172) setzen dieser Not ein schöpferisches Ende.

Abb.9: Iduna und Bragi

Abb.10: Iduna schenkt Loki einen ihrer Äpfel

Kapitel 5

Die Wanen-Gottheiten auf Asgard

Njörd, Iduna, Skadi, Frigg

Njörd gehört zu jenen drei Wanengottheiten, die seit dem Friedensschluss zwischen Wanen und Asen als Geisel auf Asgard leben. Sein Name entspricht lautlich dem der Göttin Nerthus. „Nerthus ist grammatisch Masculinum und Femininum zugleich, mythologisch eine doppelgeschlechtliche Gottheit, ein Geschwisterpaar, das zugleich ein Ehepaar war." (Herrmann, S. 131) Religionsgeschichtlich mithin eine sehr alte Vorstellung! Ihrer beider Kinder sind Freya und Frey, beide sowohl Sonnen- als auch Liebesgottheiten. In der Lokasenna (Lokis Zankrede) wirft der Gott Loki Njörd genau das vor: dass er die Kinder mit seiner Schwester gezeugt habe. Was bei den Wanen gestattet war und den Asen als verwerflich galt. Njörd konnte auch „Wagengott" genannt werden, was wiederum auf seine Identität mit Nerthus hinweist. Denn auch sie galt als Wagengöttin, wie es uns inbesondere von Tacitus („Germania", Kap. 40) berichtet wird:

> „(…) Insgesamt aber verehren sie Nerthus, das heißt die Mutter Erde, und glauben, die Göttin nehme teil am Treiben der Menschen, sie fahre bei den Stämmen umher. Es gibt auf einer Insel des Weltmeeres einen heiligen Hain, und dort steht ein geweihter Wagen, mit Tüchern bedeckt; einzig der Priester darf ihn berühren. Er bemerkt das Eintreffen der Göttin im Allerheiligsten; er geleitet sie in tiefer Ehrfurcht, wenn sie auf ihrem mit Kühen bespannten Wagen dahinfährt. Dann folgen frohe Tage; festlich geschmückt sind alle Orte, denen die Göttin die Huld ihrer Ankunft und Rast gewährt. Man zieht nicht in den Krieg, man greift nicht zu den Waffen; verschlossen ist alles Eisen. Dann kennt, dann liebt man nur Ruhe und Frieden, bis die Göttin, des Umgangs mit den Menschen müde, vom gleichen Priester ihrem Heiligtum zurückgegeben wird. Dann werden Wagen und Tücher und, wenn man es glauben will, die Gottheit selbst in einem entlegenen See gewaschen. Sklaven sind hierbei behilflich, und alsbald verschlingt sie der-

selbe See. So herrscht denn ein geheimes Grauen und heiliges Dunkel, was das für ein Wesen sei, das nur Todgeweihte schauen dürfen. "

Drei wesentliche Elemente des Nerthuskultes treten im Text hervor: Die Fahrt mit dem Wagen, die Festfreude während des Umzugs und der absolute Friede, der während der Umfahrt herrscht.

> „In Schweden war es *Frey,* sohn des *Niördr,* dessen verhüllter (mit einer priesterin besetzter) wagen im frühjahr durch das land zog, während das volk betete und feste feierte, er steht seinem Vater, dieser der ebennamigen Nerthus völlig gleich."
> (Grimm, S. 88)

Njörd jedenfalls geht ohne seine Gemahlin zu den Asen. Offensichtlich war sie den Wanen zu wichtig und wertvoll, um sie auch noch ziehen zu lassen. In der Edda wird sie nirgends mehr erwähnt. Dafür kommt Njörd hier zu einer neuen Frau, und das ist eine durchaus kuriose Geschichte, die mit Iduna anfängt und bei Skadi endet.

Die goldenen Äpfel der Iduna

Eines Tages zogen Odin, Loki und Hönir in die Welt, um das Tun und Treiben der Menschen zu beobachten, die sie einst erschaffen hatten. Dabei kamen sie auch in eine öde Gegend, wo es wenig zu beißen und zu brechen gab. Als sie eine Herde Rinder erblickten, schlachteten sie einen Ochsen und wollten ihn über dem Feuer zubereiten. Doch das Fleisch wurde und wurde nicht gar. Da erblickten sie über sich einen Adler, der mit ihnen essen wollte. Er wollte ihnen im Gegenzug beim Anfachen des Feuers helfen. Sie versprachen ihm seinen Anteil, und schon bald lag das Fleisch gesotten und gebraten vor ihnen. Als sie aber zu essen anfingen, stellte sich heraus, dass der Adler das ganze Gericht für sich allein vertilgen wollte. Schon hatte er große Teile des Ochsen verschlungen, als Loki, den der Hunger plagte, ihn grimmig angriff. Eine spitze Stange stieß er dem Riesenvogel in den Leib, der sogleich auf und davon flog. Die Stange aber blieb in seinem Gefieder stecken und leider blieben auch Lokis Hände am anderen Ende der Stange kleben. Dem vergingen allmählich Hören und Sehen, denn der Adler flog so niedrig, dass Lokis Beine über Stock und Stein geschleift wurden, während ihm gleichzeitig die Arme schier aus den Schultern rissen. Da erkannte er, dass er in Wirklichkeit dem Sturmriesen Thjassi in die Falle gegangen war, und bettelte um sein Leben. „Wohlan", rief der Adler, „versprich mir mit heiligem Eid, dass du mir Iduna mit den goldenen Äpfeln verschaffen wirst, und ich will dich in Ruhe lassen!" Loki, in allerhöchster Not, leistete diesen Eid, und war alsbald von Stange und Vogel befreit. Seinen beiden Wegbegleitern erzählte er allerdings nichts von dem Schwur. (vgl. Wägner, S. 173f; Diederichs, S. 179f)

Die goldenen Äpfeln der Göttin Iduna waren deshalb so begehrt, weil sie die Kraft ewiger Jugend spendeten. Wer von ihnen aß, alterte fortan nicht mehr. Auch waren sie in der Lage, Wunden zu heilen! Jeden Morgen erhielten die Asen solche Äpfel von Iduna zum Frühstück, und das war der Grund, warum sie sich bester Gesundheit erfreuten und niemals alt wurden („one apple a day keeps the doctor away!"). Der Name der Göttin bedeutet, ganz ihrem Mythos entsprechend, „Die Erneuernde" oder „die Verjüngende".

Loki musste sich eine List ausdenken, um Iduna vom Götterreich Asgard wegzulocken. Er erzählte ihr, draußen im Wald einen Wunderbaum entdeckt zu haben, der ebenso schöne, wenn nicht vielleicht noch bessere Früchte trage wie ihre Apfelbäume. Um vergleichen zu können, sollte sie einige ihrer eigenen Äpfel mitnehmen. Kaum waren sie jedoch im dunklen Wald, da brauste plötzlich ein Sturmwind durch die Wipfel und der Riese Thiassi rauschte im Adlerkleid herunter, packte Iduna mit seinen Klauen und flog mit ihr in sein ödes, winterliches Gehöft, wo niemals bunte Frühlingsblumen blühen.

Den Göttern bekam Idunas Verschwinden schlecht. Sie wurden schnell alt und grau. Die Asinnen, selbst Freya, wenn sie sich im Spiegel der Quellen beschauten, entdeckten mit Schrecken die Falten und Runzeln in ihrem Gesicht. Da hielten sie ein Thing, eine Ratsversammlung, ab und fanden schnell heraus, dass Loki bei diesem Verhängnis seine Hand im Spiel gehabt hatte. Thor drohte ihm, mit dem Hammer alle Knochen zu brechen, wenn er Iduna nicht auf der Stelle zurückbrächte, und der Verräter bekam Angst und willigte ein, wenn Freya ihm zu diesem Werk ihr Falkenkleid überlasse. So flog er als Falke zu Thiassis Gehöft und hatte Glück, dass der Riese gerade aufs Meer hinausgerudert war. Loki verwandelte Iduna in eine Nuss, nahm sie zwischen seine Fänge und strebte aus Leibeskräften mit ihr davon. Thiassi, kaum dass er den Raub bemerkt hatte, brauste als Adler und mit der unverminderten Wucht des Sturmes hinterher.

Die Asen sahen den Falken mit der Nuss und den Adler ihm nachfliegen. Da gingen sie hinaus vor den Wall ihrer Burg und schichteten dort Berge von Hobelspänen zusammen. Der Falke schaffte es gerade noch über den Wall und ließ sich in den Burgring fallen. Darauf setzten die Götter die Späne in Brand. Der Adler, der seinen Schwung nicht mehr rechtzeitig abbremsen konnte, kam in den Flammen um (wie die Winterstürme ihre Grenze in den lauen Frühlingslüften finden, müsste man fortsetzen). (vgl. ebd.)

Iduna, Sinnbild für das frische Sommergrün in Flur und Wald, wird im Herbst von dem Sturmriesen Thiassi geraubt. Dann fallen die Blätter von den Bäumen, die Wiese verliert ihren Farbenschmuck, die Welt scheint insgesamt gealtert und wird grau. Die Haare der Götter werden weiß wie der Schnee, der die eingeschlafene Erde bedeckt. Es scheint, als wenn alles Leben sein Licht aushauchen wollte. Das Leben hat sich in sich selbst zusammengezogen. Reduziert auf seine kleinsten, Energie sparendsten Formen: Nuss, Kern und Samenkorn. Aus ihnen wird im Frühjahr das junge Leben wieder aus- und aufbrechen: Wenn überall ein frisches Knospen, Grünen und Blühen anhebt, dann konnte man wohl sagen, Iduna ist wiedergekehrt.

Bevor etwas aufkeimen kann, muss es zuerst Korn, Kern (Nuss) oder Keim sein, reduziert auf seine innersten Qualitäten: In der Härte des Winters, der Dürrezeit, muss sich bewähren, was in Frühling und Sommer gedeihen will. Das Leben unterzieht sich quasi selbst einem Härtetest. Wobei wir bedenken sollten, dass die Wörter Korn und Herz derselben Wortwurzel entspringen. Kern, Korn, engl. *core,* frz. *coeur,* griech. *kardiá,* haben alle mit Kore zu tun, und Kore ist „das Mädchen", blühende Tochter der alten griechischen Korngöttin und Erdmutter Demeter, deren lateinischer Name bezeichnenderweise Ceres ist. Auch von ihr ging der Mythos, dass sie im Herbst ihrer Mutter entführt und in die Unterwelt geraubt wird, um im Frühling wieder aufzuerstehen. Dann ist das Herz von Mutter und Tochter – nach der langen Zeit der Trennung – voller Jubel, wie der Dichter Homer die Wiedersehensfreude besingt:

> „Da schoss sie (Demeter) empor bei dem Anblick,
> Wie die Mänade in schattigen, waldigen Bergen. Die Tochter
> Sprang aus dem Wagen entgegen, sobald sie die Mutter erblickte,
> Stürzt auf sie zu und hängt ihr am Hals, umschlingt sie in Tränen. (…)
> Gleichgestimmt verbrachten nun beide die Stunden des Tages,
> Eine wärmte der anderen Herz und Sinn zur Genüge,
> Fest umarmten sie sich, das Leid verebbt im Gemüte,
> Freude schenkten und Freude nahmen sie untereinander."

Und die Frucht dieses Wiederfindens:

> „Die schön bekränzte Demeter
> Ließ in den Schollen der Äcker sogleich wieder Früchte
> Wachsen, dass weithin die Erde strotzte von Blättern und Blüten."

Das Korn (Kore, die Tochter), so erzählt es auch dieser Mythos, ist das Herz aller Dinge. Es birgt in sich das vielstimmige Lied von der immerwährenden Auferstehung und Neuschöpfung der Welt nach einer Phase vermeintlichen Stillstands. Deshalb konnte man (mit Ovid) von Demeter sagen: „Als erste hat sie Gesetze gegeben. Alle Dinge sind ihr Geschenk. Sie will ich besingen." (vgl. Zingsem 2008, S. 193 – 198)

Die Göttin Iduna mit ihren Leben verjüngenden Äpfeln findet übrigens in China ein Pendant in der Königin-Mutter des Westens, von der es heißt, dass sie die Pfirsiche der Unsterblichkeit hütet. In ihren Paradiesgärten sollen 3600 Pfirsichbäume wachsen. Diese Königin-Mutter des Westens ist auch die Metallmutter, von der es heißt, dass sie im Westen am Jaspis-See wohnt. Sie führt den Reigen der Feen und waltet über Wandlung und Wachstum. Aus ihrer Vereinigung mit dem Holzfürsten entstand dereinst die ganze Welt. Diese Königin-Mutter des Westens hat auch das Unsterblichkeitskraut in ihrer Obhut, das sie an Menschen ihrer Wahl verschenkt. (vgl. Wilhelm, S. 45f)

In Europa wird der Apfelbaum seit der Jungsteinzeit kultiviert (vgl. Rätsch, S. 60.). Bei den Germanen galt er auch als „Freyas Frucht", wie noch in Richard Wagners Oper „Rheingold" zu vernehmen ist. Was wiederum zeigt, dass selbst Iduna und Freya nicht klar voneinander geschieden wurden! Freya aber zeigt sich hier wiederum identisch mit Aphrodite, denn auch von der zypriotischen Liebesgöttin wissen wir, dass sie ein Feld mit goldenen Äpfeln ihr Eigen nannte. Ovid lässt die Göttin selbst erzählen:

> „Ein Feld gibt es, die Einheimischen nennen es das tamasenische, es ist der beste Teil Cyperns. Die Väter der Vorzeit haben es mir geweiht und als Gabe meinem Tempel zugeschlagen; mitten im Gelände schimmert ein Baum, rötlich belaubt; rötliches Gold raschelt an den Ästen. Von da kam ich gerade, in der Hand trug ich drei goldene Äpfel, die ich dort gepflückt hatte."
> (*Metamorphosen* X 644 – 650)

Auch der Liebesgott Frey, Bruder der Freya, bietet seiner Geliebten Gerda bei der Brautwerbung elf goldene Äpfel an, die sie allerdings zunächst nicht annimmt. (s. u. S. 104)

Skadi, die Schneeschuhgöttin (Ondurdis)

Für die Asen hat die Geschichte vom Raub der Iduna zunächst ein übles Nachspiel. Skadi, die kriegerische Tochter des Riesen Thjassi erscheint in voller Rüstung, mit Helm, Brünne und allen Kriegswaffen auf Asgard und verlangt Genugtuung! Die Asen nehmen sie allerdings durchaus freundlich auf und bieten ihr sogar an, sich einen Ehemann aus ihren Reihen auswählen zu dürfen. Sie jedoch stellt zusätzlich die Bedingung, dass die Asen sie zum Lachen bringen sollen, da sie ihnen genau das nicht zutraut. Da erscheint der gewitzte Loki vor ihr und vollführt ulkige Bocksprünge, tänzelt hierhin und dorthin, immer nachgeäfft von einem Ziegenbock mit langen Hörnern und stattlichem Bart. Der vollführt hinter ihm wie ein Schatten dieselben Bewegungen, weil Loki ihn mit unsichtbarem Band an sich (manche Quellen nennen hier sein Geschlechtsteil) gefesselt hat. Als er endlich sogar wie ein Liebender vor Skadi auf die Knie fällt, und der Bock meckernd das Gleiche tut, da bricht die schöne junge Riesin trotz ihrer Wut in schallendes Gelächter aus.

Odin tut ihr sogar noch einen weiteren Gefallen, um ihren Zorn zu besänftigen, den die Asen durchaus als berechtigt anerkennen: Er versetzt ihres Vaters Augen an den Himmel, damit sie von dort als Sterne freundlich zu ihr herabschauen können. Danach darf sie sich unter den Asen einen Mann zum Gatten wählen. Allerdings darf sie ihn nur nach den Füßen aussuchen. Der strahlend schöne Balder, der wie der Morgenstern leuchtet und alle anderen Asen neben sich verblassen lässt, hat es ihr besonders angetan. Ihn hofft sie selbst mit halb verdeckten Augen noch wiedererkennen zu können.

Man verbindet ihr also die Augen soweit, dass sie nur die Füße der Götter sehen kann. Sie hofft, sich Balder zu erwählen, und als sie ein besonders wohlgeformtes Paar Füße erblickt, zögert sie nicht, zuzugreifen. An Balder wird nichts Hässliches sein, denkt sie dabei, doch sie hat die falsche Wahl getroffen: nicht Balder hat sie erwischt, sondern Njörd, der sich in Noatun (Schiffsstätte) eine hohe Halle erbaut hatte. (vgl. Diederichs, S. 180; Wägner, S. 185ff)

Schlecht hatte sie nicht gewählt, denn ihr Gemahl galt als sanft von Charakter und ausgesprochen wohlhabend. Auch sah er durchaus anmutig aus, schlank von Gestalt trug er stets einen mit Muscheln geschmückten Hut, an dem Reiherfedern wippen. Seine meergrüne Tunika lässt den unteren Teil seiner wohlgestalteten Beine frei. Infolge seines durch und durch angenehmen Wesens galt Njörd vorwiegend als Beherrscher und Besänftiger des Meeres, der entsprechend bei Seefahrt, Fischfang und Handel angerufen wurde. Man nimmt allgemein an, dass er ein wohltätiger sommerlicher Gott ist, der Ernte und Wohlstand fördert und die Menschen – ähnlich wie der ägyptische Osiris - in Wein- und Ackerbau unterrichtet hat. „Reich wie Njörd", hieß ein isländisches Sprichwort, das den Gott zu einem wahren „Krösus" macht (vgl. Herrmann, S. 133), der aber auch denen Reichtum schenkt, die ihn darum bitten. „Er ist so reich und mit Habe beglückt, dass er Land und lose Habe reichlich verleihen kann; und man ruft ihn dafür an", heißt es in der Prosa-Edda (Diederichs, S. 142). „Ohne Mein und Makel ist der Männerfürst, waltet hohen Hauses" (Heiligtums), dichtet die Liederedda (Grimnirlied, Str. 16).

So wurde der Frieden zwischen Skadi und den Asen durch einen Ehevertrag besiegelt und die Vermählung mit großer Pracht gefeiert. Wo sie hinkam, wurde die stattliche Jägerin freudig begrüßt. Die Asinnen beschenkten sie mit Schmuck, die Einherjer, die Kämpfer in Walhall, erhoben sich ehrerbietig bei ihrem Eintreten (was zeigt, dass Göttinnen in Walhall ein- und ausgingen!), und „der Goldwald Glasir tönte melodisch, wenn sie hindurch schritt." (Wägner, S. 186)

Skadi und Njörd konnten dennoch niemals richtig miteinander glücklich werden, obwohl sie es redlich miteinander versuchten. Zu verschieden waren sie in ihrem Wesen. Während die eine das Leben und Jagen und Schlittschuhlaufen im Gebirge gewohnt war, lebte der andere friedlich am Gestade des Meeres, wo er dem Gesang der Wellen lauschen und den Zug der Schwäne verfolgen konnte. Doch einigten sie sich zunächst, abwechselnd je neun Tage im Gebirge und am Meer zu wohnen. Nach dem Besuch in den Bergen beschwert sich Njörd allerdings:

Leid sind mir die Berge;
Nicht lange war ich dort,
neun Nächte nur;
schöner schien mir
der Schwäne Sang
als der Wölfe Wutgeheul.

Doch kann auch Skadi ihrerseits dem Leben am Meer nicht viel abgewinnen: Obwohl der nachgiebige Njörd sich sogar darauf einlässt, dass sie nur jeweils drei Nächte bei ihm wohnen soll, während er neun bei ihr verbringt, klagt sie:

Nicht schlafen kann ich
vor dem Schreien der Vögel
an der Brandung Bett:
jeden Morgen,
wenn sie vom Meere kommen,
weckt die Möwe mich.

(Diedrichs, S. 106)

So beschließen sie eines Tages, in friedlichem Einvernehmen und gegenseitiger Achtung auseinanderzugehen und sich in ihrer Entfaltung nicht länger zu behindern.

In Skadi erleben wir die Erdgöttin von ihrer winterlichen Seite und den Winter in seiner schönsten und heitersten Form. Die Winterzeit mit ihren sternfunkelnden Nächten und der leuchtenden Helligkeit des Schnees gehören recht eigentlich zu ihrem fröhlichen Wesen, und die neun Nächte entsprechen symbolisch den neun nordischen Wintermonaten. Ihr stolzer, übermütiger und unbefangener Charakter kommt so richtig in der folgenden Geschichte zum Ausdruck:

Skadi, Uller und Frigg

Nach ihrer Ehe mit Njörd kehrt Skadi erleichtert nach Thrymheim (Lärmheim) zurück, wo sie mit ihrem Vater zusammengelebt hatte. Dort ist sie froh und glücklich, wenn sie auf Schneeschuhen dahingleiten und mit Wurfspieß, Bogen und Pfeilen nach Wild jagen kann. Sie, die trotzige, stolze Jägerin, gleicht der sternenübersäten nordischen Winternacht in ihrer herben Pracht und Schönheit.

Einst traf sie auf einem solchen Jagdausflug im hohen Norden auf den Gott Uller oder Ulli. Blitzschnell, wie die sturmgejagte Möwe, kam sie auf ihren Schneeschuhen über die schimmernde Bahn gesaust. Vom kalten Fahrtwind glühte ihr Gesicht vor Lebenslust, und hell, wie ihres Vaters Augen am nordischen Winterhimmel, strahlten und funkelten ihre Augen. Als sie an Uller vorüberschoss, da lachte sie lauthals und stieß übermütig einen jauchzenden Adlerschrei aus. Das ließ sich der göttliche Jäger nicht zweimal bieten. Wie der geölte Blitz schwenkte er herum und nahm die Verfolgung auf. Die Göttin hörte ihn kommen und beflügelte ihren Lauf. Doch vergebens. Der schnelle Weidmann holte sie ein und umfing sein herrliches Gegenbild mit seinen Armen. „Ich habe dich erjagt, und so bist du mein nach Jägerrecht", rief er ihr zu. „Ja", antwortete sie freudestrahlend. „Dein bin ich, Uller! Du und ich, wir gehören zusammen und werden nun einander jagen im herrlichen Nordland, bis die Welten dereinst vergehen!" (vgl. Pinson, S. 154f) Bei ihrer beider Hochzeit „spielten die Stürme in allen Tonarten zum Tanze auf." (Wägner, S. 182) So fand im Mythos von der Vermählung des winterlichen Odin mit der Frostriesin Skadi der Beginn des Winters seinen poetischen Ausdruck.

Aber auch diese Geschichte fing eigentlich schon viel früher an. Bei der Göttin Frigg nämlich, die eines Tages einem ihrer Schützlinge einen Apfel in den Schoß werfen ließ.

Der schon betagte König, wir hörten es bereits, war verzweifelt, weil er noch keinen Erben hatte. Die Göttin schwebte eines Tages über seinem Reich dahin und entdeckte ihn, wie er betend unter einer Fichte auf einem Hügel saß. Da schickte Frigg eilends ihre Botin Gna über den Himmel zu ihm. Die weisen Wanen aber blickten staunend zu ihr auf und fragten:

Was fliegt da, was flitzt da
und eilt durch die Luft?
Gna antwortete aus ferner Höhe:
Nicht flieg ich, doch flitz ich,
eile leicht durch die Luft
auf Hufwerfer, den Haarstruppig
zeugte mit Zaunspringe.

(Diederichs, S. 105)

Gna verwandelt sich in eine Nebelkrähe (ein heiliges Tier der Frigg) und lässt den von Frigg für den König bestimmten Apfel in dessen Schoß fallen. Der ahnt, was damit zu tun ist, gibt ihn seiner Frau zu essen, und nach neun Monaten wird der edle Wölsung geboren, von dem später der ruhmvolle Sigurd abstammen wird.

Frigg aber ist hochzufrieden mit sich selbst, als sie von der gelungenen Vollendung ihres Werks erfährt, und beschließt, dass die gesamte Götterversammlung von ihrer Glanztat erfahren soll! Zur Feier dieses denkwürdigen Tages möchte sie im schönsten neuen Schmuck erscheinen. Alles Geschmeide, das die Göttin Fulla, Hüterin von Friggs Truhe, vor ihr ausbreitet, scheint ihr dem Anlass entsprechend nicht gut genug. Doch woher so schnell ein neues, nie dagewesenes Schmuckstück zaubern?! Die kluge Fulla weiß Rat: Sie deutet auf Odins Bildsäule aus lauterem Gold, die in der Halle eines Tempels aufgestellt war. Von dieser Statue wollte man Gold ablösen, um alsbald einen Halsschmuck von unvergleichlichem Glanze daraus zu schmieden.

Mit ihrer neuen, funkelnden Halskette begab sich Frigg alsdann zur Versammlung, und allen blieb vor Staunen der Mund offen, als sie auf dem Hochsitz, neben Odin thronend, ihre folgenreiche Tat verkündete. Selbst der vorerst nichtsahnende Göttervater fühlte sich plötzlich von neuer Liebe zu seiner Gattin beseelt!

Als Odin jedoch kurze Zeit später die Tempelhalle betrat, merkte er sofort, was wirklich vorgegangen war, und zeigte sich in höchstem Maße verstimmt! Mit seinem Runenzauber wollte er das geschmälerte Denkmal zum Reden bringen, damit es selbst die feigen Diebe verraten könnte. In höchster Not heuerte Fulla einen Dämon niederen Ranges an, der sich bereit erklärte, die goldene Statue zu zertrümmern, damit sie nicht mehr zum Sprechen zu bringen war.

Odin durchschaute trotz allem die Zusammenhänge und wollte in heiligem Zorn schon alle vernichten, die mitgeholfen hatten, sein Bild vor den Augen der Welt zu schmälern. Zu guter Letzt überwog aber doch seine Liebe zu Frigg, wenn er sich auch zunächst tief gekränkt von ihr und allen anderen Asen zurückzog. Da ihn nicht einmal mehr die eigene Gemahlin schätzen und lieben wolle, könne er gleich ganz aus Asgard verschwinden.

Mit seinem Scheiden war zugleich alles Grün der Erde vergangen. Ein falscher Odin oder Trug-Odin trat an seine Stelle, der den Winterstürmen und Frostriesen das Feld überließ. Erde, Seen und Flüsse erstarrten unter der Wucht des alles Licht vernichtenden Eises. (vgl. Wägner, S. 100ff)

Diese Zeit seiner Abwesenheit jedoch verbringt der Gott alljährlich im verschneiten Gebirge bei seiner winterlichen Gefährtin Skadi. Dann nennt er sich Uller oder Ulli, und sein Treiben kommt gefährlich nahe an das der Eisriesen heran. Hier wird auf andere Weise der Naturmythos vom Verschwinden der Sonnenkraft im Winter erzählt. Odin mit seinem einen Auge gilt als Sonnengott, denn es gibt nur eine einzige Sonne. Sein Auge wird mit der Sonne gleichgesetzt, die im skandinavischen Winter zuweilen für Monate von der Bildfläche verschwindet. Dann – so der Mythos – trauert seine Gemahlin, und im Grunde der ganze Hofstaat von Asgard, um ihn, bis er sich im Frühjahr neu mit ihr und den Seinen vereint. Nun erscheint er wieder: Der rollende Donner, die flammenden Blitze verkünden seine Ankunft. Sie bringen das Eis zum Schmelzen und lassen neue Saaten auf der von Frühlingswärme verjüngten Erde sprießen.

So beweist auch diese Geschichte, dass in der nordisch-germanischen Mythologie Riesen, Asen und Wanen durchaus nicht immer als einander feindliche Kräfte angesehen wurden. Vielfach kommen sie freundlich miteinander aus und gehen ihre Erscheinungen durchaus ineinander über. Was gerade bei den Geschichten um die Wanengottheiten Freya und Frey wieder deutlich zutage tritt.

Frey, der strahlende Gott der Liebe

Frey ist der edelste von allen, die Bifröst
Trägt zu der hohen Halle:
Keine Maid betrübt er, keines Mannes Weib,
Einen jeden nimmt er aus Nöten.

(Ögisdreka aus der älteren Edda)

Frey und Gerda

„Am schneegrauen Winterhimmel tat sich ein graues Fenster auf wie ein Augenlid, dahinter ein strahlendes Auge blitzte, das blickte nieder auf die weite kalte Welt in der nebligen Tiefe und fern darüber hinweg bis zu den äußersten Rändern, wo die hohen eisigen Berge von Riesenheim das schlummernde

> Leben mit ihren ragenden Mauern umschlossen. Es war aber das sonnige Auge des göttlichen Froh, des Himmelssohnes, das also in den Erdenwinter sehnsuchtsvoll schaute, ob es nicht irgendwo in allen Tiefen und Weiten ein tröstliches Bild des lichten Lebens erblickte, das ganz in seinem langen Schlaf erstorben schien. Denn das Licht sucht das Licht um des eigenen Lebens willen …"
> (v. Wolzogen, S. 7f)

Freys Augen werden bald schon den Halt finden, den sie suchen, doch wird ihn, was er sieht, nicht froh machen. Auf Odins Hochsitz Hildskjalf hatte er sich hinauf begeben, von wo er das ganze Land überblicken konnte. Auch gen Riesenheim wanderte sein forschender Blick, und was er sah, ließ ihn im Innersten erbeben: Eine schöne junge Frau ging aus der Burg ihres Vaters Gymir hinüber in ihr Frauengemach, öffnete dort die Tür ihres Hauses und war im Nu wieder verschwunden. Doch so kurz die Erscheinung auch war, sie hatte dennoch ihre Wirkung schon getan: Licht und Leben strömten von ihrer hohen Gestalt durch das tote Schweigen des öden Raumes. Ihre Arme leuchteten wie die Sonne auf dem Schnee, und von ihrer Schönheit glänzten die Luft und das Land, die Wellen und die Wolken. Um Frey war es fortan geschehen. Umso mehr, da ihm die Lage hoffnungslos erschien. Die strahlende Erscheinung, die sein Herz erglühen ließ, gehörte zu den Riesen, die seit je mit den Wanen und Asen verfeindet waren. Unmöglich, an so etwas wie eine Liebesverbindung auch nur zu denken! Der sonst so sonnige Frey verfiel in tiefstes, freudloses Grübeln und nahm an keiner Geselligkeit mehr teil. Njörd und Skadi betrachteten ihren Sohn mit größter Sorge und beauftragten seinen engsten Freund, Skirnir, herauszufinden, was ihn bedrücke.

Der Freund vertraut sich dem Freund an und nicht nur das: Skirnir zieht an Freys Stelle, dem der Mut dafür fehlt, zur Brautwerbung nach Riesenheim aus! Allerdings stattet Frey den Freund gebührend aus:

Ich geb dir das Roß,
zu durchschreiten die düstre
verwunschne Waberlohe,
die Klinge auch,
die kämpft von selbst,
gewann sie ein Wissender.

(Skirnirlied, Str. 9)

Skirnir erreicht Gymirs Burg und streckt mit Hilfe von Freys Schwert den Wächter nieder, der ihm den Eintritt zur Burg verwehrt. Gerda, neugierig geworden, lässt den aufdringlichen Gast hereinbitten:

Bist du einer der Alben
oder der Asensöhne
oder der weisen Wanen?
Warum rittst du allein
durchs rasende Feuer,
unsern Saal zu sehn?

Statt sich vorzustellen, trägt Skirnir gleich sein Anliegen vor, wobei er ihr elf Äpfel aus dem himmlischen Garten der Iduna schenken will (den zwölften gibt des Lebens ewige Hüterin niemals her!):

Der Äpfel elf
hab ich hier, eitel golden,
die will ich dir geben, Gerda,
Frieden zu kaufen,
dass du Frey nennest
im Leben den Liebsten dir.

(ebd. Str. 17 – 19)

Gerda allerdings – ganz wie die frostige Erde - lässt sich nicht so schnell erweichen. Selbst nicht, als Skirnir ihr den goldenen Ring Draupnir anbietet, dessen ewig erneute Kraft Frey vom lichten Balder geerbt hatte. Gold, so meint sie, gäbe es an ihres Vaters Hof mehr als genug. Ganz wie die winterliche Schneedecke nur zögernd den Strahlen der Sonne weicht, so zeigt sich auch Gerda mehr als unwillig, auf Skirnirs Vorstellungen einzugehen. Bis der sich auf rohes Drohen verlegt. Verfluchen will er sie mittels Runenmagie, dass ewig sie einsam unter dem Wintereis begraben bleiben und ohne Liebe ihr leeres Leben fristen soll. Da endlich schlägt Gerdas eiskalte Abweisung in ihr Gegenteil um:

Heil sei dir nun, Jüngling!
Hebe den Eiskelch
Mit Firnmet gefüllt!
Nicht hätt ich geahnt,
dass ich einmal sollte
einem Wanen gewogen sein.

(ebd. Str. 37)

Nun fehlen nur noch Zeit und Ort für ein erstes heimliches Treffen mit Frey. Doch auch der wird von Gerda nun schnell benannt: Barri, Blütenhain, heißt ein stiller Wald, wo nach neun Nächten die Riesentochter dem Sohne Njörds ihre Gunst schenken wird. Eilends reitet Skirnir mit dieser glücklichen Botschaft nach Hause. Die einzige Liebeswerbung der Göttersage, die gut ausgeht. Frey aber kann sein Glück kaum erwarten:

Lang ist die Nacht;
lang sind zwei;
wie erdulde ich drei?
Minder meint ich
den Monat oft lang
als des Harrens Halbnacht.

(ebd. Str. 42)

Unverkennbar schimmert auch hier noch die Naturmythe durch: Der sonnenhelle Gott der wärmeren Jahreszeiten erschlägt alljährlich den schneeumhüllten Riesen der Winterstürme und taut das Eis der Erde, die von ihrem Vater, dem Frostriesen in Kältestarre festgehalten wird. Auf dieser Ebene könnte man Freys schmales, schmuckes Schwert durchaus auch als lichten Sonnenstrahl deuten, der das Eis zum Schmelzen bringt. Dem Mythos zufolge hat Njörds Sohn hier allerdings sein Schwert um der Liebe willen an Skirnir verschenkt, sodass er von da an keine wirksame Waffe mehr hat, um sich zu verteidigen. Darauf spielt Loki in der Lokasenna, 42, (Lokis Schimpfrede) an, wenn er sich über Frey lustig macht:

Gymirs Tochter
hast du mit Gold gekauft
und verschenkt dein Schwert;
doch wenn Muspills Söhne
über den Myrkwid reiten,
hast du, Wicht, keine Wehr.

(Diederichs, S. 80)

Frey und der Jul-Eber

Den Eberkopf, ich bringe ihn
Bedeckt mit Laub und Rosmarin.
Ich bitte, singt mit frohem Sinn.

(Lied zu Ehren des Jul-Ebers)

Als Kind erhielt Frey beim Hervortreten seines ersten Zahns von den Asen das Reich der Lichtelfen (Lichtalfenheim) zum Geschenk. Was wiederum auf seine Verehrung als Sonnengott anspielt. Seine magischen Fortbewegungsmittel erhält er dagegen von den Schwarzalfen oder Zwergen der Unterwelt. Nach der heiklen Wette, die Loki gegen die Zwerge Sindri und Brokk gewinnt (s. u. im Kap. über die Entstehung des Hammers), schenkt er dem Lichtgott das Wunderschiff Skidbladnir und den goldenen Eber Gullinbursti. Das Schiff Skidbladnir, das in jeder Richtung stets günstigen Fahrtwind hatte, ist so groß, dass es sämtliche Asen in voller Rüstung aufnehmen kann. Nach dem Gebrauch lässt es sich zusammenfalten und wie ein Tuch in die Tasche stecken! In diesem Schiff erkannte man die Wolke, die stets mit günstigem Wind in jede Himmelsrichtung segelt. Der Eber Gullinbursti mit seiner rundlichen Form und seinen strahlenden goldblonden Borsten, welche die Nacht erleuchten, ist dagegen ein klares Sonnensymbol. Er wurde zum Reittier des Gottes, mit dem er über Felder und Fluren ritt, oder der seinen Wagen über Land zog. Da man auch Freya bisweilen auf einem goldenen Eber reiten sah, nahm man an, dass die beiden Sonnengeschwister sich dieses Wundertier teilten.

Die goldene Sonne regt natürlich das goldene Korn zum Wachsen an. Deshalb wird Frey häufig auf seinem Eber reitend dargestellt, wie er als Korngott die Fluren segnet. So sprach man in manchen Gegenden davon, dass der Eber im Korn gehe, sobald die Ähren reif im Feld wogten. In Schwaben nannte man den Wirbelwind „Windsau“. Dort sind in einer Kapelle zu Belsen mehrere Steine eingemauert, in denen der von Sonnenbildern und Tierhäuptern umgebene Frey eingemeißelt ist. Im Frühling wurde allerorten sein Bild bei einer mehrere Tage dauernden Umfahrt in einem Wagen durch die Lande gezogen, ganz wie man es auch mit seiner Mutter Nerthus vollführte. Dabei saß die schönste Jungfrau des Volkes bei der Umfahrt als Priesterin neben dem Bild des Gottes und verhieß in seinem Namen ein gesegnetes Jahr. Wo der Wagen hinkam, herrschte Freude und Jubel, es wurden Opfermahlzeiten gehalten, und man brachte reiche Gaben an Silber, Gold und kostbaren Gewändern. Die Priesterin büßte den Umzug nicht mit ihrem Leben (wie die Priester bei Nerthus), sondern blieb hoch in Ehren, und das Volk erhoffte sich von ihrer Verbindung mit dem Gott großen Segen.

Die größte Bedeutung erhielt Freys Reittier allerdings als „Jul-Eber“ um die Zeit der Wintersonnenwende. Jul entspricht dem englischen Wort „Wheel“ für Rad. Gemeint ist das Rad des Jahres, das sich in der dunkelsten Zeit des Jahres allmählich wieder aufwärts zu drehen beginnt. Jul ist das Fest, an dem der Sonnengott erwacht, das Rad der Sonne sich wieder neu entzündet. Wie beim Osterfest rollte man Feuerräder die Berge hinunter und ließ überall zu Ehren der sich neu belebenden Sonne Weihnachtsfeuer auflodern.

Für die Germanen brach damit die schönste Zeit des Jahres an. Die Zeit der Muße und der Besuche und der fröhlichen Feste, bei denen jeder Fremdling ein willkommener Gast war. Als Festessen wurde stets ein gebratener Eber aufgetragen, oder doch wenigstens ein Schweinskopf. Dazu sang man, wie noch gegen Ende des vorletzten Jahrhunderts beim Weihnachtsschmaus an der Universität Oxford, Lieder wie das eingangs zitierte! Der dort erwähnte Rosmarin machte nicht nur den Braten schmackhaft, er galt insbesondere als Freys Lieblingspflanze. Und da er auch als Gott der Liebe und Ehe und des Familienlebens verehrt wurde, trugen in Hessen beispielsweise die Brautleute Rosmarin zur Hochzeit. Wahrscheinlich gehen noch die vielen Marzipanschweinchen, die wir heute auf dem Weihnachtsteller finden oder zu Neujahr als Glückssymbole verschenken, auf den Jul-Eber zurück.

Der Jul-Eber hatte noch eine weitere Bedeutung als Schwur- oder Sühne-Eber. Am Julabend, dem 25. Dezember, wurden auf den Eber feierliche Gelübde abgelegt, die man um jeden Preis einhalten musste. Dazu legte man etwa die eine Hand auf dessen Rücken, die andere auf seinen Kopf. In der Sage von Frithjof dem Kühnen wird ein solches Ritual geschildert:

> „Die Stunde der Gelübde war gekommen: man trug Freys Eber herein. Der König gelobte: „einfangen will ich Frithjof, den Wolf der Meere; so helfe mir Freyer, Odin und der starke Thor!“ – „Beschützen will ich Frithjof, den König der Meere, der mir nahe verwandt ist“, sprach der Fremdling; so helfe mir Freyer, Odin und der starke Thor!“ – „Das heißt zum Streite fordern“, versetzte der Herrscher; doch frei ist das Wort, wo König Ring gebietet.“ (Wägner, S. 405)

Abb.11: Frey mit seinem Eber

Der Fremdling (es ist Frithjof selbst) blieb trotz dieser gegensätzlichen Eide als Wintergast bei König Ring, und die beiden wurden sogar gute Freunde.

Einen besonders tragischen Schwur tat einst der junge Hedin, als er beim Jul-Eber unbeabsichtigt gelobte, die Braut seines Bruders Helgi für sich zu gewinnen. Denn auch das war möglich: Man konnte bei Freys Eber schwören, dass man im Folgejahr um eine bestimmte Frau werben wolle, die einem am Herzen lag (vgl. ebd. S. 359). Beim Kreisen des Bragibechers hatte besagter Hedin nicht mehr genau auf das geachtet, was er beim Schwören von sich gab: „Wir zechten wacker am Abend und lachten heiteren Mutes, bis Freyers Eber hereingebracht und der Bragibecher gereicht wurde. Da vermaß sich jeder der kühnsten Taten, und ich selbst – die finstere Norne raunte mir die Worte ins Ohr – gelobte, die Schildmaid Swawa, des Bruders Braut heimzuführen. Aber nimmer werde ich mit dem kämpfen, der mir auf Erden der liebste ist. Ich löse das Gelübde." (ebd. S. 433)

Helgi, der schon vorausahnt, dass er in der nächsten Schlacht fallen wird, ist dem Bruder nicht böse. Es wäre ihm im Gegenteil ein Herzensanliegen, seine Geliebte an Hedins Seite zu wissen, denn sein Bruder, so meint er, ist ihrer wert! Swawa jedoch lehnt ab, da sie nur einmal lieben wolle und könne. „Wir werden uns bald bei Freya auf Folkwang wiederfinden", verspricht sie dem sterbenden Geliebten." Und sie hält Wort. Nicht lange darauf stirbt sie und lässt sich neben Helgi zur letzten Ruhe betten.

Helge, ein anderer König von Upsala, wollte einst seine Gattin wiedergewinnen, die ihm eine Ungunst des Schicksals geraubt hatte. Da das Julfest kurz bevor stand, riet man ihm auf dem Thing, so lange zu warten, bis es anbrach, und dann im Tempel die Götter um Rat zu fragen. Bei dieser Gelegenheit erfahren wir, wie es in dem berühmten Heiligtum aussah: Sein Dach war mit blankem Erz und Gold belegt, sodass es weithin allen Besucher/innen entgegenstrahlte wie die Sonne.

> „Ein immergrüner Wunderbaum, Bild der Esche Yggdrasil, überschattete den Göttersitz, zu dem sich die Menge drängte. Für den Schmaus aber war reichlich gesorgt, sowohl durch beigetriebene Opfertiere als auch durch eine Reihe mächtiger Bier- und Metfässer. In der Mitte des heiligen Raumes stand der Altar, ein zierlich behauener Felsblock, der rundum mit Runen und Bildwerk versehen und oben mit einer Metallplatte bedeckt war. Weiter zurück, am Anfange des hinteren Halbkreises, ruhten auf Hochsitzen die drei obersten Asen, Thor mit einem Sternenkranz um das Haupt und dem Hammer in der Hand, ihm zur Rechten Odin, gerüstet mit dem Speer Gungnir, zur Linken Freyer, von Blumen, Früchten und den ihm geheiligten Tieren umgeben. Weiterhin saßen die übrigen Asen auf niedrigen Bänken." (Wägner, S. 350)

Der Jul-Eber verweist jedoch auch auf jenen anderen Eber, der täglich auf Walhall gesotten und gebraten und von den Einherjern fröhlich verspeist wird: Sährimnir, der „Rußschwarze" wird täglich gekocht und zubereitet. Nachdem alles aufgegessen ist, wird der Eber wieder lebendig, und am nächsten Tag geht alles wieder von vorne los, und immer so weiter, bis zum Weltuntergang. „Niemals geht der Speck des Ebers Sährimnir aus. Dieser Eber wird täglich von neuem gesotten und ist abends wieder heil", erfährt König Gylfi nach der Prosa-Edda. (Diederichs, S. 152) Auch dieser Eber scheint ein Sonnensymbol zu sein. Ganz wie die Sonne, steht er am Morgen frisch und kräftig und unversehrt wieder auf!

Der sagenhafte Frodi-Friede

Den Sagen nach erschien der volkstümliche Frey den Völkern oft in menschlicher Gestalt. Unter dem Namen Fiölnir fuhr er auf Einladung des Schweden-Königs Frodi nach Seeland (Hledra) zum fröhlichen Festgelage. Leider fiel er bei dieser Gelegenheit kopfüber in ein ungeheures Metfass und ertrank in der süßen Flut. Selbst hier ist die Sonnensymbolik noch ersichtlich, denn auch die Sonne versinkt allabendlich in den geröteten Wellen des Meeres. Fiölnir aber galt als ein angesehener Herrscher in Upsala, der Reichtum, Überfluss und Frieden für sein Land herbeiführte.

Den Dänen erschien der Gott in Gestalt des König Fridleif, was soviel heißt wie Friedespender. Als dieser eines Abends in Gedanken versunken an einem stillen Waldweiher weilte, hörte er die Schwäne zum Spiel der murmelnden Wellen singen. So erfuhr er, dass ein Riese die Frau geraubt hatte, die er liebte: Freygerda, Tochter von König Asmund, der ihn als Schwiegersohn abgelehnt hatte. Der Gesang war kaum verhallt, als ein Riese mit drei Köpfen, der die höchsten Bäume überragte, Fridleif mit seiner Keule zum Kampf herausforderte. Der Riese wurde niedergestreckt, und der Sieger befreite seine Geliebte aus der Felskluft, wohin der Jötun sie verschleppt hatte. Dazu fand er große Schätze an Gold. Nun konnte die Vermählung gefeiert werden, und aus dem glücklichen Ehebund ging schon bald ein Sohn mit Namen Frodi hervor, der in ganz Skandinavien als der legendäre Friedenskönig verehrt wurde, unter dessen Herrschaft so etwas wie ein goldenes Zeitalter anbrach, der vielgerühmte „Frodi-Friede", den man für die größte Segnung überhaupt hielt:

> „Die Sicherheit des Eigentums war so groß, dass der König goldene Ketten und Kleinodien Tag und Nacht im Freien auflegen ließ, ohne dass jemand sie antastete. Jeder Reisende fand überall gastliche Aufnahme, denn es war nirgends Mangel, weil die Gelände doppelte Ernte trugen und der König willig der Not abhalf, wo man seiner Hilfe bedürftig war." (Wägner, S. 196)

Eines Tages aber kam ein Fremdling des Wegs, und der übergab dem Frodi als Dank für die üppige Bewirtung die Wundermühle Grotti, die alles herbei mahlte, was sich sein Besitzer nur wünschen konnte. Da die Mühlsteine für Menschenhände zu schwer waren, stellte er zwei Riesenmägde mit Namen Fenja und Menja ein, die keine Mühe hatten, die Mühle zu drehen. Frodi bat sie, Gold, Frieden und Glück für sich und sein Land zu mahlen. Als er dann aber das glänzende Gold wie Sand am Meer aus den Mühle herausrollen sah, da war es mit seinem eigenen Frieden vorbei. Nur noch nach Gold ging sein Sinnen und Trachten, und er wollte den beiden Mägden nicht mehr Zeit zum Verschnaufen geben als ein Hauskuckuck schläft. Da schwangen die Riesinnen die mächtigen Schrotsteine der knarrenden Mühle und sangen in ihrem Missmut Unheil herbei:

> „Wir mahlen ihm Gold, wie loderndes Feuer, das Hof und Habe gierig frisst und Hütten und ragende Burgen. So schlief lange Jahre die maßlose Gier in des Königs Brust, wie Jörmundgand (Midgardschlange) in des Meeres Tiefe. Nun bäumt sie sich auf, vom Goldhort geweckt, und zehrt Glut, Blut und Leben."
> (ebd. S. 198)

Während sie noch singen, geschieht zugleich, was sie verkünden: Ein Heer von Wikingern bricht ins Land, und der König fällt. Mit dem Frieden ist es aus und vorbei. Doch auch der neue Herrscher lässt den Mägden keine Pause. Salz will der sie nun mahlen lassen, und so schwingen sie weiter grimmig im Riesenzorn ihre Schrotsteine und mahlen Salz in hohen Haufen. Bis die Schiffe von des Salzes Menge im Meer versinken und mit ihnen der uneinsichtige Wikingerfürst mit Mann und Maus untergeht. Die Riesinnen aber schreiten durch die wirbelnden Fluten davon, und wo die Mühle versunken ist, bleibt ein Strudel zurück, der den Menschen gefährlich werden kann. Dahin war der langwährende Frodi-Friede, gemeuchelt durch die Gier nach Gold.

Das norwegische Märchen von der „Mühle auf dem Meeresgrund", das um die Zeit des Julfestes einsetzt, erzählt die Geschichte in leicht veränderter Form. Das Ende ist auch hier die Gier nach Salz. Die Mühle lässt sich nicht mehr abstellen, weil der, der sie gestohlen hat, dass Zauberwort nicht kennt, wie er sie zur Ruhe bringen könnte. Das Schiff wird zu schwer und sinkt schließlich auf Grund.

> „Die Mühle sank mit und wurde nicht abgestellt, so dass sie noch heutigentags läuft. Das kann man auch daran sehen: Wieviel frisches Wasser auch ins Meer läuft, das Meer bleibt doch immer gleich salzig." (Tetzner, S. 124)

Freya, Göttin der Liebe und des Kampfes

> Nach Snorri leitet sich ‚Frau' als weibliche Ehrenbezeichnung von der Göttin Freya ab.
> (Diederichs, S. 222)

Wie Holda war auch Freya vorasischer Herkunft. Sie stammte von den überaus weisen Wanen und hieß deshalb auch schlicht Vanadis – Wanengöttin. Der Name Freya bedeutet einerseits „Frau Herrin" (entsprechend dem lat. *domina*) und hängt andererseits mit der indogermanischen Wortwurzel *priio* für lieb, froh und gut bzw. goth. *frijón* für lieben zusammen. Auch ihr Bruder Frey hieß hierzulande oft einfach nur „Froh".

Die Wörter Freya und „Frau" sind identisch, so dass die Germanen behaupten konnten, die Frau sei bereits ihrem Namen nach Göttin. (Entsprechend konnte man in der Poesie das Wort „Frau" durch den Namen jeder der rund 30 nordischen Göttinnen ersetzen! s.u.). Der Freitag, an dem man traditionell „freite", war Freyas heiliger Tag, und entsprechend galt sie als Schutzpatronin der Ehe wie auch der Liebenden im Allgemeinen. Ein Schutz, der selbst über den Tod hinaus wirksam wurde, denn nach ihrem Tod wurden die Liebespaare in ihren Palast Folkwang aufgenommen, sogar oder erst recht jene, denen es auf Erden nicht vergönnt gewesen war, miteinander zu leben.

Freya und Aphrodite

Mit Freya treffen wir auf die große Liebesgöttin der germanischen Völker, die mit Aphrodite nicht nur den Freitag als ihren heiligen Tag teilt, sondern auch eine ganze Liebesgeschichte. Wie Aphrodite ihren Geliebten Adonis, so verliert auch Freya ihren Gemahl Od (bzw. Odur) an die Unterwelt und kann sich erst nach einer langen Suchwanderung wieder mit ihm vereinigen. Obwohl sie zunächst glücklich mit Odur zusammen lebt, verlässt er sie eines Tages, ohne dass sie sich erklären kann, warum. Die Göttin ist untröstlich und weint Tag und Nacht um ihre verlorene Liebe. Schließlich macht sie sich nach einem langen gramvollen Winter auf den Weg, um ihren Geliebten zu suchen. Während sie so durch unbekannte Lande und fremde Völker zog, nahm sie die verschiedensten Namen an, darunter auch Gefjon und *Syr* (Sau). Heiße Tränen fielen aus ihren blauen Augen zur Erde nieder, und aus jedem Tropfen wurde eine schimmernde Perle (auch Aphrodites Beiname war Margarita, die Perle). Im Sand des Meeres verwandelten sich diese Perlen in Bernstein, das rote Gold der Erde, und zugleich Freyas heiliger Stein. So erhielt sie den Beinamen „die tränenschöne Göttin". Als sie Odur endlich findet, wandeln sich ihre Tränen in Freudentränen, und gemeinsam kehren die beiden Liebenden zurück nach Hause. Tausendstimmiger Vogelgesang empfängt sie bei der Rückkehr, „und die Bäume im grünen Blätterschmuck flüsterten viel vom Liebesleben in heiterer Sommerzeit." Die Freude findet jedoch nur zu bald ihr zeitweiliges Ende, denn sobald nach der herbstlichen Tag- und Nachtgleiche des Sternbild der Jungfrau am Himmel untergeht, verlässt Odur seine Geliebte und zieht abermals in die Ferne. Ein Rhythmus, der sich alljährlich wiederholt.

Wieder ist es ein Naturmythos, der uns hier begegnet. Wenn Odur die Göttin verlässt, dann ist mit ihm alle Freude, alle Wonne des Lebens verschwunden. Die ganze Natur trägt Trauer: Alle Blumen verwelken, die Blätter fallen von den Bäumen, das Leben wird öde, dunkel und bedrückend. Freyas Tränen aber glänzen wie Tautropfen, die sich golden in der Herbstsonne spiegeln. Kehrt sie mit Odur zurück, dann bricht mit einem Mal der Frühling aus und die symbolische Vermählung des Himmels mit der Erde kann neu gefeiert werden. Noch in christlicher Zeit wurden deshalb Hochzeiten gewöhnlich zu Ehren der Göttin am Freitag gefeiert. Durch Umzüge und Wettlaufen spielte man das Suchen und Finden des Geliebten nach. So wurde bei den Maifesten ein Maigraf oder -könig gewählt, meist der beste Läufer oder Reiter im Wettrennen. Er ist grün gekleidet und versteckt sich im Wald, wo er dann rituell „gefunden" wird. Von derlei Bräuchen erhielt die Hochzeit ganz allgemein den Namen „Brautlauf" oder „Lauf der Freya". Die Kirche versuchte, den Brautlauf zu unterbinden, indem sie ihn auf einer Synode verbieten ließ. (vgl. Wägner, S. 98)

Der Mythos von Freya und Odur, den man häufig auch mit Odin gleichsetzt, reiht sich ein in die allgemeine Mythologie vom Suchen und Finden, vom Verschwinden und Wiederauferstehen des Vegetations-Gottes in Frühling und Herbst. Solange der Gott – Tammuz, Baal, Adonis, Osiris – von der Erdoberfläche verschwindet, spricht man davon, dass er sich in der „Unterwelt" aufhält. Ganz wie das Leben der Pflanzen, als deren innewohnende Kraft er verehrt wird, stirbt er in die Erde hinein, um im Frühjahr als junger, frischer Trieb neu daraus emporzuwachsen. Dann konnte man sagen: „der Gott ist auferstanden", und allerorten – ob in Ägypten, Griechenland, Syrien oder Kleinasien – wurden dann genauso ausgelassene Feste gefeiert wie hierzulande. In Ägypten, Syrien oder Griechenland stellte man sogar einen sog. Korn-Osiris oder das berühmte Adonis-Gärtlein her, indem man Korn in einem Topf aussäte und wartete, bis die Saat grün aufzukeimen begann. Womit man anschaulich die Auferstehung feierte. Zuvor aber zelebrierte man mit demselben heiligen Ernst die Trauer der Göttin, die dem Verlorenen nachgeht und ihn – allen Widrigkeiten zum Trotz - zu guter Letzt aus dem versunkenen Zustand erlöst, „die Regungslosigkeit des Starren löste", wie es schon im Pariser Osirishymnus (14. Jh v. Chr.) heißt!

Freya findet Odur in einem Land, wo die Myrte blüht. Eine Pflanze, die im Vorderen Orient seit je den Liebesgöttinnen Ischtar und Aphrodite heilig war und noch heute unsere Hochzeitskränze oder Brautsträuße schmückt. Die Myrte gehört gleichzeitig zum Symbolbereich der Fruchtbarkeit wie auch des Todes. Der Tod gehört zum Symbolbereich der Liebe dazu, so erzählen es bereits die ältesten Mythen, die uns schriftlich erhalten geblieben sind. Es ist dies die ergreifende Geschichte der Himmelskönigin und Liebesgöttin Inanna, die als erste in die Unterwelt hinabstieg, um nach drei Tagen verwandelt zurückzukehren. Und danach ihren Geliebten, den Korngott Dumuzi an ihrer Stelle „nach unten" zu schicken. Den sie später dann vom Tode erlöst. (vgl. Zingsem 2008, S. 75 – 81)

Inanna, die in Babylon Ischtar hieß und in Griechenland zu Aphrodite wurde, ist auch Göttin des Kampfes. Ein Aspekt, der bei Aphrodite weniger ausgeprägt erscheint, weil die Griechen schon zwei Kampfgöttinnen hatten (Athene und Artemis), als sie merkten, dass ihnen eine Göttin für die freie Liebe fehlte. Bei Freya finden wir diesen kämpferisch-aggressiven Aspekt ungebrochen wieder, denn als Walfreya steht sie an der Spitze der Walküren. Neben Odin wählt sie für sich die Hälfte aller in der Schlacht gefallenen Menschen aus und ist damit zugleich Totengöttin. Da sie zusätzlich noch alle Liebenden bei sich beherbergt, muss ihre Jenseitsburg Folkwang auf jeden Fall mindestens doppelt so groß sein wie Odins Walhall, denn zu ihm kommen ja auschließlich Krieger.

Als Walküre ist Freya zugleich Schwanfrau. Auch dieses Symboltier hat sie mit ihrer griechischen Schwester gemeinsam, denn der Schwan gilt als Aphrodites heiliges Tier, mit dem sie über den Himmel fliegt. Daneben stehen Freya allerdings noch eine Reihe von anderen Tieren zur Verfügung, mit deren Hilfe sie sich in die Lüfte schwingt. Nebem dem Schwankleid hat sie ein Falkengewand, das sie immer wieder großzügig an Loki verleiht. Zusätzlich lenkt sie einen Wagen durch die Wolken, der von zwei Luchsen gezogen wird. Diese Tiere verweisen auf den Sonnencharakter der Göttin, denn die Haarbüschel auf ihren Ohren kann man als Sonnenstrahlen deuten.

Wie auch die goldenen Borsten des Schweins an die Sonne erinnern. Auch Gullinbursti, das Reittier ihres Bruders, steht Freya zu Diensten. Manchmal heißt der Eber auch „Hildiswin". Mit ihm erhellt sie die Nacht, wenn sie durch die Dunkelheit reitet.

Unter den Vögeln waren ihr noch der Kuckuck und die Schwalbe geheiligt. Der Kuckuck, weil er wie der Schwan als Weissagevogel galt. Redensarten wie „das weiß der Kuckuck" oder „mir schwant etwas" weisen noch heute auf alte symbolische Zusammenhänge hin. Der Schwan, der mit seinem langen Hals tief unter die Wasseroberfläche dringt, bringt Kunde von der „anderen", jenseitigen Welt. Zwei geschwungene und einander zugewandte Schwanenhälse sehen aus, als formten sie ein Herz; das macht diese Vögel zu idealen Symboltieren für die Liebe, zumal sich Schwanenpaare ein Leben lang die Treue halten. Andererseits können gerade brütende Schwäne ungeheuer aggressiv werden. Wenn diese Tiere mit ausgebreiteten Schwingen losstürmen, bleibt den armen Opfern nur noch die Flucht. Ein Verhalten, das sicher die Walkürensymbolik inspiriert hat.

Die Schwalbe war schon im Alten Ägypten ein heiliges Tier der Isis. Als Isis ihren Geliebten Osiris sucht, verwandelt sie sich in eine Schwalbe. Diese wurde als Symboltier von der christlichen Maria übernommen und so zum „Muttergottesvogel" ernannt.

Noch ein weiteres Tier mit Flügeln erscheint im Gefolge der Göttin: Der Schmetterling wurde bei unseren Vorfahren „Freyas Hemd" genannt.

Unter den Pflanzen ist ihr, wie bei Aphrodite, die Rose gewidmet, die – wie die Schlüsselblume – aus den Tränen der Göttin entstanden sein soll. Dazu das u. U. todbringende Bilsenkraut und die Herzeleid bedeutende Passionsblume, die beide auf den Aspekt der Totengöttin verweisen.

So wie Aphrodite eine Tochter mit Namen Harmonia hat, so ist auch die germanische Liebesgöttin gleich mit zwei strahlenden Töchtern gesegnet. Die beiden heißen Hnoss und Gersemi. Schon ihre Namen sprechen Bände: Hnoss bedeutet Schmuck, Kleinod. Sie war so lieblich, dass nach ihr alles, was schön ist, benannt wurde.

Auch der Name der zweiten Tochter bezeichnet kostbaren Schmuck oder einen wertvollen Schatz, im Sinne von lat. *thesaurus*. Beide Namen wurden zudem als Begriffe in der Rechtsprechung verwendet, was die Deutung nahelegt, dass „die Rechte des Volkes als kostbarer Schmuck betrachtet und als weibliche Gottheiten personifiziert und verehrt wurden." (Wägner. S. 213) Damit bringen sie gleichzeitig auch Freyas beide Seiten zum Ausdruck, ihr liebreizendes wie ihr kämpferisches Wesen. Schon Inanna, Königin von Himmel und Erde und die älteste Göttin der Liebe, die unseren Kulturkreis beeinflusst hat, lässt diese beiden Seiten erkennen. Auch bei ihr war die kampfbereite Seite mit dem Einsatz für Recht und Gerechtigkeit verbunden. Gerechtigkeit erscheint somit schon früh als die andere Seite der Liebe.

Heimdall rettet das goldene Halsband der Freya

Freyas kostbarster Schmuck ist ihr breites goldenes Halsband „Brisingamen". Auch diese besondere Halskette verbindet sie mit den alten vorderorientalischen Liebesgöttinnen, deren (häufig nackte) Statuen schon in vorchristlicher Zeit mit breiten goldenen Halsketten geschmückt waren. Ursprünglich galten sie als Sonnensymbole, wie wir noch an einer zypriotischen Aphroditedarstellung aus dem 6. Jh. v. Chr. erkennen können, die den Goldkreis als Sonne auf der Brust trägt. Als „goldbekränzte, herrliche Aphrodite" wurde die Göttin von der Dichterin Sappho besungen. Goldene Halsketten gehörten zu beinahe jeder Marmorstatue der Aphrodite in den Innenkammern der Tempel. Von da erhielt die Göttin als Himmelskönigin ihren Beinamen „die Goldene", der sich auf ihre Wohlwollen ausstrahlende Gestalt bezieht. „Ihre mit der Sonne vergleichbare Erscheinung gemahnt an das Licht", lässt uns der antike Dichter Hesiod bereits im 8. Jh. v. Chr. wissen! (Zingsem 2008, S. 139)

So weist auch das goldene Halsband Brisingamen Freya unverkennbar als Sonnengöttin aus. Es wurde, wie nicht anders zu erwarten, von vier kunstfertigen Zwergen geschmiedet, die dafür jeder eine Nacht mit der Göttin verbringen dürfen. Was wiederum Odin derart eifersüchtig macht, dass er Loki damit beauftragt, seiner Liebsten dieses Kleinod zu stehlen. Das jedoch ist leichter gesagt als getan, denn die Göttin legt ihr kostbarstes Geschmeide selbst im Schlaf niemals ab! Zudem bewohnt sie ein so gut gesichertes Gemach, dass dort, sobald die Tür zu ist, ohne ihren Willen niemand eintreten kann!

Loki muss sich in eine Fliege verwandeln, um hineinzukommen. Dann aber ist guter Rat erst recht teuer. Zwar liegt die Göttin in tiefem Schlummer, doch hält sie das leuchtende Brisingamen fest im Arm. Voller Begehrlichkeit steht Loki an ihrem Bett und murmelt Zaubersprüche, die ihn mehr und mehr zusammenschrumpfen lassen. Bis er zuletzt „ein Ungeheuer von winziger Gestalt, mit Borsten und scharfem Gebiss" geworden ist, das unermüdlich nach Blut dürstet. Als Floh sticht er die schlafende Freya in die Seite, sodass sie sich wild auf ihre andere Seite herumwirft. Da wurde das Halsband frei, und der listige Loki nahm flugs seine richtige Gestalt an, löste die Bänder und machte sich mit seiner Beute auf und davon.

Einem aber war all dies heimliche Treiben nicht entgangen. Heimdall, der Wächtergott an der Regenbogenbrücke Bifröst, hatte im wahrsten Sinne des Wortes die Flöhe husten gehört. Er, der weniger Schlaf braucht als ein Vogel, hat auch ein außergewöhnlich feines Gehör. Wutentbrannt jagt er dem Dieb hinterher, sobald er erkannt hat, was dieser sich zur Beute ausgesucht hatte. Mit seinen Siebenmeilenstiefeln nimmt er sofort die Verfolgung auf und erreicht den Bösewicht mit wenigen Schritten. Als er allerdings mit dem Schwert nach ihm schlagen will, fährt die Klinge nur mehr durch eine himmelaufwärts lodernde Flamme, in die hinein Loki sich aufgelöst hatte. Heimdall steigt darauf als Wolke an den Himmel und sendet einen kräftigen Regenguss herunter, der die Glut löschen soll. Da erscheint anstelle der Flamme plötzlich ein Eisbär, der mit offenem Rachen das Wasser einschlürft. Während er noch trinkt, steht ein größerer Eisbär neben ihm, der ihn mit Zähnen und Klauen bedrängt. Als aalglatter Seehund entschlüpft Loki seinem Widersacher, doch Heimdall, nicht faul, tut es ihm gleich und verwandelt sich ebenfalls in eine Robbe, die den anderen beim Fell packt. Zwischen beiden Seehunden entbrennt nun ein wütender Kampf, in dem sie sich ziemlich grässlich zurichten. Nach langem Ringen bleibt Heimdall Sieger. Loki fährt aus der zerrissenen Robbenhaut heraus, doch Heimdall ist ihm eine Spur zuvorgekommen und droht, ihn nun mit dem Schwert einen Kopf kürzer zu machen. Da lässt Loki von Brisingamen ab und räumt das Feld. Heimdall aber nimmt die Halskette und beauftragt die Göttin Iduna, sie der weinenden Freya zurückzubringen. Iduna nämlich hatte sich des schwer Verletzten angenommen, um mit Hilfe ihrer Äpfel seine Wunden zu heilen. Nun schwang sich Heimdall auf sein goldmähniges Pferd Gulltopp (Goldzopf) und jagte durch die Räume des Himmels und über die Milchstraße dahin. Sobald er den Himmel erreichte, verschwanden die dunklen Wolken und die Sternbilder traten leuchtend hervor.

Schon Heimdalls Geburt grenzt an Zauberei: Er wird von nicht weniger als neun Wellentöchtern gemeinsam auf die Welt gebracht, die alle von der Meeresmutter Ran abstammen. Es heißt, dass Mutter Erde, die windkalte See und die Strahlen der Sonne ihn nährten und aufzogen. Sein Symbol ist die Mondsichel, die sich in seinen Händen in das berühmte Gjallarhorn verwandelt, jenes Blasinstrument, das er nur ein einziges Mal spielt, wenn er damit am Ende der jetzigen Welt zum letzten Gefecht rufen wird und dessen Klang dann alle neun Welten durchdringt. Er erscheint als Himmelsgott, der die Feuchtigkeit der Meereswogen emporzieht und sie als Regen oder Tau befruchtend zur Erde zurücksendet. Heimdall ist der einzige Ase, der es an Klugheit und Wissen mit den weisen Wanen aufnehmen kann. Die Asen haben ihn zum Wächter der Götterburg bestellt. Hier hält er Wache auf der Brücke Bifröst, die Asgard mit der Welt der Menschen, den Himmel mit der Erde verbindet. Jeden Morgen ziehen die Gottheiten über diese Brücke, wenn sie die Nornen am Fuße der Weltenesche besuchen. Von der Erde aus erscheint Bifröst als Regenbogen. In ihrem Innern lodert ein Feuer, das die Berg- und Frostriesen davon abhält, den Himmel zu stürmen und Asgard in ihre Hand zu bringen. (vgl. Wägner, S. 164ff, S. 211f)

Nicht umsonst erinnert die Geschichte vom Raub des kostbaren Brisingamen an die Entstehung von Friggs Halskette! Auch sie wird von kunstfertigen Zwergen geschmiedet, und auch sie gibt Odin einen Anlass zu Ärger und Verdruss, der dazu führt, dass er seine Geliebte aus Eifersucht zeitweilig verlässt. Doch so wenig die winterkalte, frostige Jahreszeit ewig dauert, so schnell verraucht auch sein Zorn, und wie im Jahreskreislauf überwiegt spätestens im Wonnemonat Mai seine Liebe zur Göttin. „Brising" nannte man in Norwegen die zu Ostern angezündeten Freudenfeuer, Brisingamen könnte also das feurige Halsband *(men)* der Sonne meinen, das der Sonnen- und Liebesgöttin um den Hals liegt. Es wird abwechselnd Freya und Frigg zugeschrieben und weist einmal mehr auf die Ähnlichkeit und zeitweise Identität beider Göttinnen hin.

Freyas Seid-Zauber und ihre Krafttiere

> Zauber wird vorzugsweise Frauen zugeschrieben.
> (Jacob Grimm)

Freya weiht Odin in die Kunst des Seid-Zaubers ein, den sie schon von den Wanen mitbringt, die den Asen als das weisere Göttergeschlecht gelten. Auch beim Seid-Zauber geht es recht eigentlich um schamanisches Tun. Obwohl er im wesentlichen mit dem Erhitzen von Töpfen und Tiegeln zu tun hat, in denen vermutlich aus Kräutern, Wurzeln und unbekannten Zutaten ein Trank gemischt und aufgekocht wurde, bleibt das alles wirkungslos ohne Lied. Das Wort Seid hat zunächst einfach mit sieden und zum Kochen bringen zu tun. Die *Seidkona* ist danach eine „kluge Frau, die sich aufs Sieden und Kochen zauberkräftiger Heilmittel versteht." (Grimm, S. 865) Diese Kunst wurde seit frühester Zeit den Frauen zugeschrieben, weshalb sie auch vorzugsweise Frauen vorbehalten blieb. „Frauen, nicht Männern war das Auslesen und Kochen kräftiger Heilmittel angewiesen, wie die Bereitung der Speise ihnen oblag, Salbe fertigen, Linnen weben, Wunden binden mochte ihre linde, weiche Hand am besten; die Kunst Buchstaben zu schreiben und zu lesen wird im Mittelalter hauptsächlich Frauen beigelegt. … Das Einbildungsvermögen der Frauen ist wärmer und empfänglicher, von jeher wurde in ihnen eine innere, heilige Kraft der Weissagung verehrt. Frauen waren Priesterinnen und Wahrsagerinnen; germanische Überlieferung hat uns ihre Namen und ihren Ruhm erhalten." (ebd. S. 867f)

Das Wort Seid ist also im Grunde so gut wie identisch mit dem Wort Zauber. Und es wird mit jenen Frauen verbunden, die durch die Lüfte reiten und jagen. Dementsprechend wird diese Kunst in der Regel nachts ausgeübt. Denn die Nacht ist die Zeit des „Fliegens", wenn Frauen – etwa als Walküren – ihre Schwingen ausbreiten und die Welt aus einer anderen Perspektive betrachten. Freya als Walküre – Walfreya – vereint also in sich das kämpferische mit dem seherischen und dem heilenden Potenzial. Das Fliegen deutet auch Beweglichkeit an: Walküren, und erst recht seidkundige Frauen, kamen meist „wie gerufen". Und sie kamen normalerweise nicht allein! Von Heid wird noch erzählt, dass sie ihre Kunst im Verbund mit je fünfzehn jungen Frauen und Männern ausübte, „die im Chor sangen, von Hof zu Hof zogen, um die Zukunft zu prophezeien, vor allem das Wetter, die Ernte usw. … Dass die weissagenden, heilkundigen und zaubernden Frauen von Haus zu Haus ziehen, um mit der Schamanentrommel bzw. dem Klöppel an die Tür zu klopfen, ist ganz gewöhnlich." (Mühlmann, S. 32) Bedenken wir dazu, dass die Trance fördernde Schamanentrommel bei den Völkern Sibiriens als Zauberross oder „seelenbeflügelnder Vogel" erlebt wurde, wie sich das „Fliegen" und nächtliche Umherziehen auf ganz natürliche Weise mit Musik verbindet, ja von ihr ungemein unterstützt wird. Wie es in dem folgenden Gedicht zum Ausdruck kommt, das die Schamanentrommel besingt (Findeisen/Gehrts, S. 136):

Pferd zum Fahren, Roß zum Reiten,
du mein hoffnungsvoller Wagen!
Fluges Flügel, goldner Sturmwind!
Werde lärmend, brausend, tosend
Durch den höchsten Himmel stürmen.
Von des goldenen Gewölkes Simse
Flieg ich, Flügel spreitend, in die Weite.

Ohne Musik kein Zauber! Auch nicht beim Seid-Ritual! Wie sich so ein Ritual vollzogen hat, erfahren wir aus der Saga Eriks des Roten. Die Geschichte spielt allerdings bereits in christlicher Zeit, und so fällt es schwer, Frauen zu finden, welche die erforderlichen Gesänge anstimmen können, die unabdingbar sind für seine Wirkung. Im Mittelpunkt des folgenden Rituals steht die Seherin Thorbjörg, auch kleine Völva genannt. Schon die Beschreibung ihres Gewandes ist zauberhaft:

Sie trug einen dunkelblauen Mantel mit Spangen, der bis zum Saum mit kostbaren Steinen besetzt war. Um den Hals lagen Glasperlen. Auf dem Kopf trug sie eine Haube von schwarzem Lammfell, innen mit weißem Katzenfell gefüttert. In der Hand hielt sie einen Stab, der mit Kupfer eingelegt war und einen mit Steinen verzierten Knauf hatte. Um den Leib hatte sie einen Gürtel mit Zündschwamm, und daran hing ein großer Lederbeutel, in dem sie die Zaubermittel aufbewahrte, die sie für ihre Weissagung benötigte. Ihre Schuhe bestanden aus zottigem Kalbfell, und sie trug Handschuhe aus Katzenfell, die innen weiß und zottig waren.

Thorbjörg ist an den Hof gekommen, um Thorkel, dem größten Bauern einer grönländischen Siedlung die Zukunft über den Verlauf der auf Grönland grassierenden Hungersnot zu deuten. Nach ihrer Ankunft setzt man ihr ein festliches Mahl vor, und danach begibt sie sich zur Ruhe, um erst mal eine Nacht zu schlafen und zu träumen. Für den Abend des nächsten Tages wurde dann alles vorbereitet, um den Seid-Zauber ausführen zu können. Dabei zeigt sich, dass sich weit und breit keine Frau mehr findet, die noch die zum Ritual nötigen Lieder singen könnte. Nur eine einzige, Gudrid mit Namen, lässt sich nach langem Bitten dazu bewegen, das alte Zauberlied anzustimmen, das sie einst von ihrer Pflegemutter Halldis aus Island gelernt hatte. Als Christin sind ihr zwar die alten Lieder verboten, doch es stellt sich heraus, dass man keine bessere Sängerin hätte finden können. Die Seherin setzt sich auf den Seidstuhl, und die anwesenden Frauen schlagen nun einen (Schutz-)Kreis um sie herum.

Dann sang Gudrid das Lied so schön und wunderbar, dass alle glaubten, sie hätten noch nie eine schönere Stimme gehört. Die Seherin dankt ihr für dieses besondere Lied und erklärte: „Manche Geister kamen hierher und dachten, wie schön dieses Lied doch zu hören war. Selbst solche, die sich von mir abgewandt hatten und mir schon lange nicht mehr gehorchen wollten, sind mir wieder erschienen. Dazu sogar neue Hilfsgeister, die von der Schönheit des Gesangs angelockt wurden!"

Die Völva kann nun ein baldiges Ende der Hungersnot vorhersagen. Anschließend gingen noch alle Leute zu Thorbjörg, die ein persönliches Anliegen vortrugen, und ihre Zukunftsdeutung traf in den allermeisten Fällen zu.

Das Seid-Ritual wird hier ausdrücklich als Sache der Frauen beschrieben. Sie schlagen den Schutzring um die in der Mitte auf einem Kissen aus Hühnerfedern sitzende Seherin, und auch zum Singen werden ausschließlich Frauen bestellt. (vgl. Lichtenberger, S. 33f; Pahnke, S. 14) Seidkundige Frauen konnten nicht nur in die Zukunft blicken, sondern ihr Rat war auch auf dem Thing bei schwerwiegenden Rechtsentscheidungen gefragt. Wenn es gar nicht anders ging, konnten sie sogar mit massivem Schadenszauber drohen, um ein Unheil abzuwenden.

So geschehen bei jener berühmten Busla-Bitte, wo die seidkundige Frau den König Hring davon abhält, zwei Männer zu töten. So lange setzte sie ihm mit Verwünschungen zu, bis er sein Vorhaben endlich fallen ließ (*Thule* II, S. 180ff):

Hör Buslas Fluch!
Er ist bald gesungen
Dass die weite Welt
Ihn wohl vernimmt,
Niemand nützlich,
Der ihn vernimmt,
Doch heilloser ihm,
Dem ich heut ihn sage!

So wie hier Busla, so kann auch Freya gefährlich werden, wenn sie ihre Schützlinge verteidigt. Im Hyndlalied erhalten wir eine Kostprobe davon. Hier ist sie nächtlich auf ihrem Sonnen-Eber Gullinbursti (oder Hildeswin) unterwegs, den sie abwechselnd mit ihrem Bruder ausreitet. (Man bedenke, dass auch Freya selbst den Beinamen Syr – Sau hatte!)

Die Situation entbehrt nicht ganz der Komik, denn zum einen hat Freya ihren Liebling Ottar in das Borstentier hineingezaubert, auf dem sie nun reitet, und zum anderen weckt sie eigens die Riesin Hyndla (Hündchen), um sich mit ihr auf dem Weg nach Walhall über Ottars Vorfahren auszutauschen. Diese muss der junge Held kennen, wenn er in einem bestimmten Erbstreit bestehen will. Damit er auch alles mitbekommt, was die Riesin von sich gibt, wird er zunächst in die Ebergestalt hineinverwandelt.

Am Ende des nächtlichen Ritts, bei dem die Riesin auf einem Wolf reitet, befiehlt Freya der Hyndla, sie solle nun ihrem Eber den Erinnerungstrunk (Minnebier) reichen, damit der darin versteckte Ottar auch alles gut im Gedächtnis behalten kann, was sie an Vorfahren ihm aufgezählt hatte. Als die Riesin, die merkt, wer der Eber in Wirklichkeit ist, sich weigert, greift Freya zum Fluch:

Mit Feuer bann ich
die Felsriesin,
dass du nimmer heil
von hinnen kommst.

Hyndla hält dagegen:

So biet ich Ottar
das Bier denn dar –
mit Gift gemischt,
zu grimmem Lohn!

Doch die Göttin ist am Ende stärker:

Wirkungslos soll
die Verwünschung sein,
rätst auch Böses
du Riesenweib:
trefflichen Trank
trinken soll er.
Mögen alle Asen
Ottar beistehen!

(Str. 34ff)

In ihrer Eigenschaft als Oberste der Walküren steht Freya natürlich ein Schwankleid zur Verfügung. Das macht sie gleichermaßen zur Schutzgöttin wie zur Totenführerin (s. u. im Kapitel über die Walküren). Freya im Schwanhemd ist die Herrin der Nornen und somit auch Schicksalsgöttin. Der Schwan-, Gans- oder Entenfuß war zudem ein altes Schutzzeichen, das die Vorlage gab für den Drudenfuß, auch Pentakel oder Fünfzack genannt. Viele der weiblichen Gestalten im Umkreis der Göttin wurden durch einen solchen Vogelfuß gekennzeichnet, der ihrem Charakter als Seherinnen oder Schicksalsdeuterinnen entspricht.

In diesen Kreis gehört auch die bekannte Urschel vom Ursulaberg in Pfullingen. Der Sage nach trug sie ein glänzend weißes Kleid mit einem goldenen Gürtel, was sie klar als eine volkstümliche Freya-Erscheinung ausweist (vgl. Zingsem 2008, S. 250). Noch die dreizehnte Sibylle im Chorgestühl des Ulmer Münsters hat einen Drudenfuß. Sie wird von der älteren Sage sogar zur Stammmutter des alemannischen Herzogshauses erklärt. Auch soll Berta, die sagenhafte Mutter Karls des Großen, einen Schwanenfuß gehabt haben. (vgl. Koch, S. 11f) Berta, ein in alemannischen und württembergischen Herrscherhäusern beliebter Name, verweist auf Berchta oder Perchta, was soviel bedeutet wie „die Leuchtende" oder (von Schnee) „Glänzende". Und Berchta war, wie wir sahen, nur ein anderer Name für Frau Holle. Womit sich der Kreis zu Freya wieder schließt.

Allgemein galt der Schwan als Glücksvogel und seine Erscheinung am Himmel verhieß denen Glück, die sie sehen konnten. Wenn dies an einem Freitag geschah, dem heiligen Tag der Göttin, dann sollte ihre Gunst kein Ende mehr nehmen. Wie es in dem schottisch-gälischen „Omen der Schwäne" angedeutet ist:

„Solltest du einen Schwan an einem Freitag sehen, früh am glücklichen, freudvollen Morgen, wird dein Besitz sich mehren und auch deine Verwandtschaft, dein Vieh wird nicht immer wieder sterben." (Johnson, S. 91f)

Von ebenso großer Bedeutung wie die Schwäne sind Freyas Katzen. Normalerweise ziehen Luchse ihren Wagen durch die Lüfte, doch sie nimmt auch mit einem einfachen Katzenwagen Vorlieb. Denn wie in Ägypten der Bastet, so waren auch ihr alle Katzen heilig. Katzen galten als Tiere der Fruchtbarkeit, und man stellte sich auch vor, dass Katzen als Wolken über den Himmel zogen.

Die Vorliebe für Raubkatzen teilt Freya mit den großen Göttinnen des Erdkreises, denen allerdings in der Regel Löwen zur Verfügung standen. Zeichen ihrer Aggressivität und Wehrhaftigkeit. Da es in den nordischen Gefilden beim besten Willen keine Löwen gibt, hat man Freya eben mit den größten Katzen der hiesigen Breitengrade in Verbindung gebracht. Weil Freya die Katzen liebt, durfte man diesen Tieren kein Leid antun. Wie die Schwäne galten sie als ihre Glücksbotinnen, und wer die Katze „gut fütterte", konnte des Segens der Göttin gewiss sein.

Dass auch Männer bisweilen Katzen als Hilfsgeister einsetzen, erfahren wir aus der Vatnsdoela-Saga, wo der Held Katzen ausschickt, um sein Haus zu verteidigen, als es von seinen Feinden angegriffen wird. (vgl. Lichtenberger, S. 34) Ansonsten wurden die Katzen eher als Krafttiere der Frauen verstanden. Die Sage ging um, dass eine zwanzigjährige Katze zur Hexe werde, und eine hundertjährige Hexe wieder zur Katze. Hexen mit (schwarzen) Katzen auf dem Buckel gehören zum festen Inventar vieler Märchenbücher. Sicherlich waren es die eigenwilligen Charakterzüge dieser Tiere, die sie zum Symbol für die Eigenständigkeit von Frauen werden ließ.

Der Umgang mit Katzen könnte also zu einem Gradmesser für den Umgang mit Frauen in einer Kultur werden. Wer dabei an „Catwalk" denkt, ist aber sicher auf dem Holzweg.

Ostara

> „Die Nacht kehrte in ihr stilles Reich zurück; da erhob sich von ihrem rosigen Lager Ostara, die blühende Göttin des Morgens und des Frühlings, und weckte mit ihrem Frührotschein die schlummernde Welt."
>
> (Wägner, S. 167)

Ostara – ihr Name bereits ist ein Hinweis auf ihre Herkunft: Ostara kommt von Osten und „ex oriente lux" – aus dem Osten kommt das Licht! Im Angelsächsischen nennt man sie Eastre, und auch in diesem Namen entdecken wir unschwer das Wort „east" für Osten. „Ostar bedeutet die Richtung gegen Morgen", bestätigt auch Jacob Grimm in seiner Mythologie (S. 241).

Ostara kommt also aus dem „Morgenland", dem Reich der aufgehenden Sonne. Dort, wo dereinst ihre berühmte Namensvetterin, die assyrisch-babylonische Göttin Is(ch)tar, gefeiert wurde. Es fällt auf, dass beide Namen in der Wortwurzel bzw. im Konsonantenstamm identisch sind: s-t-r. (Noch das Wort Austria für Österreich (Ostreich) hängt damit zusammen!) Die Vokale zwischen den Konsonanten konnten wechseln, allein die Konsonanten garantierten Stabilität und Bedeutung. Das ist in den Sprachen des Arabischen und Hebräischen bis heute so. Außerdem gehen die Laute s und sch auf denselben Buchstaben zurück, und werden je nach Geschmack eben als s oder sch wiedergegeben. Weshalb es einmal Ischtar und einmal Astarte heißen kann; oder eben Ostara/Eastre; oder ganz einfach Star, zu Deutsch Stern! Denn die Vorläuferin der Ostara, Istar, wurde vor allem im Morgen- und Abendstern verehrt, *der* Stern schlechthin! Sie kam aus der Stadt Uruk, und Ur bedeutete (im Sumerischen) ebenfalls Osten, wovon sich das Hebräische Wort Or mit der Bedeutung Licht ableitet. Alle Wörter, die mit Au(r) anfangen, führen sich auf diese Wortwurzel zurück. Wörter wie Aurora für Morgenröte oder Aurum für Gold stehen damit in Zusammenhang, und nicht zuletzt „Or“, bis heute das französische Wort für Gold! Golden aber ist die Farbe der Sonne, und die Sonne geht im Osten auf. Jeden Morgen neu. Das macht die mit ihr zusammenhängenden Symbole, wie etwa die Äpfel, zu klassischen Auferstehungssymbolen. „Die güldene Sonne bringt Leben und Wonne, die Finsternis weicht“, dichtet der Volksmund.

Abb.12: Ostara, Göttin des Frühlings

Ostara ist also bereits von ihrer Herkunft her eine Göttin der Auferstehung. Germanische Völker, die ja mit ihren Schiffen bis hinter die griechischen Inseln segelten, könnten sie vorzeiten – als Istar – aus dem Vorderen Orient mitgebracht und mit heimischen Überlieferungen verbunden haben. Das würde auch erklären, warum von ihr keine direkten Sagen vorliegen und wir auch sonst wenig über ihren Kult wissen.

Ostara ist eine Göttin des Frühlings, nach ihr wurde der April Ostar- oder Esturmonath genannt (auch der Name Ester kommt daher), die Zeit, wenn in der Natur alles zu neuem Leben erwacht. Zu Ostern, so heißt es, tut auch die Sonne, sobald sie aufgeht, vor lauter Lebenslust drei Freudensprünge, sprich, sie hält einen Freudentanz! Ostara, die Göttin des strahlenden Morgens, ist eine freudvolle, heilbringende Erscheinung, ihr zu Ehren wurden Freudenfeuer angezündet, und Wasser, das am Ostermorgen (von jungen Mädchen) geschöpft wurde, galt als heilig und heilkräftig.

> In dämmernder Morgenfrühe gingen die großen Mädchen zum Brunnen und füllten schweigend ihre Eimer. Und wenn dann die Sonne aufging, so verneigten sie sich dreimal vor ihr wie vor einer Gottheit. Dann trugen sie das Osterwasser ins Haus, ohne dabei ein Wort zu sprechen; nicht einmal den Gruß eines ihnen Begegnenden durften sie erwidern, wenn das köstliche Nass nicht seine wunderbare Heilkraft einbüßen sollte … Das ganze Jahr behielt das Osterwasser seine Frische, und wusch man kranke Augen damit, so wurden sie alsbald gesund.
> (Pinson, S. 140)

Diesen Brauch schildert noch Otfried Preußler in seinem Roman „Krabat“, der im Wendland spielt. (ebd. S. 206)

Die große Göttin Istar galt der alten vorderorientalischen Welt als *die* Göttin der Auferstehung. Von ihr, wie auch von ihrer direkten sumerischen Vorgängerin Inanna, ging der Mythos um, sie sei als erste von allen in die Unterwelt abgestiegen und nach drei Tagen wieder auferstanden.

So lag es nahe, die Göttin Ostara in der germanischen Welt mit dem Frühlingserwachen zu verknüpfen. Und auch die „Oster“eier passen vorzüglich in diesen Symbolkreis, sind sie doch ein Sinnbild des keimenden, neuen Lebens, das im Ei ruht. Wer würde außerdem nicht an die Vorstellung vom Welt-Ei denken, das in den ersten Tagen der Schöpfung entstand und aus dem, als es auseinanderbrach, alle Dinge ihren Anfang nahmen? Ostara zu Ehren färbte man gelbe und rote Eier. Gelb galt als die Lieblingsfarbe der Göttin, entsprechend streute man ihr zu Ehren gelbe Blumen: Schlüssel- und Dotterblumen, Narzissen, Krokos und Windröschen und flocht Kränze vom ersten Grün des Frühlings. Die roten Eier haben Bezug zu Thor (Donar), der als Bruder der Ostara galt (vgl. Wägner, S. 115) und mit den ersten Frühlingsgewittern dafür sorgte, dass die Welt vom Eis befreit wurde.

Unter den Bäumen war Ostara die Esche heilig. Ihr war zudem die Walpurgisnacht, die erste Mainacht, geweiht. Dann spendeten die Priesterinnen ihr Maiblumen, hielten Umzüge und führten Tänze und Spiele auf.

Die zu Ostern angezündeten Freudenfeuer nannte man in Norwegen *brising,* was direkt an das goldene Halsband der Freya erinnert, das den Namen Brisingamen trägt. „Dem Osterfeuer ist Berg und Hügel wesentlich", kommentiert Jacob Grimm. Das Rad, das von der Höhe heruntergerollt wird, soll die über den Himmel wandernde Sonne darstellen (vgl. ebd. S. 512f).

Auch bestand die Sitte, ein Osterfeuer anzuzünden, indem der Winterriese in Gestalt einer grotesken Puppe verbrannt wurde. Man bedenke, dass die Katholiken bis heute in der Osternacht ihr Osterfeuer vor den Kirchenportalen anzünden! Und zudem den Glauben verbreiteten, in der Osternacht verwandle sich Brunnenwasser in Wein (vgl. Grimm, S. 486).

Abb.13: Walküren jagen über den Himmel

Kapitel 6

»Walküren wallen mit Wonne«

Walküren-Magie

> Was unter den Frauen den Helden entgegentritt, scheint noch erhöhter und geistiger. Brunhild ragt über Siegfried, die Schwanjungfrau über den Held hinaus, dem sie sich verbindet!
> (Jacob Grimm)

Walküren gehören zu den schillerndsten und vielseitigsten Erscheinungen der nordisch-germanischen Mythologie überhaupt. Da sie sowohl in der Sphäre des Göttlichen als auch in der Menschenwelt zu Hause sind und mit Skuld sogar die Riesinnen mit einbeziehen, sind sie in der Lage, all diese Welten miteinander zu verbinden und damit zu verhindern, dass sie zu stark auseinanderdriften.

Schon ihre Reittiere, die zugleich von ihrer enormen Wandlungsfähigkeit zeugen, sind einzigartig: Sie jagen über den Himmel auf Wolkenrossen, lenken Katzenwagen, ziehen ein Schwankleid an, um schnell zu sein wie der Wind, weshalb man sie auch „Windsbräute" nannte. Sprüche wie „der Wind, der Wind, das himmlische Kind", die wir als Kinder lernten, beziehen sich sicher noch auf die längst in Vergessenheit geratenen kämpferischen Frauen, die es in dieser Gestalt nirgends sonst auf der Welt gibt!

„Schicksalskundige Mädchen" heißt man sie auch, und das bringt sie in direkte Verbindung mit den drei Nornen am Urdbrunnen, von denen ja eine, die dritte und jüngste, ohnehin zusätzlich als Walküre reitet, während die beiden anderen sich abwechselnd in ihre Schwanfederkleider werfen. Legen sie ihre Federkleider ab, erscheinen die Walküren als ganz normale, wenn auch in der Regel besonders schöne, junge Frauen, die geradezu magisch die Liebe der besten Männer anziehen. Andere Männer, so müsste man allerdings hinzufügen, erwählen sie erst gar nicht, denn diese Frauen suchen sich ihre Gefährten selbst aus! Manche Helden verdanken ihnen sogar ihren Namen.

So wie Helgi, der Sohn Hiörwards und seiner Frau Sigurlinn. Da er von Geburt an stumm war, hatte man ihm keinen Namen gegeben.

Eines Tages aber saß er auf einem Hügel und sah neun Walküren vorbeireiten. Die herrlichste unter ihnen, Swawa, sang ein Lied für ihn:

„Spät wirst du, Helgi, die Schätze beherrschen,
Früh sangs ein Adler, da du immer schweigst,
Wie kühnen Kampfesmut du König bewährst."

Worauf Helgi zum ersten Mal die Sprache findet und der Walküre sofort antwortet:

„Was gibst du mir noch zu dem Namen Helgi,
Blühende Braut, den du mir botest?
Erwäge den ganzen Gruß mir wohl:
Ich nehme den Namen nicht ohne dich."

Von da an schirmte und beschützte Swawa ihren Helden oft in den Schlachten. So eng verbunden waren die beiden, dass man sogar glaubte, sie wären in späteren Zeiten als Paar – unter den Namen Helgi und Sigrun – wiedergeboren worden! (vgl. Simrock, S. 148; 165)

Schwanfrauen wurden im Grunde als spirituelle Kräfte verstanden. Wunschfrauen nannte man sie auch, und das hieß, dass ihre Schützlinge nur intensiv an sie zu denken brauchten, damit sie gegenwärtig wurden. „Gedanken sind Kräfte", pflegt man heute wieder neu zu sagen, und meint damit auch die feinstofflichen Wellen, die uns alle geistig untereinander verbinden könnten, wenn wir nur achtsamer mit solchen Energien umgingen. Dass jeden-

Abb.14: Helgi und Sigrun

falls die Farbe „Weiß“ tatsächlich etwas mit Wissen zu tun hat, können wir nicht zuletzt an den Schwanengeschichten erkennen. Weise Frauen sind oft auch „weiße“ Frauen (siehe Berchta/Frau Holle). „Allweiß“, eine andere berühmte Walküre in der Sage um „Wieland den Schmied“, könnte genau so gut die „Allweise“ heißen. Sie bringt sogar das Kunststück fertig, einem Menschenmann, nämlich Wieland, „Flügel“ zu verleihen, mit denen er ihr nach in den Himmel fliegt. Eine Geschichte nicht zuletzt über die beflügelnde Kraft der Liebe.

Gerade auch in der Sage um die berühmte Brynhild, die Sigurd aus der Flammenburg befreit, geht es um eine weise und allumfassend gebildete Frau, die den Helden, Sigurd (oder Siegfried) in den großen Schatz ihres Wissens einweiht. Und dieses Wissen hat durchaus eine geheimnisvoll-mystische und spirituell-visionäre Seite.

Walküren haben schon von Berufs wegen mit dem „Jenseits“ zu tun. Ist es doch ihre Aufgabe, die im Laufe einer Schlacht Getöteten in die seligen Gefilde nach Walhalla oder Folkwang zu begleiten und vorher zu entscheiden, wen sie für welche der beiden Jenseitsburgen auswählen. Oft sind sie auch besonderen Schützlingen zugetan, die sie als unsichtbare Hilfsgeister in ihrem Kampf unterstützen. Um schnell von einem Ort zum anderen zu gelangen, mussten sie sich mit der Pfeilgeschwindigkeit von Gedanken fortbewegen, die Grenzen von Raum und Zeit überwinden, und das heißt eben im übertragenen Sinne „fliegen“ können.

Diese Fähigkeit, sich frei und ungehindert durch Raum und Zeit bewegen zu können, war und ist bis heute, weltweit, ein Kennzeichen schamanischer Einweihung. Sich mit der Geschwindigkeit von Gedanken fortbewegen zu können, Geist und Seele auf Wanderung zu schicken, während man den Körper mit seiner Erdenschwere hinter sich ließ, war seit je eine genuin schamanische Aufgabe und Berufung und z. B. auch über Träume und Visionen zu erreichen. Die Grenzen zwischen Zeit und Unendlichkeit sind fließend. Dafür sind auch die Schwanfrauen ein geradezu leuchtendes Beispiel.

Abb.15: Drei Walküren bringen den Leichnam eines erschlagenen Kriegers nach Walhalla, wo sie von Heimdallr empfangen werden.

Vieles spricht dafür, dass die Walküren im Christentum zu Schutzengeln wurden. Womit sie bleiben, was sie auch vorher schon waren: lichte, beschützende Kräfte, hellsichtig und erleuchtend.

Die Art und Weise, wie Walküren die Geschicke ihrer Schutzbefohlenen lenken, ist in höchstem Maße magisch. Vorzugsweise benutzen sie dazu den Gesang, oft kombiniert mit der Tätigkeit des Spinnens oder Webens. Besonders beeindruckend ist natürlich das große „Walkürenlied", wie es uns die Njalssaga vermittelt, weil der Webstuhl geradezu durch den Gesang vorwärts bewegt wird, womit Singen und Weben eins werden.

Die zwölf Walküren, die wir hier am Werk sehen, bestimmen mit ihrem Gewebe die von ihnen gelenkte Schlacht, die im Jahre 913 n. Chr. stattgefunden hat. Damals konnte der junge König Sigtrygg den in Irland wütenden christlichen Heeren eine empfindliche Niederlage zufügen. Zur Arbeit singen die „Freundinnen", und durch den Gesang wird, was sie weben, Wirklichkeit:

Webet, webet
Gewebe des Speers (= Schlacht),
wo kühner Fechter
Fahnen schreiten!
Lasst sein Leben
Ihn nicht verlieren!
Walküren lenken
Der Walstatt Los.

Der mächtige Herrscher
muss nun sterben:
Jäh ist vom Speer
Der Jarl gefällt.
Und es wird Unheil
die Iren treffen
das nie erlischt
in der Leute Sinn.
Das Werk ist gewoben,
die Walstatt rot;
Volkverderben
fährt durch das Land.

Dem jungen König
kündeten wir
Siegeslieder;
wir singen Heil!
Doch der es hört,
behalte wohl
der Walküren Sang
und sag ihn den Mannen!

(Walkürenlied, 6-10)

Zum Schluss zerreißen die Walküren ihr Gewebe und reiten davon, sechs nach Süden und sechs nach Norden. (vgl. Zingsem 2008, S. 265f)

Singen gehört zur Poesie unabdingbar dazu, ist Teil der Begabung, die durch den Dichtermet erfolgt. Gesang und Wort sind hier eins und verstärken sich gegenseitig. Durch Gesang erst wird das Gedicht wirksam und wirkmächtig. Dann aber wird plötzlich alles möglich oder nichts mehr erscheint unmöglich.

In Kulturen, die dem Schamanismus nahestehen, war es üblich, Visionen in Gesang und Gedicht umzusetzen. So erzählte man sich bei den Iglulik-Eskimos in Kanada die Geschichte der großen Geisterbeschwörerin Uvavnuk, die nach erfolgter Einweihung ein Lied sang, das fortan zu ihrer Zauberformel wurde:

„Sobald sie sang, war sie wie von Sinnen. Auch die anderen im Haus gerieten außer sich vor Freude, denn sie wurden frei von allem, was sie belastete." (Rinne, S. 20)

Vielleicht gehört hierher auch jene Geschichte von Thor und der Zauberin Groa, die mit ihren Liedern den Steinsplitter in seinem Kopf lockert (siehe S. 226).

Anders als die christlichen (in der Regel männlich vorgestellten) Schutzengel sind Walküren oft in Liebesgeschichten verwickelt, die sich nicht allein auf einer rein geistigen Ebene abspielen, sondern durchaus auch sinnlich-erotische Erfüllung finden. Wobei Sinnlichkeit und Spiritualität hier eine häufig geglückte Verbindung eingehen, die selbst mit dem Tod des Paares noch längst nicht aufhören muss.

Die berühmteste aller Walküren ist sicherlich bis in unsere heutige Zeit Brynhild. Ihre Geschichte soll uns als nächste beschäftigen.

Brynhild, die berühmteste aller Walküren

Als Sigurd auf Brynhild trifft, befindet sie sich in einer misslichen Lage, wohin sie durch ihren Dienstherrn Odin gebannt wurde. Weil sie ihren eigenen Kopf gegen ihn durchsetzen wollte und damit eine Gefahr für seine Pläne darstellte, hatte der oberste Gott der Germanen sie für eine Weile aus dem Weg räumen und unschädlich machen wollen. Was bedeutet, dass er in ihr eine eigenständige und ebenbürtige Persönlichkeit erkannt haben muss. Odin wollte sie unschädlich machen, indem er sie verheiratete und dadurch ihre Kraft brach. Dann stach er sie mit dem Schlafdorn und versetzte sie in einen langen Schlaf, aus der sie nur der Mann erlösen konnte, der ihr zur Ehe bestimmt war. Und damit dies auch nur ja keine leichte Aufgabe werden würde, verwünschte er sie in eine Flammenburg, deren Feuerwall selbst den Tapfersten uneinnehmbar zu sein schien.

Nachdem Sigurd die erste Hürde genommen und den Flammenring überwunden hatte, fand er Brynhild und hielt sie zunächst für einen Mann. Doch kaum hatte er ihr den Helm abgenommen, da sah er alsbald ihre niederwallenden goldenen Locken. Als sie erwacht war und Sigurd sich neben sie setzte, reichte ihm die Walküre ein Horn voller Met und gab ihm den Minnetrunk zu trinken, denn er sollte alles im Gedächtnis behalten, was sie ihm von ihrem umfangreichen Wissen vermitteln wollte. Während sie den Becher emporhob und ihrem Befreier darbot, rief sie segnend: „Heil dir, Tag, Heil den Söhnen des Lichts, Heil auch der Nacht und ihrer Tochter, der Erde! Mit freundlichen Augen blicket auf uns und gönnet unserem Beisammensein den Sieg! Heil euch Asen und euch Asinnen, Heil allem, was dem fruchtbaren Grund entsprießt! Worte und Weisheit gebet uns beiden und heilende Hände für Lebensnot!"

Darauf erzählte sie Sigurd, sie sei Walküre und nannte sich selbst „Siegbetreiberin" (Sigrdrîfa). Auch klärte sie ihn darüber auf, was sie in diese schlimme Lage gebracht hatte: „Zwei Könige führten gegeneinander Krieg; der eine, der einsam und freudlos war, den beschützte ich und fällte den anderen gegen Odins Befehl. Da stach er mich mit dem strafenden Schlafdorn und sagte: ‚Nie mehr den Sieg betreibst du den Männern – du wirst eines Mannes Eheweib!' – Ich aber entgegnete: ‚So schwöre ich, mich nur dem Manne zu vermählen, der keine Furcht kennt!'"

Da bat Sigurd sie, ihn alles zu lehren, was er nicht kenne. Wobei man bedenken sollte, dass Sigurd keineswegs ungebildet war. Sein

Ziehvater Regin hatte ihn in Künsten, Brettspiel, Runen und vielen Sprachen unterrichtet, wie es damals für einen Königssohn üblich war. Brynhild weihte ihn in ihr gesamtes Wissen ein. Sie begann mit dem Geheimnis schirmender Runen: Siegrunen und Sturmrunen für Fehde und Fahrt, Älrunen und Astrunen wider Trugtrank und Wundnot, Geistrunen, wie sie Odin bei Mimir gelernt, den Sinn zu erhellen für klugen Rat, dass der Mann unter Männern wisse, ob Reden oder Schweigen besser sei, und noch manches mehr.

„Verwirre sie nicht, und lasse sie wirken, du kühner Schwertheld, all deine Zeit!“ Doch Sigurd antwortete: „Mit mir geboren ward Mutes mehr als Witz für ein Wissen! Dir vertraue ich: Du weißt das Beste. Solange ich lebe, dankbar gedenke ich deiner Huld.“ (vgl. von Wolzogen, S.172-176)

Zusätzlich zu ihrem geheimen Wissen vermittelt ihm Brynhild danach noch lebenskluge Lehren in reicher Zahl und sagt ihm damit im Grunde sein ganzes weiteres Schicksal voraus: „Hüte dich vor schönen Frauen (er wird später Gudrun heiraten und seine erste Liebe verraten), hüte dich vor bösen Tränken (Gudruns Mutter reicht ihm einen Trank, der ihn seine Liebe zu Brynhild vergessen lässt), hüte dich vor falschen Eiden (die seine späteren Schwäger gegen ihn wenden), hüte dich vor List und Lügen, hüte dich vor Feindes Treue, hüte dich vor später Rache, hüte dich auf allen Wegen vor dem Weh, das bald dir naht! Wilder Streit ist schon im Werden, den der Lebende nur besteht.“

Abb.16: Brynhild. Postkarte

„Nichts Weiseres ist in der Welt zu finden", sprach Sigurd, „darum höre meinen heiligen Schwur: Dich will ich gewinnen, du bist's, die ich minne!" Woraufhin Brynhilde den Eid bekräftigte: „Sigurd, von allen Männern hab ich die Wahl, ich wähle dich!" (vgl. ebd. S.176)

Und ehe er weiter zog auf neue Fahrten, ließ er ihr den kostbaren goldenen Ring als Morgengabe zurück, den er beim Kampf mit dem Drachen Fafnir erworben hatte. Und alles, was sie sich zuvor versichert hatten, das befestigten sie noch zum Abschied mit starken Eiden.

Nach der Sage von „Brynhilds Helritt" reitet die Walküre nach Sigurds Tod zur Hel, um sich im Leben nach dem Tod mit ihrem Geliebten zu vereinigen. Da stellt sich ihr eine Riesin in den Weg, um ihr verächtliche Worte ins Gesicht zu schleudern. Doch die Walküre pariert den Angriff, indem sie nochmals auf ihre Lebensgeschichte zurückkommt:

> „Unweise du", rief Brynhild, „was weißt du schon von mir? Lass mich dir sagen, damit du es wissest, wie sie mich um Liebe und Leben betrogen und beschworene Eide zunichte gemacht: Ein kluger Held beraubte einst acht Schwestern um ihre Schwanenhemden, als sie unter einer Eiche geruht. So wurden sie seinem Dienste verbunden; und ich war die eine: zwölf Winter alt, schwor ich dem Agnar einen Eid. Seither nannte man mich die Hilde (= die Tapfere) unter der Brünne, weil ich im Kampfe Helm und Brünne heldenhaft zu tragen wusste. Schlachtenmaid war ich dem edlen Agnar, und seinen Feind, den alten König Hjalmgunnar, den Goten, den sandte ich zur Hel.
> So rief ich den Zorn Odins hervor. Mit flammendem Feuer umgab er den Saal, wohin er mich schlafend verbannte und wo hinter leuchtenden Schilden ich schlief.
> Mich aber minnte Sigurd, der kühne Erwecker. Auf einem Lager ruhten wir beide wie Bruder und Schwester. Kein Arm umschlang des anderen Nacken – acht heilige Nächte, im reinsten

Bund. – Und doch beschuldigt mich Gudrun, ich habe in Sigurds Armen gelegen!
Getäuscht ward Gudrun, betrogen ist Brynhild: zu spät erkannte ich's – nun weiß ich mein Los. Ich schied vom Leben, begehre es nie wieder; klar schau ich und schaudernd der Nornen Gewebe. Lange noch, allzu lange werden Männer von Frauen geboren in ein Übermaß von Streit und Leid. Wir aber, wir beide, wir werden von nun an ein anderes Leben, ein Leben in Frieden mitsammen leben, Sigurd und ich. Versink, Gespenst!" – So fuhr Brynhild den Helweg zu Sigurd. (vgl. v. Wolzogen, S. 192 – 95)

Auch hier zeigt das Ende der Geschichte, dass man sich das Leben im Reich der Göttin Hel durchaus als friedlich und frei von Leid vorstellte, ein Leben, auf das man sich freuen konnte und in dem überdies die Liebe zwischen zwei Menschen über den Tod hinaus wirksam blieb.

Die Geschichte von Brynhild spiegelt uns übrigens zugleich einen Naturmythos. Es ist der Mythos von der Sonne, die im Winter keine Kraft mehr hat, sich selbst aus den Klauen von Schnee und Eis zu befreien. Was in den nordischen Ländern, wo sie im Winter für Wochen vom Himmel verschwindet (gleichsam „schläft"), ja noch lebensbedrohlicher ist als bei uns. So sind die Flammen der Burg, in die Brynhild verbannt ist, recht eigentlich Sonnenstrahlen, worauf auch das lange blonde Haar der Walküre verweist. Blonde – goldene – Haare erinnern, wie schon bei Freya und Holda, immer auch symbolisch an die Sonne; die güldene Sonne, wie sie in den Liedern bis heute besungen wird. Und zu Ostern ließ man Feuerräder von den Bergen in die (Fluss-)Täler hinunterrollen: „als ob die Sunn von dem Himmel lief", Zeichen der neu erwachten Sonnenkraft.

Arvakr, Frühwach, hieß eines der beiden Pferde, das täglich den Sonnenwagen, das Gefährt der Sonnengöttin Sol, über den Himmel zog. Arvakr heißt soviel wie „Erwecker", und als solcher stellt sich Sigurd in der Geschichte ja auch dar. Auf die Sonne verweist auch der Name von Brynhilds Neffen, der Sohn ihrer Schwester Bekkhild: Alsvinn heißt er, genau wie das andere Pferd, das neben Arvakr den Wagen der Göttin Sol zieht. (vgl. Strerath-Bolz, S. 77)

Überdies ist auch die Parallele zwischen Sigurd und Balder unübersehbar! Ganz wie der einzigartige Lichtgott war auch der größte aller Helden nicht im Kampf gefallen, sondern hinterrücks ermordet worden. So gelangte er ebensowenig nach Walhall wie Balder, sondern musste den Helweg antreten. Wie Balder ist überdies Sigurd ein Liebling Odins, denn der Gott schenkt dem Helden ein graues Pferd mit Namen Grani, einen echten Nachkommen seines eigenen Wunderhengstes Sleipnir. (vgl. ebd. S. 61)

Aslaug, Tochter von Brynhild und Sigurd

Weniger bekannt ist, dass aus der Liebe zwischen Brynhild und Sigurd ein Kind hervorging, eine bildschöne Tochter mit Namen Aslaug. Wie sie ihrem späteren Gemahl mitteilt, wurde sie bereits bei jener ersten Begegnung von beiden auf dem Berg gezeugt.

Normalerweise werden Walküren nicht Mütter, da sich die Sorge für ein Kind nicht mit ihrem kampfbetonten und freiheitlichen Leben verträgt. Schon allein aus diesem Grund ist die Geschichte außergewöhnlich. Auch kann Brynhild ihre Tochter, den Umständen am Giukungen-Hof entsprechend, nicht selbst betreuen. So bittet sie ihren eigenen Pflegevater Heimir, für das kleine Mädchen zu sorgen. Als ihre Mutter stirbt, ist Aslaug erst drei Jahre alt. Heimar, der weiß, dass man versuchen wird, Brynhilds Erbin zu töten, baut eine große Harfe und versteckt die Kleine darin. Zusätzlich legt er noch viel Gold und kostbare Stoffe für sie hinein. Nun zieht er mit ihr von Ort zu Ort, damit man sie nicht finden kann. Sobald das Mädchen weint, spielt er ihr auf der Harfe etwas vor, und dann wird sie wieder still.

Zusammen mit seiner Pflegetochter reist er bis nach Norwegen und kommt mit ihr zu einem entlegenen Hof in Spangereid, wo ein altes Ehepaar wohnt, das nicht nur hässlich von Aussehen, sondern auch von Charakter ist. Die Frau, die viel Gold in der Harfe vermutet, stiftet ihren Mann zum Mord an Heimir an. So finden die beiden Alten neben den erhofften Schätzen auch die kleine Aslaug und ziehen sie notgedrungen und mehr schlecht als recht bei sich auf. Und weil das Mädchen viel zu schön und strahlend ist, um als Tochter dieser hässlichen alten Leute durchzugehen, machen sie das Kind ihnen selbst ähnlich, indem sie ihm Lumpen anziehen, die Haare abschneiden, das Gesicht mit Ruß schwärzen und ihm verbieten, sich zu waschen. Zudem teilen sie ihm die schlimmsten Arbeiten zu. Sie nennen die Kleine „Kraka", Krähe, und lassen sie in bitterster Armut aufwachsen.

Später wird Aslaug den berühmten Ragnar Lodbrok zum Mann nehmen, dem sie sich in ihrer lichten Schönheit zeigt, ohne ihm zunächst ihre wahre Herkunft zu verraten. „Sie war die schönste aller Frauen, und ihr Haar war so lang, dass es um sie herum bis auf die Erde reichte, und so schön wie die schönste Seide." Zudem war es hell, als wäre es aus Gold! (Strerath-Bolz, S. 124f) Als Ragnar sie zum ersten Mal trifft, zeigt sie sich in ihrer Klugheit als echte Tochter ihrer Mutter. Er verlangt nämlich, dass sie weder bekleidet noch nackt zu ihm kommt, weder satt noch hungrig und weder allein noch in Begleitung! Sie löst die Aufgaben, indem sie sich in ein Forellennetz wickelt und ihr Haar außen herumfallen lässt, sie nimmt nur ein wenig Lauch zu sich, bevor sie geht, und lässt sich von einem Hund begleiten. Ragnar verliebt sich

Abb.17: Heimir und Aslaug

augenblicklich in sie, nimmt sie mit zu sich aufs Schiff und segelt mit ihr nach Hause. Bevor sie ihre Pflegeeltern für immer verlässt, tritt Aslaug frühmorgens an deren Bett und verflucht sie für den Rest ihres Lebens, weil sie Heimir ermordet und ihr selbst soviel Böses angetan haben.

Aslaug ist wie ihre Mutter zukunftskundig. In der Hochzeitsnacht warnt sie ihren Ehemann, lieber noch drei Tage sexuell enthaltsam zu bleiben, weil sonst ihr erstes Kind behindert zur Welt kommen werde. Ragnar jedoch schlägt all ihre Bedenken in den Wind, und so kommt Iwar, ihr ältester Sohn, ohne Knochen in den Beinen zur Welt (weshalb er den Beinamen Beinlauss erhielt). Zwar ist er schön von Angesicht und kräftig an Brust und Armen, doch wird er niemals laufen können, sondern muss immer getragen werden. Er ist allerdings hochintelligent, lernt früh schon Runenkunst und mancherlei Zauber, womit er seine Körperbehinderung mehr als ausgleicht. Als sie erwachsen werden, lässt er sich von seinen Brüdern auf einem Schild in die Schlachten tragen, die er aufgrund seiner Klugheit und Voraussicht meist gewinnt.

Erst als Aslaug später Gefahr läuft, Ragnar wegen ihrer angeblich unedlen Herkunft an eine Königstochter zu verlieren, gibt sie sich ihm ganz zu erkennen. „Meine Mutter“, erklärt sie, „war die schönste und weiseste aller Frauen, und ihr Name wird bleiben, solange die Welt besteht.“ (ebd. S. 133) Sie sagt Geburt und Aussehen des Sohnes voraus, mit dem sie um diese Zeit schwanger ist, und alles trifft so ein, wie sie vorhergesagt hat: Der Tochtersohn Brynhilds hat die Zeichnung einer kleinen Schlange im Auge. „Sigurd Schlange im Auge“ wird sein Name, Ragnar selbst bestimmt es so:

Sigurd soll er heißen,
und Sieg wird er haben,
seiner Mutter ähnlich
und dem Vater ähnlich genannt.
Der Verwandte Odins
wird viele überwinden,

und andere sterben lassen,
dem eine Schlange im Auge liegt.
Der Tochtersohn Brynhilds
Hat ein tapferes Herz.

Und weiter sprach er:

Ich sah keinem Knaben
außer Sigurd allein
in den Steinen der Brauen (Augen)
eine Schlange liegen.
Dieser tapfere Kerl,
ist leicht dran zu kennen,
hat des Haines Ring (Schlange)
im Hof der Lider (Auge).

Von nun an wussten alle, dass Aslaug die Tochter von Sigurd Fafnistöter und Brynhild, der Tochter Budlis, war! Wie ihr Vater versteht auch sie die Sprache der Vögel. Drei von ihnen hatte sie ausgesandt, Ragnar am fremden Königshof zu beobachten. Sie hatten ihr schon zugetragen, dass ihr Gemahl sich heimlich mit der Tochter des bösartigen Schwedenkönigs Eystein verlobt hatte, als er selbst die Kunde noch vor ihr geheim halten wollte. Die Männer seines Gefolges hatten ihm zugeraten, sich der in ihren Augen längst nicht mehr standesgemäßen Kraka zu entledigen.

Davon kann natürlich jetzt keine Rede mehr sein. König Eystein jedoch fasst diese Entscheidung als Verrat an seiner Tochter auf, die er in den Folgejahren rächen will. Im Zuge dieser Kämpfe sehen wir Aslaug selbst ein Landheer zusammenstellen, mit dem sie, nun unter dem neuen Namen Randalin (Schildträgerin), eigenständig in die Schlacht zieht.

Bevor Ragnar in seinen letzten Kampf nach England zieht, wird er durch ein langes Hemd geschützt, das seine Gemahlin eigens für ihn gefertigt hat:

Ich gebe dir ein langes Hemd
ganz ohne jede Naht,
mit ganzem Mut gemacht
aus grauen Haarsträhnen.
Die Wunde wird nicht bluten,
die Waffe wird nicht schneiden
in dem guten Hemd,
das den Göttern geweiht.

(ebd. S. 150)

In dieser Schlacht wird Ragnars Heer besiegt, er selbst aber bleibt unverwundet und wird von König Ella in eine Schlangengrube geworfen. Doch auch die Schlangen setzen sich nicht an ihm fest. Erst als man ihm das von Aslaug gewebte Oberkleid auszieht, ist es mit ihm vorbei.

Seine Söhne ziehen daraufhin zur Vaterrache in den Krieg, obwohl der umsichtige Iwar von überstürzten Handlungen abrät. Aslaug hatte mit ihren Töchtern eine Fahne gefertigt, auf die sie unter Zaubergesang einen Raben gestickt hatten, das Wahrzeichen Odins. Der Zaubervogel flatterte nicht wie sonst – in Vorahnung des Sieges – mit den Flügeln, sondern ließ traurig den Kopf hängen.

Die Schlacht ging verloren. Iwar bot König Ella Frieden an, wenn er ihm Vaterbuße zahlte. Dazu forderte er nur soviel Land, wie er mit einer Stierhaut umschließen kann. Die Bitte wurde ihm gewährt. Jedoch wäre Iwar nicht der Sohn seiner Mutter gewesen, wenn er die Abmachung nicht in seinem eigenen Sinne ausgelegt hätte. Er zerschnitt eine Ochsenhaut in hauchdünne Streifen und ließ zudem noch Haar- und Fleischseite voneinander trennen, sodass er einen Riemen von nie gesehener Länge erhielt. Auf dem so umschlossenen Gebiet erbaute er seine Burg Lunduna-Borg, das heutige London!

Nach Jahren gelang es ihm, den unterdrückerischen König Ella mit Hilfe seiner Brüder dennoch zu besiegen, auch weil er durch Leutseligkeit und Freigiebigkeit viele Häuptlinge für sich gewonnen hatte. Iwar blieb in England, wo ihn die Häuptlinge zum König ausriefen. Dort regierte er mit solch beeindruckender Weisheit, dass er noch nach seinem Tod als Schutzgeist des Landes verehrt wurde! Seine Mutter Aslaug/Randalin aber lebte noch lange. (vgl. zum Ganzen: ebd. S. 86; 116-119; 123-152)

Allweiß oder: die Liebe verleiht Flügel

Im Gebiete des Schwedenkönigs Nidud lag ein Waldtal, Wolfsgrund geheißen. Dort wohnten drei Brüder aus Finnland, der eine war ein vorzüglicher Schütze, der andere ein kühner Seefahrer, der dritte aber der kunstreichste Schmied, den die Welt je gekannt hat.

Eines Abends, da schon die Sonne sank, gingen die drei Brüder durch den Wald nach Hause und kamen an einem See vorbei, der den Walgöttern heilig war. Sobald sie auf das hohe Ufer traten, erblickten sie drunten in dem goldenen Spiegel des Wassers das Bild dreier Mädchen. Die waren selbst zu dieser späten Stunde noch mit Spinnen beschäftigt. Sie waren Schwanfrauen, schicksalskundige Mädchen. Ihre Schwanenhemden aber, die sie weit aus dem Süden durch die Luft dahergetragen, die hatten sie hinter sich gelegt. Silberweiß glänzte das helle Gefieder auf dem dunklen Waldgrund. Da waren die Brüder schnell bei der Hand und nahmen die Gewänder leise weg. So fingen sie sich die jetzt machtlosen Spinnerinnen und freuten sich über den gelungenen Streich.

Die Sonne versank, und Nacht verhüllte See und Wald. Und die Männer trugen ihre traurigen Bräute auf starken Armen in den Wolfsgrund nach Hause. Der Schütze nahm sich Gundlada und vergaß bei ihr seine Jagd. Der Seemann freite die Schwanweiß und fuhr nie mehr zur See. Allweiß aber wurde des Wielands Frau, der schuf ihr Tag für Tag den schönsten Schmuck.

Jahrelang lebten sie so miteinander und lernten sich lieben. Niemals aber können Schwanfrauen ihre himmlische Heimat vergessen: Trotz aller süßen Menschenliebe bleibt ihnen das Sehnen nach Freiheit und Kampf tief im mutigen Herzen lebendig.

Nach drei Jahren ließ Gundlada sich nicht länger halten. Ihr Schwanenhemd nahm sie sich über Nacht und flog dem Morgen zu. Ihr Mann machte sich eilends auf die Suche nach ihr und kehrte nicht wieder.

Nach sieben Jahren vermochte auch Schwanweiß nicht länger an sich zu halten. Sie nahm in der Dämmerung ihr Hemd und flog davon in den Abend hinein. Ihr Mann hatte einen Trunk getan und merkte kein Unheil. Auch er machte sich alsbald auf die Suche nach seiner Frau und kehrte niemals wieder.

„Willst auch du mich verlassen?", fragte Wieland eines Tages seine Geliebte.

„Verschließe mein Schwanenkleid", sprach Allweiß ernst, „und hänge einen Siegesring davor, dann magst wenigstens du sicher sein, dass ich nicht wegfliege. Ich dagegen bin es nicht, wie sehr ich dich auch liebe!" So lebten sie noch glücklich für ein weiteres Jahr.

Im neunten Jahr war jedoch auch Allweiß kaum mehr zu bremsen. Wie zuvor schon die beiden anderen Frauen verzehrte sie sich in heißem Sehnen nach Beruf und Berufung. Wieland sah es und sagte zu ihr: „Allweiß, wie könnte ich glücklich sein, wenn ich mitansehen muss, wie du mir hier vor Kummer vergehst? Wenn du mir versprichst, dass du zurückkommst, leihe ich dir heute noch dein Schwanenhemd."

„Das verspreche ich dir", erwiderte Allweiß mit heller Freude, „aber was wirst du tun, wenn ich dann abermals dir entfliehen möchte?"

„Dann", sprach Wieland mit lachendem Mute, „dann hole ich dich wieder, und wär's aus der Luft!" Und Allweiß küsste den kühnen Geliebten, hüllte sich das Federkleid um die schönen Schultern und befestigte es über der Brust mit dem Siegesring. So schwang sie sich in die Lüfte und schwand im Fluge gegen Mittag dahin.

Wieland blieb einsam im Wolfsgrund zurück und harrte ihrer Wiederkehr. Es währte lange. Nun schmiedete er nicht mehr Schmuck, sondern nur noch Waffen. Die sollten helfen, die Kämpfe in der Welt zu beenden, damit die Schwanfrauen nicht mehr gebraucht würden, um Männer in Odins oder Freyas Halle zu geleiten. Von der langen Arbeit wurde er müde. Er schlummerte fest, und im Traum war ihm, als wäre Allweiß zu ihm zurückgekommen und ruhte vertraut an seiner Seite. Als er erwachte, schien alles nur ein Trug, aber dort, wo einst das Schwanenhemd verschlossen war, lag – golden im Morgenlicht glänzend – der Siegesring, den er Allweiß geschenkt hatte.

„So war sie doch bei mir und hat ihr Versprechen gehalten. Entflog sie mir wieder, so muss ich das meine jetzt auch halten. Den Siegesring hab ich – es fehlen mir nur noch die Flügel. Allweiß' goldener Gruß gibt mir neue Kraft. Warte nur, du treuer Flüchtling, ich hole dich mir aus der Luft!“ Und damit niemand ihm den Ring etwa stehle, schuf er noch neunundneunzig haargenau gleiche Ringe und hängte sie alle hundert an einem Bast in seiner Schmiede auf. Sie schimmerten, wenn er das Feuer schürte, wie die hellen Sterne in dunkler Nacht, und niemand hätte sagen können, welcher von den Sternen der Siegspender sei.

Die Kunde vom Siegesring und seinen 99 Duplikaten findet schnell ihre Neider. Vor allem König Nidud und seine Frau verzehren sich in Gier nach dem Kleinod. Unter dem Vorwand, seine Waffen prüfen zu wollen, erscheint das königliche Paar in der Schmiede. Da die Königin eine Zauberin ist, kann sie mit Scharfblick die Ringe durchleuchten, bis sie den richtigen herausgefunden hat. Den wirft der König seiner Tochter Bödwild zum Spielen hin. Wieland aber lässt er auf Anraten seiner Frau die Sehnen an beiden Füßen durchtrennen, damit er sich nie mehr vom Fleck bewegen könne und von Stund an nur noch für den König arbeiten müsse. Dann schafft er ihn an einen fernen Ort, und also nun erst völlig gefesselt, wurde Wieland an eine einsame Schmiedewerkstatt am Meeresstrand versetzt.

Da saß er nun, von allen verlassen und sann auf Rache und Freiheit. Um den König zu täuschen, schickte er ihm weiterhin kostbare Schmuckstücke, doch in Wirklichkeit stand ihm der Sinn nach Höherem: „Einst hatte ich den Siegesring, da fehlten mir die Flügel; nun will ich die Flügel mir schaffen, da fehlt mir der Siegesstein.“

Abb.18: Wieland, der lahme Schmied, schwingt sich in die Lüfte

Doch das Schicksal ist ihm hold. Eines Tages sucht ihn Bödwild in seiner Einöde auf. Mutwillig hatte sie den Siegesring zerbrochen, um einen Vorwand für diesen Besuch zu finden. Denn sie ist neugierig auf die Schmuckstücke, die er fertigt. So kommt der Ring zurück in Wielands Hand. Des Königs Tochter aber betäubt er mit einem Trank, der sie halb ohnmächtig werden lässt. In diesem Zustand schwängert er sie und nimmt so Rache an Niduds Schandtaten. In seliger Betäubung, und ohne den Ring zu vermissen, scheidet sie von der Schmiede und kehrt zum Hofe wie träumend heim.

Wieland aber konnte endlich sein Werk vollenden. Schon lagen, nach Vogelflug weise gemeistert, die mächtigen Schwingen bereit. Der Ring beschloss das Wundergebilde und verlieh ihm die Zauberkraft zum Flug in die himmlischen Höhen, wo Allweiß auf den Geliebten wartete. So schweißten ihm Not und der Glaube an die Geliebte das Kunstwerk zusammen, und mit den Flügeln an seinen Schultern schwang sich der Lahme kraftvoll in die Luft empor. Mit dem Ruf „Allweiß, zu dir!“ verschwand Wieland in den leuchtenden Wolken des helllichten Tages. (nach v. Wolzogen, S. 121-133)

Anders als der Ikarus der römischen Sagen findet Wieland durch die beflügelnde Kraft der Liebe sein Ziel. Eine schöne Geschichte, die auch viel über die tiefe seelische Verbundenheit zwischen Liebenden aussagt, und gleichzeitig zeigt, dass die Schwanfrauen im Grunde als eine spirituelle Kraft verstanden wurden.

Svanwhit und Ragnar

Walküren erwählen ihre Schützlinge nicht erst im Tod, sondern häufig bereits mitten im Leben. Wofür die folgende Geschichte ein schönes Beispiel ist:

Thorild, die Gemahlin des Schwedenkönigs Hunding, hasste ihre beiden Stiefsöhne Ragnar und Thorald dermaßen, dass sie ihnen den Tod wünschte. Um sie in Lebensgefahr zu bringen, bestellte sie die beiden zu Hüteknechten, die mit ihren Herden weit fort in unwegsame Gegenden ziehen mussten, um gute Weideplätze zu finden. Eines Nachts verirrten sie sich in ein düsteres Gebiet, in dem es von bösen Geistern, Ungeheuern und Trollen nur so wimmelte. Svanwhit aber, Haddings Tochter, hatte sich entschieden, die beiden jungen und unerfahrenen Männer mit ihrem Gefolge von acht weiteren Jungfrauen zu beschützen. Sie stand ihnen auch in dieser gespenstischen Nacht zur Seite:

„Die beiden Jünglinge sahen die neun Walküren reiten, ihre Hengste schüttelten sich, es rann aus ihren Mähnen Tau in Talestiefen, Hagel in hohes Gehölz. Der Schar voraus ritt eine schimmernde Schildmaid, die war weit ansehnlicher als die anderen, es war Svanwhit."

Als Svanwhit das strahlende Funkeln in den blauen Augen Ragnars wahrnahm, „gedachte sie ihrer Aufgabe, schlummernden Heldensinn zu wecken und verborgene Heldenkraft zu fördern." Nachdem sie sich im Gespräch von seinem edlen Charakter überzeugt hatte, ließ sie das Dunkel, das sie umgab, zurückweichen und die lichtglänzende Gestalt der Walküre hervortreten – ein wunderbarer Lichtglanz umstrahlte ihren ganzen Leib. In dieser Stunde noch gestand sie ihm ihre Liebe und reichte dem ebenfalls für sie entflammten jungen Mann ein schimmerndes Schwert, in dessen Griff und Schneid zauberkräftige Runen eingeschnitzt waren.

Die ganze Nacht kämpfte Ragnar mit diesem Schwert gegen die Unholde, die ihm und seinem Bruder zu Leibe rücken wollten. Als am Morgen der Spuk vorbei war und die schaurigen Schattenwesen wieder ihre natürliche Gestalt angenommen hatten, fand er unter den Leichen auch seine Stiefmutter Thorild. Sie verbrannten sie auf dem Scheiterhaufen, damit sie nie wieder Schaden anrichten konnte, indem sie etwa weiter als Gespenst umginge.

Svanwhit gewinnt sodann für ihren Verlobten Ragnar die Herrschaft über Schweden und wird selbst Königin an seiner Seite. Noch ein weiteres Mal schützt sie ihren Geliebten in nächtlicher Stunde vor den Ränken des eigenen Bruders, der ihm zürnte, weil er sich ohne dessen Zustimmung mit der Walküre vermählt hatte. Er wurde von dem jungen Paar in einer großen Schlacht besiegt. Nun hatte Thorald bei Nacht und Nebel heimlich ein Boot bestiegen, um die Schiffe seiner Verwandten anzubohren und zum Sinken zu bringen. Svanwhit aber war draußen bei der Flotte und ertappte ihn auf frischer Tat. Sie und ihr Gemahl schlossen Frieden mit dem neidischen Bruder, indem sie ihm alle Krieger ersetzten, die er in der Schlacht zuvor verloren hatte.

Als Ragnar starb, folgte Svanwhit ihm aus Herzeleid kurze Zeit später. „Sie wollte durch den Tod nicht von dem geschieden sein, von dem sie auch im Leben sich nicht hatte trennen lassen."

Einer der Enkelsöhne des Paares war Höder. Von ihm erzählte die spätere Sage, er habe dereinst mit dem Gott Balder um die schöne Nanna gekämpft! (vgl. zum Ganzen: Saxo Grammaticus, S. 10-12)

Kapitel 7

Von Disen und anderen Frauen

Die Frau umschreibt man mittels aller weiblichen Kleidungsstücke, des Goldes und der Edelsteine, des Bieres, Weines oder anderer Getränke, die sie darreicht oder schenkt … Sie wird umschreibenderweise durch alle Baumnamen bezeichnet … Sie wird auch umschrieben mittels aller Asinnen, Walküren, Nornen und Disen.

(Skaldenpoetik, Diederichs S. 222)

Dis, im Plural *Disen* oder *Disir,* ist eine Kollektivbezeichnung für weibliche Gottheiten und speziell für Geburtshelferinnen. Auch Freya wurde ja Vana*dis,* Wanengöttin, genannt. Grimm führt das Wort auf die althochdeutsche Wurzel *itis* zurück, die einfach nur „Frau" bedeutet. Vorzugsweise bezeichnete der Begriff jedoch halbgöttliche weibliche Wesen, weshalb vor allem Nornen oder Walküren so genannt wurden. Selbst tote Frauen hieß man *disir.* (vgl. ebd. S. 332f; 349) Die nordischen Disen dachte man sich als gütige und beschützende wie auch feindselige oder hemmende Wesen.

Wer die Gunst der Disen verspielte, hatte – modern gesprochen – keine Chance mehr: „Dein Leben verlierst du nun; unhold sind dir die Disen", ruft Odin dem König Geirröd am Ende des Grimnirliedes entgegen, und das bedeutet für diesen das Todesurteil. Ein gerechtes überdies, denn er hatte zuvor den Gott, den er für einen sterblichen Menschen hielt, unmenschlicher Folter ausgesetzt.

Einiges spricht dafür, dass selbst der Name Iduna mit dem usprünglichen *idis* verwandt sein könnte. Grimm zitiert eine mhd. Erzählung über eine Jungfrau mit Namen *îdîs,* die eine Linde mit einem Jungbrunnen ihr eigen nannte. (vgl. ebd. S. 333; Bd III, S. 115)

„Êre alle frouwen fîn“

Es ziemt sich nicht, dass vor dem Manne das Weib knie!

(Karl Müllner)

Auf ihre Frauen lassen die germanischen Völker nichts kommen. Das fängt schon in der Götterwelt an und setzt sich nahtlos bis in die Menschenwelt fort. Als Loki in seiner berühmten Schimpfrede (Lokasenna) versucht, sämtliche Göttinnen in den Schmutz zu ziehen, da findet er auf seiten der Götter keinen, der ihm zustimmt. Ganz im Gegenteil ergreift einer wie der andere Partei für die Verunglimpften. Im folgenden einige Beispiele:

20 Loki:
Schweig doch, Gefjon!
den Göttern erzähl ich's
Wer dich zur Liebe verlockt:
Schmuck schenkte
dir der schöne Knabe;
mit den Schenkeln umschlangst du ihn.

21 Odin:
Wirr bist du, Loki,
und wahnbetört,
da du Gefjons Groll erweckst:
denn der Welt Schicksal,
mein ich, weiß sie alles
ebenso wie ich.

30 Loki:
Schweig doch, Freya!
Zuviel von dir weiß ich,
kein Fehl ist dir fremd:

mit den Asen und Alben
hast du allen gebuhlt,
die im Saal hier sind.

31 Freya:
Bös ist deine Zunge;
doch bald, mein ich, wirst du
dir Unheil anschwatzen:
grimm sind dir die Asen
und die Asinnen;
du wirst übel abziehen.

32 Loki:
Schweig doch, Freya!
Eine Zauberin bist du
und mit Argem angefüllt:
da beim Bruder dich ertappten
die trauten Gebieter,
da entwich dir wohl ein Wind.

33 Njörd:
Wenig macht's,
ob ein Weib einen Mann,
Buhlen oder beides wählt;
Doch schmählich ist's,
dass der Schamlose herkam,
der Bastarde gebar.

(Diederichs. S. 78f)

Wenn in der Dichtung das Wort „Frau" durch den Namen jeder beliebigen Göttin ersetzt werden kann, muss man von da aus auf die Stellung der Frau in der Gesellschaft zurückschließen können. Es ist bekannt, dass Dinge, die zentral und bedeutend sind im Leben einer Kultur, auch sprachlich entsprechend ausdifferenziert werden. So kennen die Eskimos unzählige Wörter für Schnee oder die Beduinen entsprechend viele Wörter für Wüste oder Sand, weil diese Elemente tagtäglich ihr Leben bestimmen. Die germanische Sammlung der Synonyme, die man für das Wort Frau einsetzen konnte, gehen jedenfalls in die Hunderte. Allein an die 30 Göttinnen konnte man zählen (die hier im Buch gar nicht alle Platz finden), dazu alle Baumnamen, sämtliche Edelsteine und Kleidungsstücke, dann noch alle Getränke, die sie selbst herstellt und ausschenkt. Ganz zu schweigen von den neuen Wortschöpfungen, die so entstanden: etwa die „Halsbandgöttin" oder die „Armbandgöttin" (weil Frauen Schmuck tragen; Genzmer S. 65; 125) oder so eine ausgefallene Wendung wie „die Göttin des Lindwurmlagers" (Lindwurmlager = Gold, Göttin = Frau), sprich: eine mit Gold geschmückte Frau! (ebd. S. 4 u. 112) Bis zu Beginn des letzten Jahrhunderts existierte sogar noch die Bezeichnung „ein hohes Frauenbild"! Davon sind wir heute Lichtjahre entfernt. Allenfalls reicht es noch zum „Weibsbild", aber das ist beileibe keine Ehrenbezeichnung.

Sehr bezeichnend ist auch das Fehlen von Vergewaltigungsszenen in Mythologie und Heldensagen. Während uns diese in der griechischen Mythologie oder in der Bibel (Altes Testament) auf Schritt und Tritt begegnen, sind die Erzählungen der germanischen Völker wohltuend frei davon. Was vor allem bei den Heldensagen erstaunlich ist, bei all den Kämpfen und Schlachten, die geschildert werden.

Statt als Opfer männlicher Gelüste oder Gewalttaten sehen wir Frauen durchweg in aktiven Rollen. Als Walküren reiten sie frei über die Welt und greifen selbst in den Ausgang der Kämpfe ein. Als Seherinnen ziehen sie mit in den Krieg, um etwa den günstigsten Zeitpunkt für Angriff oder Rückzug vorherzusagen. Als Königinnen oder Feldherrinnen stellen sie aber auch selbst Heere zusammen oder wissen sich und ihr Land auf bravouröse Weise zu verteidigen, sodass sie den Männern kaum nachstehen. Als Seidkundige und Dichterinnen oder Sängerinnen üben sie Heilkünste, und sogar

Tätigkeiten wie Sticken, Spinnen und Weben stehen im Zeichen von – meist hilfreicher – Magie und „Zauberei". Das Drehen der Spindel, das Schnurren des Spinnrads, sie versetzen in Trance, und die erträumten Bilder werden über Sticken und Weben lebendig erhalten und „in Form" gebracht.

Am Himmel erblickte man im Orionsstab den „Spinnrocken" der Holle, der Freya oder Frigg und konnte sich bei den Tätigkeiten des Spinnens und Webens eins fühlen mit den beiden Lieblingsgöttinnen der heimischen Kultur.

Was Isabel Deschinny so treffend für die indianischen Kulturen formuliert, das gilt in ebensolchem Maße für die Tätigkeiten der „hiesigen" Frauen: „Arbeit war nicht nur dazu da, die Familie zu ernähren; sie bedeutete Religion, Reichtum und Kultur." (bei Walters, S. 27; vgl. Zingsem 2009, S. 131)

Verständlich, dass unter diesen Vorzeichen auch die Liebe gedieh, wurde sie doch als Liebe unter Ebenbürtigen gepriesen, wovon es nicht zuletzt in den Sagen zahllose Beispiele gibt. Was schon bei Brynhild anfängt, die in Sigurd den ebenbürtigen Partner sucht und findet. Männer segeln um die halbe Welt, um eine Frau für sich zu gewinnen, die ihrem eigenen Wesen ähnlich ist. Im Mythos zeigt der Gott Frey, als er um Gerda freit, dass er kein Problem darin sieht, eine Frau zu lieben, die größer ist als er (Gerda ist immerhin eine Riesin), denn was er bei ihr sucht, ist Wesensverwandtschaft als Vorbedingung der Liebe. Als der sterbende Helgi der geliebten Swawa seinen Bruder Hedin als Gatten anempfiehlt, begründet er es damit, dass Hedin ihrer wert sei (und nicht umgekehrt). Swawa lehnt trotzdem ab und entscheidet sich lieber für den baldigen Tod, um mit dem Geliebten recht bald „bei Freya" leben zu können. (vgl. Wägner S. 433f)

Die menschliche Liebe findet einen sicheren Hafen auf Freyas Folkwang. Die Liebe zwischen zwei Menschen, die sich auf Erden nicht erfüllen kann oder durch den Tod jäh unterbrochen wird, wird nach dieser Vorstellung im Jenseits fortgesetzt, wo die Liebenden sich wiederfinden wollen. Frauen wie Männer geben sich manchmal selbst den Tod, nur um dem geliebten Menschen so schnell wie möglich wieder nahe zu kommen. Oft erscheint die Frau ihrem Mann, wenn er im Sterben liegt oder sein Tod kurz bevorsteht, bereits als Walküre, die ihn wie im Traum liebend in die Arme schließt, wenn er seinen letzten Atemzug tut.

Immer wieder wird betont, dass man Frauen keinen Zwang zum Heiraten auferlegen soll. Als Hjalmar um Ingeborg wirbt, da hat er einen Rivalen, der das Land in einen Krieg zu stürzen droht, sollte ihm Ingeborg verweigert werden. Trotz dieser wenig beneidenswerten Lage lässt der König von Upsala seine Tochter frei wählen. Sie wählt, wie nicht anders zu erwarten, den treuen und bewährten Freund statt den Fremden. (vgl. Wägner S. 359)

Beeindruckend ist auch die Geschichte von Hjördis, der Mutter des berühmten Drachentöters Sigurd.

Von ihr ging die Sage um, sie sei die schönste und klügste aller Frauen. Als der ebenfalls weithin berühmte Völsungen-König Sigmund von ihr erfährt, da schwant ihm, dass er in ihr eine Partnerin finden könnte, die „von seiner Art war", und er macht sich auf den Weg zu König Eylimis Hof.

Leider hat es sich zur selben Zeit noch ein anderer König in den Kopf gesetzt, um Hjördis' Gunst zu werben, und Eylimi ahnt bereits, dass derjenige, den seine Tochter abweist, aus verletzter Eitelkeit zum Krieg blasen könnte. Darum spricht er zuvor mit Hjördis:

„Du bist eine kluge Frau, und ich habe versprochen, dass du dir einen Mann aussuchen sollst. Wähle nun zwischen den beiden Königen, und meine Entscheidung wird in dieser Angelegenheit dieselbe sein wie die deine."

Hjördis wählt dann König Sigmund, weil er der berühmtere von beiden Freiern ist, auch wenn er zu dieser Zeit schon sehr alt war. Alles erfüllt sich jedoch so, wie Eylimi es vorausgesehen hatte, und Sigmund stirbt in der Schlacht gegen den abgewiesenen König. In der Nacht sucht Hjördis ihren sterbenden Gemahl auf dem Schlachtfeld auf und fragt, ob sie ihn retten könne. Er verneint, sagt ihr aber voraus, dass sie mit dem späteren Sigurd schwanger ist, dessen Name bleiben werde, solange die Welt bestehe.

Hjördis tauscht vorsichtshalber mit ihrer Magd die Kleider und bringt den Besitz des Königs in einem Wald in Sicherheit. Die beiden Frauen werden von dem dänischen König Alf gefunden, der sie zusammen mit ihren Schätzen an den Hof seines Vaters bringt. Auf Betreiben seiner hellsichtigen Mutter findet Alf heraus, dass die Magd in Wirklichkeit von königlichem Geblüt ist, worauf er ihr erklärt:

„Ich hätte mich dir gegenüber verhalten, als wären wir beide die Kinder ein und desselben Königs, wenn du dich offenbart hättest. Aber jetzt sollst du noch besser behandelt werden, so, wie du es verdienst, denn du sollst meine Frau sein, und ich werde dir das Brautgeld geben, sobald du das Kind bekommen hast."

Hjördis wird ab da in großen Ehren gehalten „und galt als eine sehr würdige Frau." Alfs Vater zieht den Jungen (Sigurd), den Hjördis gebiert, mit großer Liebe wie seinen eigenen auf. (vgl. Strerath-Bolz, S. 56 – 60) Und ganz wie sein Vater Sigmund wird auch Sigurd später Brynhild lieben, weil sie von seiner Art ist:

„Es gibt niemanden, der weiser ist als du, und das schwöre ich, dass ich dich heiraten will; du bist nach meiner Art."

Nicht zuletzt wird auch von Brynhild gesagt, sie sei so stolz, dass sie nur den Mann heiraten würde, den sie will. Dies erfährt Gunnar, der um sie werben will, sowohl von ihrem Vater Budli als auch von ihrem Pflegevater Heimir. Da es allein ihre Entscheidung ist, muss Gunnar sie selbst fragen gehen. Wozu er allerdings zu feige ist und deshalb Sigurd an seiner Statt schickt. Mir den bekannten verhängnisvollen Folgen.

Die Geschichte von Hjördis und Alf zeigt zudem, dass üblich war, was schon Tacitus (*Germania* 18) bemerkt:

„Die Mitgift bringt nicht die Gattin dem Manne, sondern der Mann der Gattin." Offensichtlich selbst noch in den Fällen, wo die Braut schon einigen Reichtum mit in die Ehe bringt. Geschenkt werden Dinge, welche die Selbstständigkeit der Frau im Falle ehrenhafter Trennung oder Verwitwung garantieren sollten.

König Bele von Norwegen bestimmt noch auf dem Sterbebett, dass seiner Tochter Ingeborg von ihren Brüdern kein Zwang auferlegt werden soll:

„Noch einen Auftrag gebe ich dir, Helge", sagte der König, „habe acht auf Ingeborg, die liebe Tochter; ihr sei ein liebevoller Vater an meiner Statt. Nicht lasse sie Zwang erdulden, denn sie ist gut und edel. Ihre Wahl sei frei, das ist mein Wille. Nun geht in Frieden, Kinder ..." (Wägner, S. 393)

Natürlich geht das nicht immer gut, wir leben schließlich nicht in einer Gesellschaft von Heiligen und selbst in der Götterwelt verläuft nicht immer alles nach Plan. Doch sind die Beispiele zu zahlreich, als dass man sie übersehen und übergehen könnte. Zudem wird frauenfeindliches Verhalten in den Geschichten stets angeprangert.

So hören wir etwa von Goterich, dessen Geschlecht sich auf Odin selbst zurückführte, dass er über Frauen zunächst nur Übles dachte: „Schlimm ist Armut, schlimmer Krankheit, aber das schlimmste Übel ist eine Weiberzunge."

Als ihn seine Freunde schließlich doch noch in fortgeschrittenem Alter zur Ehe bewegen können, ändert er seine Meinung drastisch: Nun findet er, durch das Zusammenleben mit seiner Frau eines Besseren belehrt, „dass die Zunge eines verständigen und tugendhaften Weibes nicht ein Übel, sondern ein köstliches Gut sei. Um so größer war seine Betrübnis, als sie noch vor ihm ins Grab sank. Er ging jeden Tag an den Hügel, der ihre Hülle barg, und es war ihm oft, als hörte er ihre sanfte Stimme in der Tiefe, die ihm heilsamen Rat erteilte."

Noch auf dem Sterbebett erklärt er seinen beiden Söhnen: „So scheide ich denn getrosten Mutes von euch; in Freyas goldener Halle werde ich eure Mutter wiederfinden und ihr von eurer Eintracht erzählen." (vgl. ebd, S. 365f)

Unverkennbar ist jedenfalls, wie zentral die Liebe im Leben von Frauen wie Männern bewertet wird; wozu wiederum passt, dass Freya als Göttin der Liebe die beliebteste Gottheit der Nordvölker war und blieb.

Die folgende Geschichte zeigt, wie man sogar eine sterbliche Frau in den Rang einer Göttin erheben konnte:

König Hölgi von Helgeland in Norwegen wollte um Thorgerd, die Tochter eines finnischen Königs, werben. Weil er aber wenig wortgewandt war, schickte er einen anderen Helden vor, der an seiner Stelle um die Auserwählte werben sollte. Der König wies ihn zurück mit den Worten:

„Wie kann Hölgi der Braut würdig sein, wenn er sich nicht auf seine eigene Kraft verlassen kann, sondern andere bitten muss, ihm bei der Werbung zu helfen?" Als Hölgi dennoch auch im zweiten Anlauf wieder seinen besten Freund vorschickt, erwiderte der König:

„Ich muss die Meinung meiner Tochter Thorgerd einholen, sonst sieht es so aus, als ob ich ein harter Vater sei, der gegen ihren Willen handelt."

Deren Antwort fällt positiv aus, und so erhielt sie später den Beinamen „Hölgabrud" (Hölgabraut). Von den Norwegern und Isländern wurde sie „zu einer finnisch-lappischen Göttin erhoben." (vgl. Saxo Grammaticus, S. 17) Nach der *Nialssaga* (Kap. 89) befand sich ihr Bildnis in einem norwegischen Tempel, wo sie zusammen mit Thor auf dessen Wagen erscheint. (vgl. Zingsem 2008, S. 325)

„König Thorborg" und ihre „Schwestern"

Dieses Kapitel ist einigen ungewöhnlichen Frauen gewidmet, die an Mut und Kraft herausragend waren. Da wäre als Erste zu nennen jene sagenhafte Königin Thorborg zu Ulleracker. Sie hatte von ihrem Vater ein eigenes kleines Reich erhalten, und nicht nur dieses Reich, sondern auch sie selbst galt als uneinnehmbare Festung. Als König

Rolf von Gotland daran ging, nach einer ebenbürtigen Gattin Ausschau zu halten, da wollte er unbedingt um Thorborgs Hand anhalten. Als er am Hof ihres Vaters auftaucht und den König von Upsala um die Hand seiner Tochter bittet, erklärt ihm dieser, er müsse sich deren Zustimmung wohl oder übel selbst holen, denn „der weibliche König habe sich von der väterlichen Autorität losgesagt."

So muss Rolf selbst den Weg nach Ulleracker antreten. Wie zu erwarten stand, wies Thorborg, die ihn in voller Rüstung auf ihrem Hochsitz empfing, den Bewerber hochmütig ab und lieferte ihm einen Schwertkampf, mit dem sie ihn mitsamt seinen Begleitern in die Flucht schlug.

Erst zwei Jahre später versucht er noch einmal sein Glück. Diesmal nimmt er seinen Bruder Ketil mit, der zwar klein und unansehnlich an Gestalt ist, dafür aber mehr Grips besitzt als Rolf. In Ulleracker treffen sie auf eine Königin, die ihre Burg in eine so gut wie unbezwingliche Festung umgewandelt hatte, auf der sie selbst mit ihren Getreuen Wache hielt. Man versuchte, Feuer an die Burg zu legen, doch aus verborgenen Röhren floss reichlich Wasser zum Löschen hervor. Als man versuchte, mit Brecheisen Steine aus der Mauer zu reißen, strömte kochendes Wasser und siedendes Pech auf die Krieger herab, sodass sie ein ums andere Mal aufgeben mussten. Auch Aushungern war nicht möglich, denn offensichtlich waren die Vorräte in der Burg größer als bei den Belagerern.

Als man die Festung dank Ketils Strategie doch stürmen konnte, fand man zwar in ihrem Inneren reichlich Speisen und Getränke, doch ansonsten keine Menschenseele. Als die Krieger endlich durch einen Geheimgang ins Freie fanden, fiel plötzlich Königin Thorborg mit ihrem Gefolge von allen Seiten über die Eindringlinge her. Auch Ketil versetzt sie mit der Streitaxt einen Schlag aufs Ohr, sodass er kopfüber zu Boden stürzt. Solchermaßen abgelenkt konnte sie nicht auf Rolf achten, der sie von hinten angriff. Als sie merkt, dass sie sich ihm im Ringkampf nicht entziehen kann, will sie sich mit ihrem Dolch lieber selbst den Tod geben, als Gefangenschaft zu erdulden. Rolf, der sie davon abhalten will, wird dadurch an der Hand verwundet, kann die Königin aber letztlich doch davon überzeugen, die Waffen zu strecken:

„Ich schwöre dir, dass ich dich nicht gegen deinen Willen zwinge!", verspricht er ihr, und als sie seinen Edelmut erkennt, lenkt sie ein. Und da sie ihn schließlich als ebenso weise und verständig erlebt, wie er zuvor im Kampf mutig war, willigt sie schließlich in die Hochzeit ein. (vgl. Wägner, S. 366 – 368)

Einen vergleichbaren Heldenmut erleben wir bei Hervör, Tochter Angantyrs, der keine Söhne, sondern nur dieses einzige Kind hatte, das allerdings den wilden, unbändigen Sinn des Vaters geerbt hatte. Von klein auf war klar, dass ihr Sinn „nicht nach Nadel und Weberschiffchen" stand, sondern mehr nach „Pfeil und Bogen, Schild und Schwert." (Fischer, S. 209) Sie wollte herrschen und Reiche erobern.

Da sie so kräftig wurde wie ein Mann, zog sie Männerkleider an, nannte sich Herward und schloss sich einer Schar von Wikingern an. Als deren Führer fiel, setzten die anderen sie an seine Statt!

Nun wollte sie das Zauberschwert ihres Vaters, den berühmten „Tyrfing" (was übersetzt heißt „Schildspalter"), für sich gewinnen. Diese Wunderwaffe war einst von Zwergen für einen Riesen unter Zaubersprüchen geschmiedet worden, der von Angantyrs Vater Arngrim dennoch besiegt wurde. Ihre Klinge war mit Runen geschmückt, der Griff war von Gold, und es blitzte in der Hand wie ein Sonnenstrahl. Auch war das Schwert, einmal gezückt, nicht mehr in seine Hülle zurückzuzwingen, bevor es nicht jemanden getötet hatte. Angantyr hatte bei seinem Tod die Waffe mit ins Grab genommen. Hervör aber, seine Tochter, wollte sie unbedingt in ihren Besitz bringen. Wie keine andere Zauberin verstand sie es, die Toten aus den Gräbern heraufzubeschwören, und so besteigt sie bei Nacht und Nebel ganz alleine – weil keiner von den anderen sie begleiten will – ein Drachenschiff und fährt damit zur Insel Samsöe, wo sich der Grabhügel ihres Vaters befindet. Daselbst zieht sie zuerst mit einem Mistelzweig magische Kreise. Düstere Wolken zogen, Gespenstern gleich, über den Sichelmond, wie ferner Donner grollte es aus der

Tiefe herauf, Flammen schlagen um den Hügel. Doch die junge Frau kennt keine Furcht und beginnt sogleich mit ihrer Totenbeschwörung:

Erwach', Angantyr! Es ruft dich Hervör,
Einzige Tochter deiner Swafu.
Reich' herauf aus der Gruft das starke Schwert,
Das Zwerge schufen dem Swafurlami ...

Der Vater antwortet ihr aus dem Grab und tut so, als sei das Schwert längst in der Hand seiner Feinde. Hervör jedoch lässt sich nicht abschrecken und hält mit Macht dagegen: „Sag mir die Wahrheit! Noch im Grabe zermalme dich Odin, wenn du Tyrfing hast und deiner Tochter ihr Erbe weigerst." In diesem Augenblick öffnet sich der Hügel, lodernd in roter Glut, und gibt Hervör den Blick auf ihren Vater frei, der nun das Wort an seine Tochter richtet:

Abb.19: Hervör weckt den Geist ihres toten Vaters

„Das Heltor sprang auf, die Hügel stehen offen, und das ganze Eiland flammt von Feuer, rette dich zu den Schiffen!“ Aber Hervörs Herz blieb fest; weder die Flammen schreckten sie, noch der Anblick der Toten. Immer ungestümer forderte sie das Schwert, und der Tote sah staunend auf die wilde Tochter, die vor ihm stand, als sei sie kein sterbliches Geschöpf, sondern eine Kampfmaid Allvaters. Zum letzten Male warnte er sie: „Tief in der Feuersglut liegt Tyrfing, Lohe hüllt ihn ein; keine Jungfrau auf Erden kann das Schwert fassen!“ Aber Hervör rief: „Mit meinen Händen will ich's ergreifen! Vor meinem Blick erlischt die Lohe.“ Festen Schritts ging sie zu auf das gähnende Tor des Totenhügels. Da rief Angantyr: „Halt, Tochter, tollkühnes Mädchen! Eh du dich offenen Auges ins Feuer wirfst, reich ich selbst dir das Schwert aus meinem Grabe – nicht länger darf ich dir's weigern!“ … Hervör stand wie eine Entrückte, während ringsherum die Feuer einsanken. Dann sprach sie: „Sei euch im Hügel Odin gnädig! Jetzt will ich hinab zu den Schiffen – hinweg von hier! Als mich rings die Glut umflammte, war mir, als stünde ich am Rande der Welt.“

(Fischer, S. 211f)

Hervör ging weiter auf Wikingfahrt und erwarb sich dank des Tyrfings überall Sieg und Ruhm. Erst als sie ihr kämpferisches Leben leid wurde, vertauschte sie Rüstung mit Frauengewand und entsprechender Beschäftigung. Da sie ebenso schön wie reich war, konnte sie ihren Gatten aus zahllosen Bewerbern aussuchen und wählte einen König, der in allen Ländern den Ruf großer Klugheit und unbestechlicher Gerechtigkeit hatte.

Angantyr hatte seiner Tochter allerdings geweissagt, dass der Tyrfing dereinst ihr ganzes Geschlecht umbringen werde, und auch diese Prophezeiung wird sich schließlich erfüllen. Die Geschichte ist dennoch ein Beispiel unglaublichen Mutes. Es war allerdings kein Einzelfall, dass Frauen – selbst von Männern – zu Heerführerinnen gewählt wurden, wenn sie sich entsprechend im Kampf ausgezeichnet hatten. Nur zeigt sich Hervör hier zusätzlich noch als zauberkundige Schamanin mit einer enormen Geisteskraft und einem geradezu grandiosen Selbstbewusstsein, dem sich sogar der Tote letztlich nicht entziehen kann!

Wenn es um Recht und Gerechtigkeit geht, können Töchter ihren Vätern durchaus Paroli bieten. So sehen wir z. B. Auda, Tochter des Königs Iwar Widfadmi, gegen den eigenen Vater vorgehen, dessen Falschheit und Niedertracht sie von Anfang an durchschaut hat.

Iwar hieß deshalb „Widfadmi“ – der Weitfassende, weil er nicht nur die nordischen, sondern ebenso die slawischen Völker bis nach Russland tributpflichtig gemacht hatte, selbst England und Aquitanien zwang er zur Zahlung von Steuern. Allein noch die dänischen Könige widerstanden ihm, doch auch die bezwang er mit List.

Zuerst verheiratete er seine Tochter mit dem einen, dann brachte er seinen Schwiegersohn dazu, den anderen aus Eifersucht umzubringen, worauf sich Auda mit ihrem kleinen Sohn und vielen ihr ergebenen Kämpfern in eine Burg zurückzog, in der sie sich vor Nachstellungen sicher fühlte. Iwar jedoch ermordete Audas Gemahl, indem er ihn des Brudermordes bezichtigte, den er selbst angezettelt hatte.

Bei den nun anfallenden Königswahlen in Dänemark wollte er die Dänen mit Gewalt dazu bringen, ihm ihre Stimme zu geben. Genau in diesem Moment trat ihm die eigene Tochter, von den Getreuen umgeben, entgegen. „Das Volk, das seine Königin liebte und ehrte, sammelte sich in Masse unter ihr Panier.“ (Wägner, S. 378) Auf solchen Widerstand nicht gefasst, suchte Iwar wieder das Weite.

Im nächsten Frühjahr zog ihr Vater jedoch mit einem mächtigeren Heer heran. Als Auda erkannte, dass sie dieser neuen Übermacht nicht gewachsen sein würde, nahm sie ihren Sohn und die königlichen Schätze an sich und segelte, begleitet von ihrem zahlreichen Gefolge, bis nach Russland, um beim dortigen König Schutz und Hilfe zu suchen. Der war jedoch zu schwach, um den Kampf aufnehmen zu können. Jahre später erst bittet dieser König Auda darum, seine Frau zu werden und die Herrschaft mit ihm zu teilen, „weil er im Umgang die edle Frau immer mehr schätzen gelernt hatte."

Iwar, der den kühnen Geist seiner Tochter kannte, war über diese Heirat zunächst bestürzt, doch dann entschloss er sich, zum Kampf zu blasen und den unerwünschten Schwiegersohn von dessen eigenem Land zu verjagen.

Auf der Fahrt dorthin erscheint ihm Odin in Gestalt seines ehemaligen Pflegevaters Hörd, den er allerdings nicht erkennt. Er weissagt ihm, dass er bald zur Hel fahren werde. Als Odin Iwar auf dessen Frage hin offenbart, dass die Asen ihn als ihren verhassten Widersacher ansehen und er ihnen so gefährlich und verschlingend wie die Midgardschlange vorkommt, ist es um den König geschehen. Wahnsinnig vor Wut stürzt er sich auf den vermeintlichen Traumdeuter, der vor ihm auf einer Klippe am Meer steht, und mit ihm zusammen ertrinkt er.

Sobald Iwars Tod bekannt wurde, beschlossen die Häuptlinge, die mit ihm gezogen waren, sofort den Rückzug, da sie nun keinen Anlass mehr zu Streit und Blutvergießen erkannten. (vgl. ebd. S.376-379)

Eine weitaus bessere Beziehung zu ihrem Vater hat Thora, Tochter des Jarls Herraud in Ostgotland, die wegen ihres Verstandes weithin berühmt ist. Ihr Vater fragt sie bei allen Angelegenheiten um Rat und hat im Kampf wie im Frieden Glück, solange er ihren Vorschlägen folgt! Ragnar Lodbrok erblickt ihr Bildnis eines Tages in einem Zauberspiegel und kann den Blick nicht mehr abwenden. Er meinte, der Mann sei der glücklichste auf Erden, der „ein solches Kleinod" für sich gewinnen könne. (vgl. ebd, S. 414f)

Dieser Ragnar Lodbrok, der uns schon in der Geschichte mit Aslaug begegnet ist, war in erster Ehe mit der Herrscherin Lodgerda verheiratet, die sich ihm wie eine Walküre verbunden hatte.

Eines Tages, als er die Ruhe der Waldeinsamkeit genießen wollte, hatte er die kämpfende Schönheit erblickt, die wie eine Schildmaid ihrem Heer auf weißem Rosse voranritt: „Ihre Rüstung glänzte wie Silber, unter dem Helme quollen Locken hervor und fielen über

Schultern und Rücken. Sie ordnete ihre Schar und stürmte voran gegen den feindlichen Heerhaufen.“

Die feindliche Übermacht zeigte sich allerdings zu stark, und so wichen ihre Mitstreiter zurück, nur Lodgerda selbst kämpfte weiter. Die Bewunderung für diese mutige Frau brachte Ragnar im Handumdrehen an ihre Seite. Zusammen mit ihr erfocht er den Sieg, wollte aber zunächst von Dank nichts wissen. Auf dem Rückweg zu seinem Schiff erfuhr Ragnar, dass Lodgerda die umliegenden Gaue beherrsche und einen Palast inmitten ihrer Ländereien bewohne. Als er sich dorthin begab, wurde der Helfer in der Not freundlich aufgenommen und schon nach drei weiteren Tagen die Hochzeit besiegelt.

Lodgerda, so hieß es, war zwar ihrem Gatten in Treue zugetan, doch in keiner Weise unterwürfig. „Sie tummelte sich mit ihm auf der Jagd und in Fehden herum, wollte ihm aber nicht in sein Reich folgen noch auf ihr Herrscherrecht verzichten.“

Drei Jahre lebten sie so zusammen, dann wollte Ragnar in seinem Reich nach dem Rechten sehen, Lodgerda aber blieb zurück, da sie sich nicht entschließen konnte, „ihre liebliche Heimat zu verlassen und dem Mann in die ungewisse Fremde zu folgen.“ (ebd., S. 414) So konnte sich Ragnar durchaus frei fühlen, eine neue Vermählung mit Thora einzugehen, nachdem er sie überdies von einem grässlichen Drachen befreit hatte, der den ganzen Hof zu ersticken drohte.

Allerdings waren auch Doppelehen zur damaligen Zeit noch möglich, wie wir aus der Geschichte von Hamlet erfahren, die Shakespeare zur Vorlage für sein gleichnamiges Drama genommen hat. In dieser Geschichte erfahren wir von der jungen Ermuntrude, ihres Zeichens Königin von Schottland, die noch allen Freiern statt des Jaworts den Tod gegeben hatte.

Genau deshalb wird auch Hamlet vom eigenen Schwiegervater an ihren Hof gesendet. Er soll dort in dessen Namen um die Hand der jungen Königin anhalten. Insgeheim hofft der Brite, sie würde auch mit dem ungeliebten Schwiegersohn kurzen Prozess machen.

Hamlet war ihm unheimlich geworden, weil er nach Jahren der Verstellung den verhassten Stiefvater und Mörder seines eigenen Vaters zur Strecke gebracht hatte, der zudem noch ein Blutsbruder seines jetzigen Schwiegervaters war. Grund genug also, Hamlet aus dem Weg zu schaffen, ohne sich selbst die Finger schmutzig zu machen.

Die schottische Königin jedoch war neugierig auf den jungen Helden geworden und ließ durch listige Boten den Runenbrief, der die Werbung des alten Königs enthielt, umschreiben, sodass nun Hamlet selbst darin als Freier erschien. Dies tat sie nicht zuletzt aus Abneigung gegen den alten König.

Als nun jedoch der junge König vor ihr erschien, „ein Mann, wie sie noch keinen gesehen hatte, als sie seine wohlgefügte Rede vernahm, da erwachte zum ersten Mal in ihrem stolzen Herzen die Liebe, und sie gab ihm statt des Todeskelches ihr Jawort."

So führte Hamlet eine Doppelehe, wusste aber mit großer Weisheit beide Reiche, das britische wie das schottische, zu ordnen und zu regieren. (vgl. ebd., S. 372 – 74)

Vala, Völva und Weleda

Die Vala oder Völva ist Wahrsagerin,
Priesterin, Norne, ein hochheiliges
Wesen des Altertums, zugleich auch Seidkona.

(Jacob Grimm)

Der Beruf der Seherin war eine feste Institution bei unseren Vorfahren. Je nach Region wurden sie unterschiedlich genannt: Vala (Wala), Völva (Wölwa), Weleda (Veleda), Heid, Walburg (in Mittel- und Süddeutschland), Thorbjörg (im Norden, bis Grönland), ja, selbst Sibylle waren Berufsbezeichnungen und keine Eigennamen. Der Name Völva bezeichnete allgemein eine zauberkundige Wahrsagerin. Die ältere Form zu Völva ist Vala, so dass beide Begriffe austauschbar sind. Völva hat auch zu tun mit dem *völr,* dem Zauberstab, den Schamaninnen im allgemeinen benutzten. Im sibirischen Schamanismus symbolisiert dieser Stab den Weltenbaum, auf dem sich die Seele während der Zeremonie zu himmlischen Höhen erhebt.

Es ist bezeichnend, dass Snorris Lieder-Edda mit der beeindruckenden Weissagung einer Völva beginnt: Völuspa, „der Seherin Gesicht", ist ein groß angelegtes Epos, das den Gang der Welt vom ersten Tag der Schöpfung bis zu ihrem letzten umspannt. Das Werk ist wie die Ansprache einer idealisierten Seherin komponiert, die – gleich der Norne Urd – dem vielwissenden Geschlecht der Riesen und Riesinnen entstammt und über das entsprechende Urwissen verfügt.

Urzeit war es,
da Ymir hauste:
nicht war Sand noch See
noch Salzwogen,
nicht Erde unten
noch oben Himmel,
Gähnung grundlos,
doch Gras nirgend.

Die Gottheiten sind von Anfang an da und beratschlagen alles demokratisch:

Zum Richtstuhl gingen
die Rater alle,
heilge Götter,
und hielten Rat:
für Nacht und Neumond
wählten sie Namen,
benannten Morgen
und Mittag auch,
Zwielicht und Abend
Die Zeit zu messen.

(Völuspa, Str. 3;6)

Eine Vala ist im Grunde auch Brynhild. Ihre Halle befindet sich auf einem Berg und ist ganz mit Gold geschmückt. Hierher kommen Leute, um sich ihre Träume weissagen zu lassen, und sie antwortet „wie ein Schwan von einer Welle herunter". (Strerath-Bolz, S. 85) So deutet sie auch Gudruns Traum und sagt ihr alles voraus, was ihr in Zukunft widerfahren wird.

Von Brynhild heißt es, dass sie mehr kunstreiche Fertigkeiten beherrschte als jede andere Frau. Als Sigurd sie ein zweites Mal trifft, da begegnet er ihr auf einem hohen Turm auf dem Anwesen ihres Pflegevaters Heimir. Sein Falke hatte sich dort oben in ein Fenster gesetzt, und als Sigurds Blick dem Vogel folgte, erkannte er Brynhild im Turmgemach. Als er seinen Falken holen will, sieht er, dass Brynhild an einem goldbestickten Wandbehang arbeitet, in den sie seine vergangenen wie auch seine künftigen Taten stickt. Sigurd bekennt ihrem Neffen Alsvinn, dass ihm diese Frau „als die beste in der Welt" erscheint. Er würde am liebsten für immer bei ihr bleiben, doch die Walküre antwortet ihm:

„Es ist nicht unser Schicksal, dass wir zusammenleben. Ich bin eine Schildmaid und habe einen Helm bei den Heerkönigen. Ich muss sie unterstützen, und es ist mir nicht leid zu kämpfen." (ebd. S. 79) Wieder zeigt sich hier das seherische, schicksalskundige Wesen der Walküre, das sie unwillkürlich in Zusammenhang mit den Nornen bringt. Dies wird auch bei Saxogrammaticus in der volkstümlichen Sage von Höd und Balder bestätigt: Dort erscheinen dem Höd in der nächtlichen Waldeinsamkeit mehrere junge Frauen. Sie erklären ihm, dass sie Nornen sind:

„Durch unser leitendes Eingreifen wird vor allem das Schlachtenglück entschieden. Oft sind wir, keinem erkennbar, mitten im Kampfe und gewähren durch heimliche Hilfe unseren Freunden den gewünschten Erfolg. Nach Belieben können wir Glück schenken oder Unglück verhängen." (ebd., S. 14) Zum Abschied verleihen sie ihm ein Gewand, das ihn gegen Hiebe mit dem Schwert unverwundbar macht. Bei einem weiteren Zusammentreffen schenken sie ihm noch dazu einen herrlich strahlenden, Sieg bringenden Gürtel.

Der Turm, auf dem man sich einen weitschweifenden Überblick verschaffen konnte, ist ein geradezu idealer Aufenthaltsort für Seherinnen. Im Münsterland (Land der Brukterer) war es Weleda, die – in der Römerzeit – von einem Turm herunter weissagte und beinahe wie eine Göttin verehrt wurde. Tacitus erzählt, dass ein Verwandter von ihr die Fragen der Menschen und Weledas Antworten überbrachte, „als wäre er Mittler gegenüber einer Gottheit" (Historia, 4, 61 u. 65). In ihrer Gegenwart wurden Verträge geheiligt, und sie trat im Volk auch als Schlichterin bei Geschäften auf.

Weleda verbindet ihr Amt der Seherin zusätzlich mit politischen Funktionen. Sie leitet den erfolgreichen Bataveraufstand gegen die Römer, schaltet sich in Bündnisverhandlungen zwischen Kölnern (Agrippinensern) und Trenkterern ein, die sich schließlich beide ihrem Schiedsspruch unterwerfen. Als Politikerin gerät sie sogar in römische Gefangenschaft. Nach Tacitus war sie kein Einzelfall, denn er zählt etliche andere auf, von denen er allerdings nur noch Albruna mit Namen nennt.

Zeitgleich mit Weleda wurde im Heidelberger Raum eine Seherin Jettha verehrt, die ebenfalls auf einem Turm residierte. Eine Völva mit Namen Walburg findet sich sogar auf einem Tontäfelchen aus Elephantine am Nil, im Kaiserlich Römischen Ägypten, verewigt! In Mittel- und Süddeutschland galt der Name Walburg dann als Berufsbezeichnung für alle Wahrsagerinnen. (vgl. Zingsem 2008, S. 324f)

Abb.20: Die Seherin Weleda

Über den Tod hinaus

Eine besondere Weise, sich mit den Seherinnen zu verbinden, ist die Totenbeschwörung. Nicht nur Aschenputtel in dem bekannten Märchen holt sich Rat und Hilfe am Grab ihrer Mutter. Auch Söhne versicherten sich auf diese Weise des Schutzes ihrer verstorbenen Mütter, und sogar Odin erweckt eine steinalte Vala aus ihrer Gruft, als er um Balder trauert und die Rater sich keinen Rat mehr wissen. Bei diesen vorübergehenden Totenerweckungen wurde die Macht der seherisch begabten Frau als über den Tod hinaus wirksam erachtet, wobei diese Macht, wie wir nicht zuletzt bei „Aschenputtel“ sehen, grundsätzlich jeder Frau zugesprochen werden konnte. Es lohnt sich, einige Beispiele genauer anzusehen:

In der märchenhaften Sage um „Jung-Swendal“ ist es ein junger Königssohn, der seine Mutter aus dem Grab erweckt, damit sie ihm rät, wie er seine Braut für sich gewinnt. Als er den versammelten Hofleuten erklärt, was er zu tun gedenke, lachen sie ihn nicht etwa aus, sondern loben ihn für sein Vorhaben! Der junge Mann wandert so lange, bis er den Berg erreicht, in dem seine Mutter schon seit langem in Frieden ruht:

> Als er hineintrat, spalteten sich Mauer und Marmorstein, die Erde tat sich auf, und eine Stimme rief: „Wer ist es, der die Müde weckt? Kann ich nicht im Frieden unter der dunklen Erde ruhen?“ – „Mutter“, antwortete er, „ich bin es, dein Sohn, der hierher gekommen ist, bei dir Rat zu holen, da sie mir sagten, ich werde nicht Schlummer noch Ruhe finden, bis ich die stolze Jungfrau erlöse, die schon lange Zwang erduldet.“ Darauf sagte die Stimme: „Nimm der Mutter letzte Gaben, Jung-Swendal, und ziehe hin, dass du findest, was dein Herz begehrt.“ Da lag vor ihm ein Schwert, das stets den Sieg gewinnt, und der Hengst, der über Land und Meer rennt und nimmer müde wird. (Wägner, S. 203)

Solchermaßen gut gerüstet besteht der junge Königssohn sein Abenteuer, und als er das Schloss erreicht, hinter dessen hohen Mauern seine Liebste im Todesschlaf gefangen ist, da legen sich die wilden Tiere zu seinen Füßen, und die Linde mit den goldenen Blättern neigte sich vor ihm zur Erde.

Die junge Frau aber erwacht vom Schlaf und schließt ihren Retter in die Arme. Eine Sage, die nicht umsonst an Brynhild und Sigurd, Skirnir/Frey und Gerda erinnert!

Ein ähnliches Thema liegt auch der Dichtung von „Groas Erweckung" zugrunde. Hier bittet ein Sohn seine verstorbene Mutter um heilkräftige Hilfe, und zwar durch Zauberlieder! Es ist Swipdag (Schwingtag), der von seiner Stiefmutter auf eine Brautwerbung geschickt wird, bei der ihm der Tod gewiss scheint.

Heb ein Lied an, das heilsam ist,
Kräftige Mutter, dein Kind.
Unterwegs fürcht ich den Untergang,
Allzujung eracht ich mich.

So heb ich zuerst an ein heilkräftig Lied,
Das Rinda sang der Ran:
Hinter die Schultern wirf was du beschwerlich wähnst,
Dir selbst vertraue selber.

Zum Andern sing ich Dir, da du irren sollst
Auf weiten Wegen wonnelos:
Der Urd Riegel sollen dich allseits wahren,
Wo du Schändliches siehst.

Dies sing ich zum Vierten, so Feinde dir dräuend
Am Galgenweg begegnen,
Ihnen mangle der Mut, die Macht sei bei dir
Bis sie zum Frieden sich fügen.

Dies sing ich zum Fünften, so Fesseln sich dir
Um die Gelenke legen,
Lösende Glut gießt dir mein Lied um die Glieder,
Der Haft springt von der Hand,
Von den Füßen die Fessel.

Nun fahre getrost der Gefahr entgegen,
Dich mag kein Hindernis hemmen,
Ich stand auf dem Stein an der Schwelle des Grabs,
Und ließ mein Lied dir erklingen.
Nimm mit dir, Sohn der Mutter Worte
Und behalte sie im Herzen:
Heils genug hast du immer
Dieweil mein Wort dir gedenkt.

(Simrock, S. 110 – 112)

Neun Strophen singt die Mutter für ihren Sohn, die hier aus Platzgründen nicht alle aufgeführt werden können. Die Dichtung gehört zur jüngeren Edda, doch erinnert sie in Form und Aufbau an zwei Odinslieder aus der älteren Edda. Am meisten ähnelt sie „Odins Runenlied" aus dem „Havamal", wo der Gott sich der Kenntnis seiner (Zauber-)Lieder rühmt. Nicht umsonst wird er im „Wegtamslied", das weiter unten zitiert wird, als „Vater der Lieder" besungen! Im Runenlied preist Odin sein Wissen, das er während der neun Nächte erworben hat, als er kopfüber in dem „windigen Baum" gehangen hatte.

Lieder kenn ich, die kann die Königin nicht
Und keines Menschen Kind.
Hülfe verheißt mir eins, denn helfen mag es
In Streiten und Zwisten und in allen Sorgen.
Ein anderes weiß ich, des Alle bedürfen,
die heilkundig heißen.

So wie die Mutter ihrem Sohn ein erstes, anderes, drittes, viertes usw. Lied singt, so erklärt Odin nacheinander, was er singen kann, um sich aus allen nur denkbaren Nöten zu retten: eins, ein anderes, drittes, viertes usw. „weiß ich", wenn … (vgl. Simrock, S. 62 – 64)

Die Fortsetzung des „Groa-Liedes" finden wir im „Fiölsvinsmal", dem Lied von Fiölswidr. Es ist die Geschichte von „Swipdag und Menglada", die sich in den Sagen auch unter dem Titel „Schwingtag und Goldfreude" findet. Menglada heißt wörtlich „die Halsbandfrohe" (Genzmer, *Thule* II, S. 177), und das führt uns sogleich auf die heiße Spur zur Göttin Freya mit ihrer berühmten Halskette „Brisingamen"! Wieder geht es um das immer gleiche beliebte Thema mit Variationen, das wir selbst im Märchen von „Dornröschen" noch erkennen: Die frostkalte Erde, welche zögernd nur die Sonnenkraft freigibt, die wiederum personifiziert wird in einer sonnenfrohen Frau, die hinter ihrer Waberlohe, dem Sinnbild der „eingesperrten", kraftlosen Wintersonne, auf Erlösung wartet. Die stellt sich ein in Gestalt des jungen Helden, der tapfer alle Schwierigkeiten überwindet, bis am Ende alles beinahe wie von selbst geht. Die spröde, winterharte Erde wartet schließlich nur auf den lichtluftigen, beschwingten Frühling, der endlich die Sonnenkraft vom Eise befreit. Und so reitet der Held am Ende seines beschwerlichen Weges stets offene Hoftore ein, hinter denen die sonst gefährlich geifernden Hofhunde schon schwanzwedelnd auf ihn warten. Ganz zu schweigen von der „goldhaarigen" jungen Frau, die – als Sinnbild der befreiten, neu erstandenen Frühlingssonne – sich nur zu gerne mit dem jungen Mann verbindet. Bei den befreiten jungen Frauen aus den Sagen führen letztlich alle Bilder zu Freya oder Gerda zurück, die in sich die Sonnen- mit der Liebeskraft vereinen. Nur dass Freya auf ihren Gemahl nicht wartet, sondern ihm selbst aktiv nachgeht, um ihn zurückzuholen.

Noch mystischer geht es zu, wenn wir – im „Wegtamslied" – Odin auf seinem Weg zu der uralten Wala begleiten. Wegtamslied heißt es deshalb, weil Odin sich der Seherin nicht zu erkennen gibt, sondern sich ihr unter dem Namen „Wegtam“ (der wegkundige Wanderer) vorstellt. (Wegtamslied, Str. 8, 9 u. 15, vgl. Simrock, S. 39ff)

Da ritt Odin ans östliche Tor (der Hel),
Wo er der Wala wußte den Hügel.
Das Wecklied begann er der Weisen zu singen,
Bis gezwungen sie aufstand Unheil verkündend.

Wala:
Welcher der Männer, mir unbewusster,
Schafft die Beschwerde mir solchen Gangs?
Schnee beschneite mich, Regen beschlug mich,
Tau beträufte mich, tot war ich lange.

Nach jeder Auskunft, die sie Odin gibt, verstummt die Seherin, und der Göttervater muss sie aufs Neue mit den Worten bitten: „Schweig nicht, Wala, ich will dich fragen, bis sich alles weiß.“ Am Ende erkennt sie den Fragenden, weil er nach etwas fragt, was sich erst in der Zukunft ereignen wird und er also zu diesem Zeitpunkt noch gar nicht wissen dürfte. Immerhin hat sie ihm aber verraten, wie er Balder rächen kann, bzw. wer dessen Mörder ums Leben bringen wird:

Rinda im Westen gewinnt den Sohn,
Der einnächtig, Odins Erbe, zum Kampf geht
Er wäscht die Hand nicht, das Haar nicht kämmt er
Bis er zum Bühle (Scheiterhaufen) brachte Balders Mörder.
Genötigt spach ich, nun will ich schweigen.

Kapitel 8

Odin, Frigg und Freya

Abb.21: Der einäugige Odin auf seinem achtbeinigen Pferd Sleipnir

Odin/Wotan, Frigg und Freya

Anders als der geradlinige Thor ist Odin – oder Wotan, wie er auch genannt wird – von zwielichtigerem Wesen. Dem Gott Loki, dem er ja immerhin einst Blutsbrüderschaft schwor, steht er an Listenreichtum wenig nach. Auch er geht so weit, sich (wie Loki, s. u.) in eine Frau zu verwandeln, um bei der Göttin Rinda zum Ziel zu kommen. Auch er greift zur List, um den Dichtermet zurückzuerobern, wirft allerdings im Vergleich zu Loki einen wesentlich höheren persönlichen Einsatz in die Waagschale, bei eigentlich allem, was er vollführt. Nicht nur überlässt er Mimir sein Auge als Pfand, um die Weisheit der Vorzeit auszuschöpfen, er hängt sich auch selbst neun Tage lang mit dem Kopf nach unten in den Weltenbaum, um Inspirationen zu empfangen – ein klassisches schamanisches Einweihungsritual. Ging man doch zum Beispiel auch bei den sibirischen Schamanen und Schamaninnen davon aus, dass ihre Seelen in Bäumen großgezogen wurden! Auch gehört tagelanges Fasten bis heute zu den Ritualen der Visionssuche in Nord- und Südamerika.

Odin sammelt Wissen und Weisheit, soviel er nur bekommen kann, um als der Weiseste aller Weisen zu gelten. Von Hulda, wir hörten es bereits, erhielt er seine beiden Raben zum Geschenk: Hugin und Munin, Gedanke und Gedenken, die rund um die Erde fliegen, um ihm alles Wissenswerte mitzuteilen und dann noch dafür sorgen, dass er alles im Gedächtnis behält!

Trotz allem aber kommt er mit seinem Wissen gegen Frigg oder Freya nicht an, denen beiden die tiefere Intuition, das größere Vorauswissen zur Verfügung steht, ohne dass man wüsste, woher sie es erworben hätten. Sie scheinen es von Natur aus mitzubringen, wie man ja, laut Tacitus, den Frauen bei den Germanen überhaupt eine höhere Begabung für den spirituellen Weg zuerkannte.

Friggs Pendant zu Odins Raben sind die (Nebel-)Krähen als ihre heiligen Tiere. Außerdem gilt auch sie als zukunftskundig, wie wir aus der Lokasenna erfahren, als Freya sie gegen die Lästerzunge mit den Worten verteidigt (Str. 29):

Kund ist Frigg
Das Künftige all,
wenn sie's auch selbst nicht sagt.

So wundert es nicht, dass selbst der weise Odin sich immer wieder von seiner Gattin beraten lässt, wie wir aus der Geschichte mit dem Riesen Wafthrudnir erfahren.

Besuch beim Riesen Wafthrudnir

Odin:
Rate mir nun, Frigg,
da zur Fahrt mich's drängt
nach der Wohnung Wafthrudnirs!
Nach dem Urzeitwissen
Des allweisen Riesen
Nenn ich groß mein Begehr.

Frigg:
Daheim bleiben
sollte Heervater
in der Rater Reich,
da keinen der Riesen
an Kräften gleich
ich dem Wafthrudnir weiß.

Odin:
Viel fuhr ich,
viel erforschte ich,
viel befragt ich Erfahrene;
wissen will ich,
wie Wafthrudnirs
Saalbau wohl sei.

Frigg:
Heil zieh hin!
Heil kehr zurück!
Heil wandre den Weg!
Dein Geist bewähre sich,
wenn Du, Göttervater,
dem Riesen Rede stehst!

Mit diesen Worten beginnen die ersten vier Strophen des „Wafthrudnirliedes". Sie zeigen den Göttervater in trauter Harmonie mit Frigg, die er hier, wie so oft, um Rat fragt. Zwar scheint der Göttin das Vorhaben ihres Gemahls nicht ganz geheuer, doch wünscht sie ihm trotz allem Glück dazu. Und das kann er brauchen, denn der Riese, den er besuchen will, gilt als ungeheuer weise, und das ganze Unterfangen könnte schlecht enden, denn die beiden Rivalen verwetten schließlich den Kopf dessen, der in dem verbalen Schlagabtausch unterliegen wird.

Odin jedoch möchte kühn sein eigenes Wissen im Wettstreit mit dem weisesten aller Joten auf die Probe stellen. Wie sooft gibt der Göttervater sich nicht direkt zu erkennen. Vielmehr tritt er als armer, unscheinbarer Wanderer in Wafthrudnirs Halle und stellt sich ihm unter dem Namen Gangrad (Gangwalter) vor. Der Riese staunt nicht schlecht (Str. 7):

Wer ist der Mann,
der in meinem Saal
sein Wort auf mich wirft?
Nimmer kehrst du,
bist du der Klügere nicht,
aus meiner Halle heim.

Am Ende des langen, mythenkundigen Wortwechsels siegt natürlich Odin, indem er dem Riesen eine Frage stellt, die dieser ganz unmöglich beantworten kann: „Was sagte Odin dem Sohn ins Ohr, ehe man ihn auf den Holzstoß hob?" An dieser Frage, die im Lied nicht beantwortet wird, erkennt Wafthrudnir, mit wem er es in Wirklichkeit zu tun hat. Ob der Gott allerdings den Kopf des Riesen forderte, bleibt ebenso offen. (vgl. Diederichs, S. 36 - 43)

Geirröd – Zankapfel zwischen Frigg und Odin

Obwohl Odin die Weisheit so sehr am Herzen liegt, dass ihm kein Einsatz dafür zu schade ist, hat seine Gemahlin ihm dennoch einiges an Lebensklugheit voraus. So durchschaut etwa Frigg viel eher die List und Tücke ihres ehemaligen Pflegesohnes Geirröd als Odin. Während der Göttervater den Sohn noch über den grünen Klee lobt, warnt die Göttermutter zur Vorsicht. Als das göttliche Paar einst zusammen auf Odins Hochsitz Hildskjalf einen Überblick über „Gott und die Welt" zu gewinnen sucht, erklärt Frigg ihrem Gemahl, dass sein Pflegesohn nur ein niedrigdenkender Geizkragen sei, der überdies seine Gäste denkbar schlecht behandle. Da macht Odin sich auf, um Sinn und Herz seines ehemaligen Ziehsohnes – und damit auch Friggs Weitsicht – zu prüfen.

Geirröd hatte noch einen jüngeren Bruder, Agnar. Die beiden waren einst als Kinder mit ihrem Fischerboot in Not geraten und durch einen Sturm weit vom Festland abgetrieben worden. Sie konnten sich auf eine einsame Insel retten und fanden dort Zuflucht bei einem Paar, das sie mitleidig wie zwei eigene Kinder bei sich aufnahm und über den harten Winter brachte.

Die Jungen hatten allerdings keine Ahnung, dass sie Frigg und Odin höchstpersönlich zu Pflegeeltern gewonnen hatten. So gediehen sie prächtig und wurden in diesem einen Winter groß und stark. Als sie im Frühjahr darauf zurück an die heimische Küste segelten, sprang Geirröd an Land, stieß jedoch das Boot mit seinem Bruder fluchend zurück in die Fluten. Er selbst machte sich auf zur Königsburg, wo er kurz darauf das Erbe seines früh verstorbenen Vaters antrat. Den eigenen Bruder aber ließ er, als der lange Zeit später doch noch nach Hause zurückfand, am Hof ein kümmerliches Dasein führen. Der rechtschaffene Agnar war der Liebling der Göttermutter, die nun ihrerseits zu einer gewissen List griff, um ihren Gatten von der Richtigkeit ihres Urteils zu überzeugen.

Frigg sandte eilends ihre Dienerin Fulla mit einer Botschaft an den Hof des Königs. Sie warnte Geirröd vor einem Zauberer, der daran zu erkennen sei, dass er einen blauen Mantel trüge und kein Hund ihn anbellen würde.

Odin gab sich wie immer als Wanderer aus fernen Landen aus, sein Breithut war tief in die Stirne gedrückt, und sein blauer Mantel umwehte seine Schultern. Diesmal nennt er sich Grimnir, der Verhüllte, und antwortet nicht weiter auf Geirröds Fragen. Aus Wut über den ungeselligen Gast, auf den überdies die Warnung der Botin aufs Haar zutraf, befahl der König, ihn zu fesseln. Dann ließ er auf seinem Hof in großen Kesseln zwei Feuer schüren und setzte den Stummen mitten dazwischen.

Acht Nächte lang saß er dort, der Gluthitze ausgesetzt, und schon leckte die Flamme am Saum seines blauen Mantels. Einzig Agnar hat Mitleid mit ihm und gibt ihm heimlich zu essen und ein volles Horn zu trinken.

„Darauf sang Odin ein Lied, erst leise und lieblich, dann lauter und mächtiger, dass die Hallen der Burg ringsum ertönten, dass draußen der Menschen Menge sich versammelte, den gewaltigen Klängen zu lauschen.“ (Wägner, S. 84) Von sämtlichen Wohnsitzen der Gottheiten sang er, von der Weltenesche und ihren Bewohnern, von Hugin und Munin, von den Walküren und von Sonne und Mond und den allerersten Tagen der Schöpfung, als aus dem Fleisch des Riesen Ymir die ganze Erde geschaffen wurde. Auch seine eigenen Namen gibt er dem Agnar preis:

„Odins Namen wissen wenige, sind ihrer viele, dir sag ich sie gern: Heervater kennst du, Walvater auch wohl, Siegvater sollst du noch kennenlernen, Wanderer und Wunsch, die mögst du dir merken, Füller und Hüller, Brander und Brüller, Breithut und Graubart, Glutaug und Glanzblick, Wohltäter – Meintäter, also bei den Menschen,

Hoch, Ebenhoch, Dritter, so bei den Asen, Schläfrer mit dem Schlafdorn am Hindarfjelde, Vielgewandt bei Schwingtags Freite, Bölwerk bei Gunnlöd und – Geirröd, wo bist du? – Grimnir bei Geirröd ist Odin genannt.“ (v. Wolzogen, S. 65)

Da fielen die Ketten im selben Moment von ihm ab, schmeichelnd umspielten die Flammen sein Gewand, und sein Haupt erstrahlte in himmlischem Glanze. Zu spät erkennt Geirröd, wem er die Gastfreundschaft verweigert hat:

Dein Leben verlierst du nun;
unhold sind dir die Disen,
jetzt kannst du Odin sehn:
nun komm, wenn du kannst.

(Grimmirlied Str. 47; Diederichs, S. 49)

Als Geirröd aufspringt, um die Kessel beiseite zu ziehen und den Gott zu versöhnen, da gleitet er aus und stürzt in sein eigenes Schwert. Nach ihm herrschte Agnar, der dank Odins Gunst ruhm- und machtvoll wurde. Der Gott versöhnt sich wieder mit Frigg, indem er zugibt, dass sie weiser war als er.

Wenn wir bedenken, dass Odin auch als Sonnengott verehrt wurde, sieht es fast so aus, als sei er hier selbst in den Mittelpunkt einer winterlichen Waberlohe geraten, aus der er sich mittels Zauberliedern befreien kann! Worauf wohl das Ende der Mythe bei v. Wolzogen anspielt:

> Damit schwand Odin. Die Feuer verloschen, der Winter ward Lenz, und Agnar war König an Geirröds Statt auf lange, glückliche Zeit. (v. Wolzogen, S. 66)

Frigg, Himmelskönigin und Nothelferin

„Sie ist so dick wie die alte Frick."
(Spruch im Hessischen, zur Bezeichnung
einer wohlbeleibten alten Frau)

Frigg ist die jüngere Tochter der Riesin Fiörgyn, die man als Wald- und Erdgöttin verehrte. Während Odin mit deren älterer Tochter Jörd, der allnährenden Erde, den starken Gott Thor in die Welt brachte, zeugt er mit Frigg den lichten Gott Balder, den Liebling aller himmlischen und irdischen Wesen. Da sie von einer Riesin abstammt, wird sie, ähnlich wie Freya, wohl von recht imponierender Gestalt gewesen sein, worauf auch der obige Spruch hindeutet.

Von Namen und Wesen her waren beide Göttinnen ursprünglich so gut wie gleich. Frigg kommt von *frigen* und war das niederdeutsche Wort für *freien*, das mit Freya zusammenhängt, die wohl zuerst den Platz neben Odin eingenommen hatte. Das Wort *frigen* hängt ferner mit dem Wort „sich freuen" zusammen, so dass der Name Frigg eine „Freude spendende Göttin" bezeichnet.

Zusammen mit ihrem Gemahl lenkt Frigg die Schicksale der Menschen, wobei sie Odin nicht selten sogar an Weisheit übertrifft. Wenn es nicht anders geht, verschafft sie sich selbst – oder ihren Schützlingen – ihr Recht mit List.

So auch in der Geschichte um die Langobarden, die vorzeiten noch Winiler hießen. Letztere befanden sich einst in einem schweren Kampf gegen die Vandalen und fürchteten, dass sie durch Odins Ungunst die Schlacht verlieren könnten. In dieser Situation suchte die weise Fürstin Gambara zusammen mit ihren beiden Söhnen das Heiligtum der Himmelskönigin auf, um für sich und ihr Volk um Beistand zu bitten. Hlin, neben Fulla eine andere Botin der Frigg, trug treulich die Gebete vor ihre Herrin. Und die kommt auf eine wahrhaft gloriose Idee: Ehe der Tag graut, sollen die Winiler ihre Frauen, in

Abb.22: Frigg auf ihrem Thron, mit Spinnrocken

voller Rüstung wie die Männer, mit dem Gesicht nach Osten als zweite Schlachtreihe aufstellen. Die Haare sollen sie dabei um Wangen und Kinn schlingen. Die Herzöge taten, wie geheißen. Als am nächsten Morgen die Sonne den Himmel rot färbte, weckte die Göttermutter ihren Gemahl und deutete mit dem Finger auf die seltsame Schar.

„Ach", entfuhr es diesem, „was sind denn das für langbärtige Waffenträger?"

„Hast du ihnen den Namen verliehen, so verschaffe ihnen auch den Sieg", konterte darauf Frigg. So kamen die Winiler zu unsterblichem Ruhm und hießen fortan Langobarden.

Die haargenau gleiche Geschichte erzählte man sich im übrigen auch von Freya, was wiederum zeigt, als wie nah verwandt, ja fast identisch man diese beiden Göttinnen empfunden hat. (vgl. Wägner S. 82 u. 99)

Im Unterschied zu Freya verfügt Frigg allerdings über ein ganzes Gefolge hilfreicher Freundinnen und „Dienerinnen", die allesamt auch als Göttinnen verehrt wurden. Die Göttin Fulla galt als die vornehmste von allen, und man hielt sie sogar für ihre Schwester. Sie trug ein Goldband um das lose herabfallende Haar und hatte die Schatztruhe der Frigg mit deren Schuhwerk und Geschmeide in Verwahr. Von da kam ihr auch das Amt zu, ihre Herrin zu schmücken!

Fulla kannte die geheimen Pläne ihrer „Schwester" und war immer zur Stelle, wenn sie hilfsbedürftigen Menschen ihr Ohr leihen konnte, und beriet auch ihre Herrin in vielen Konflikten. So schickte Frigg Fulla an den Hof zu Geirröd oder gab ihr den Apfel für die Gattin König Rerirs.

In derselben Geschichte lernten wir die pfeilschnelle Gna kennen, die auf ihrem windschnittigen Ross Hufwerfer blitzschnell die Luft durcheilt. Und bei den Winilern war es die Göttin Hlin, die sich als Fürbitterin bei Frigg einsetzte. Nach der Prosa-Edda ist Hlin zur Schutzpatronin über Menschen bestellt, die Frigg vor einer Gefahr beschirmen will. Und darin zeigt sich die Göttermutter, wie wir sahen, durchaus unabhängig von ihrem Gemahl Odin.

Friggs eigene Himmelsburg heißt Fensal(ir), was manche Quellen mit „Meersaal" übersetzen. Dieser Palast ist vom milden Dämmerlicht des Mondes erleuchtet und glänzt von Perlen und edlen Metallen. Da Frigg den Küstenbewohnern als Schutzpatronin der Seefahrt galt, könnte der Name des Saales mit dieser Funktion in Verbindung stehen, desgleichen mit ihrem Vater Njörd, der ja auf Noatun auch am Meer wohnte und den Schiffen gute Fahrt verlieh.

Abb. 23: Frigg mit ihrem Gefolge

Wie Freya nach Folkwang, so beruft auch Frigg Liebende und Eheleute nach ihrem Tod zu sich und vereinigt sie neu zu ewigem Bunde. Deshalb galt sie auch als die segenbringende Göttin des Eheglücks.

Vom nächtlichen Himmel winkt der Orionsstab als ihr Sternbild herab, das nach der Göttin den Namen Friggsrocken (oder eben Freyarocken), Spinnrocken der Frigg erhielt. Er erinnert daran, dass auch Frigg, den Nornen gleich, am Lebensfaden dreht. In ihrem Prunksaal auf Fensalir spinnt die Göttin am perlenbesetzten goldenen Rocken seidenweiches Garn, das sie – wie Frau Holle – an fleißige Frauen verschenkt. Es nimmt kein Ende, wenn die Weberin es im Webstuhl verarbeitet, und sie kann davon ein ganzes Leben lang schöne Gewänder für sich und andere fertigen. Zu Bedeutung des Spinnens und Webens passt auch, dass die Leineweber „die alte Priesterschaft der Göttin" darstellten! (Wägner, S. 106)

Abb.24: Frigg als (Wolken-)Spinnerin

Odin als Schamane

Ich weiß, dass ich hing am windigen Baum
Neun lange Nächte,
Vom Speer verwundet, dem Odin geweiht,
Mir selber ich selbst,
Am Ast des Baumes, dem man nicht ansehen kann
Aus welcher Wurzel er sproß.

Sie boten mir nicht Brot noch Met;
Da neigt ich mich nieder
Auf Runen sinnend, lernte sie seufzend:
Endlich fiel ich zur Erde …

(Odins Runenlied, 1f; Simrock, S. 61-65)

Was der Göttervater lernt, sind vor allem die Bedeutungen der Runen als Werkzeuge der Magie und dazu (Zauber-)Lieder, weshalb man ihn auch „Vater der Lieder“ nannte (Simrock, S. 40). Neun Hauptlieder, sprich besonders kraftvolle Zaubersprüche, lernt er vom Riesen Mimir, der als Bruder von Odins Mutter Bestla zugleich sein Onkel ist. Dieser Mimir ist, modern gesprochen, fast so etwas wie sein „Visionssucheleiter“, mindestens aber sein Pate.

Der kundige Riese lehrt seinen „Schwestersohn“ Zauberlieder und gibt ihm vom Zaubermet und Weisheitselixier Odrörir zu trinken, der allerdings nicht dem Gott allein vorbehalten ist, sondern von Anfang an geteilt wird mit sämtlichen Gottheiten, Menschen und Zwergen (Genzmer, *Thule II,* S. 169):

Da sprach Mimirs Mund
Wahres Weisheitswort
Und redete Runenkunde.
Abgeschabt waren alle,
Die eingeritzt waren,
Und in den mächtigen Met gemischt

Und weiten Weg gesandt:
Die sind bei den Asen,
Die sind bei den Alben,
Die bei weisen Wanen,
Die in der Menschen Macht.

In „Odins Runengedicht" heißt es (ebd. S.171f):

Neun Hauptlieder
Lernt ich vom hehren Bruder
Der Bestla, dem Bölthornssohn;
Von Odrörir,
Dem edlen Met,
Tat ich einen Trunk.

Der Trunk bewirkt, dass Odin zu wachsen beginnt und zunimmt an Weisheit in Wort und Werk. Das, was in Odrörir so stärkend wirkt, sind die ihm beigemischten Runen! Und die erfindet der Göttervater nicht selbst, sondern findet sie bereits vor. Gewirkt wurden sie, dem Runenlied zufolge, von „Weibgöttern", ein Wort, das meines Wissens nach nur hier vorkommt und von keinem Kommentar erläutert wird. Am Ende des Gedichts stehen die bemerkenswerten Zeilen:

Das erfährst du dann
Beim Erforschen der Runen,
Der raterentsprossenen,
Wie sie wirkten Weibgötter
Und sie zog der Zauberherr:
Das schlauste ist, du schweigst.

Das hört sich ganz und gar nach einem Einweihungsgeschehen an. In allen antiken Mysterienreligionen etwa wurde den Eingeweihten strengstes Stillschweigen auferlegt. Das Geheimnis braucht Raum, sich nach innen zu entfalten. Wer die Erfahrung zerredet, zerstört sie zugleich in ihrer Wirkung. Die Runen, so lesen wir, sind „raterentsprossen“, sprich sie entstammen den Göttern. Da Odin (der „Zauberherr“), als einer der obersten Asen sie bereits vorfindet und „zieht“, ist anzunehmen, dass sie von den Wanen oder eben Riesen gewirkt wurden, insbesondere den „Weibgöttern“ unter ihnen. Deutet man das Wort in Anlehnung an unsere Rede vom „Herrgott“, dann liegt nahe, dass wir es hier mit nicht näher bezeichneten Göttinnen zu tun haben.

Das Wort Rune bedeutet eigentlich Geheimnis und hängt mit dem Wort „Raunen“ zusammen. Es gab ein Alphabet von insgesamt 25 Runen, die jedoch weniger als Schrift gebraucht wurden. Vielmehr sprach man dem einzelnen Zeichen eine gewisse magische Kraft zu, die allerdings vor allem durch das Absingen des dazugehörigen Liedes wirksam wurde!

So gelangte Odin durch Kenntnis der Runen und der sie belebenden Lieder zu der ihm eigenen Weisheit. Ähnlich wie Brynhild kennt er durch die Runen Zauberlieder für alle Lebenslagen: gegen Streit und Zwiespalt, gegen Feindes Waffen, zum Sprengen der Fesseln, zur Gewinnung glücklicher Liebe und starker Freundschaft, ja um selbst Tote aufzuerwecken! So stillt der Gott Sturm und Strömung durch seinen Gesang und lenkt das Schiff in den sicheren Hafen. Seine Zauberlieder verleihen den Gottheiten Kraft, den Elfen Gedeihen und ihm selbst immer tiefere Einsicht. Sein heiligstes und wunderbarstes Lied jedoch singt er allein vor der Himmelskönigin Frigg, wenn sie vertraut beieinander sind.

Von Freya lässt sich Odin in den Seidzauber einweihen, der eigentlich nur Frauen vorbehalten ist. Zusätzlich verpfändet er dem Riesen Mimir eins seiner Augen, damit er aus dessen Weisheitsquelle, dem Mimirsbrunnen, schöpfen kann. Der Name des Riesen hängt mit dem Wort „Minne“ oder auch lat. *Memor,* Gedächtnis, Erinnerung zusammen. Aus dem Wasser ward einst die ganze Welt geboren, und Wasser hält auch die Weltenesche Yggdrasil am Leben. So ist Odin hier den Geheimnissen des Lebens selbst auf der Spur und taucht tief hinab in den Brunnen der Vergangenheit. Er erscheint seither als

Abb.25: Odin bei der Seherin Völva

einäugiger Gott mit Augenbinde, der seinen Breithut tief in die Stirn drückt, ein Symbol für die Wolke, die sein Haupt beschattet.

Um die Schultern hat er seinen blauen Mantel geschlagen, der mit goldenen Sternen übersät ist: ein Sinnbild des gestirnten Himmels. In seiner Rechten hält er den Speer Gungnir, der nie sein Ziel verfehlt, und an seinem Arm erstrahlt der Goldring Draupnir, von dem in jeder neunten Nacht acht ebenso kostbare, schwere Ringe abtropfen, zwei magische Gegenstände, die er Loki und dessen Wette mit den zauberkundigen Zwergen verdankt. Sein eines Auge aber symbolisiert die Sonne, die es in der Welt nur einmal gibt. „Ein Auge ist, das alles sieht, und wenn's in finstrer Nacht geschieht." Dieser Spruch aus Kindertagen war wohl dem Odin geweiht.

Das Pfand, das er in Mimirs Brunnen hinterlässt, war anderen Dichtungen zufolge ein sichelförmiges (Trink-)Horn. Was wiederum an den Mond erinnert. Man könnte also berechtigterweise das fehlende Auge Odins auch als Mond deuten, dessen Spiegelbild aus der Tiefe des Brunnens hervorleuchtet und der mit den Gezeiten des Meeres, dem Urquell allen Seins, zu tun hat. (vgl. Wägner, S. 85f)

Die Verwandtschaft zum ägyptischen Gott Osiris ist hier unverkennbar, galten doch auch dessen beide Augen als Sonne und Mond!

Einst nahm Odin seinen Sohn Widar, den Schweigsamen, mit zum Mimirsbrunnen, um sich aus dessen Tiefe die Zukunft zeigen zu lassen. Anstelle des Riesen trifft er dort überraschend die drei Nornen:

> Da saßen die drei Schicksalsschwestern, und die Schwäne im Wasser zogen stumm ihre Kreise. Odin begehrte von den Nornen Sprüche der Weisheit. Da sagten sie eine nach der andern: „Früh begonnen." – „Fort gesponnen." – „Einst zerronnen." Dann schloss Urd: „Fröhlich wiedergewonnen."' Hierauf erhoben sich die Schwestern und sprachen zugleich:
>
> Es wandeln und wechseln die kreisenden Zeiten!
> Geworden und Werden, Vergehen, Neubeginnen,
> Es knüpft an das Ende der Anfang sich an.
> Ist der Vater gefallen auf Wigrid, dem Felde,
> Erscheint er in Widar, dem Rächer und Sieger,
> Ein wiedergeborner in seligen Sälen.
>
> Als die Nornen den Spruch getan hatten, rauschten die Blätter des Weltenbaums melodisch, und der Adler auf dem Wipfel sang laut und schlug mit den Flügeln, und der Drache Nidhögg blickte auf und vergaß an den Wurzeln zu nagen.
>
> (Wägner, S. 251)

Das Gedicht spielt auf das Ende der bestehenden Welt an, das Ragnarök genannt wurde, „Letztes Geschick": Nachdem die Ungeheuer, die diese Welt vernichten wollen (etwa die Midgardschlange oder der Fenriswolf), besiegt sind, erhebt sich aus dem Weltuntergang ein neuer paradiesischer Anfang, in dem selbst ehemalige Feinde (wie Balder und sein Mörder) zu Freunden werden.

Abb.26: Odin mit seinen Raben Hugin und Munin auf der Schulter

Auch Odins Tiere haben den Charakter typisch schamanischer Hilfsgeister oder Krafttiere. Hugin (Gedanke) und Munin (Gedenken), die beiden Raben, kennen wir schon. Sie sitzen auf seiner Schulter und flüstern ihm alles ins Ohr, was sie sehen oder hören. Im Morgengrauen schickt er sie aus zum Flug über die ganze Welt, und zum Frühstück kehren sie zu ihm zurück. Von ihnen erhielt er den Namen Rabengott.

Auch hierzu gibt es eine interessante Parallele im sibirischen Schamanismus: Bei der Einweihung werden die Seelen der Schamanen und Schamaninnen, die auf Nestern am heiligen Baum großgezogen werden, von Raben gefüttert, die sich zu ihnen auf die Zweige setzen. In einer Geschichte über den sibirischen Schamanen Adza wird dessen Seele von einem Raben in die obere geistige Welt getragen, und ein anderer Schamane erzählt ihm, dass er wiedergeboren werden muss, um sich von einem Schwarzraben großziehen zu lassen. (vgl. Findeisen/Gehrts, S. 112f; 215ff)

So wie Freya ihr Falkengewand, so kann Odin ein Adlergewand anlegen, das er allerdings im Unterschied zu ihr niemals ausleiht. Am Ende der „Heidreksrätsel" fliegt er dem König Heidrek allerdings als Falke davon. Auch das ist wieder eine typische Odin-Geschichte:

Der sagenhafte König Heidrek gab Menschen, die ihn schwer beleidigt oder verletzt hatten, die Möglichkeit, sich von ihm den Frieden zu erkaufen, indem sie ihm Rätsel stellten, die er nicht zu lösen vermochte. Bisher hatte es aber noch nie eines gegeben, das er nicht erraten hätte, und so mussten seine Widersacher alle ihr Leben lassen. Auch der Herrscher Gestumblindi zitterte um sein Leben und flehte daher Odin mit Opfern um Hilfe an. Da nahm der Göttervater Gestumblindis Gestalt an und stellte die Fragen an dessen Stelle. Heidrek war um keine Antwort verlegen. Bis Odin ihm dieselbe Frage stellte, die schon der Riese Wafthrudnir nicht lösen konnte (s. o.). Da erkannte der König, wen er vor sich hatte, und hieb mit dem Schwert nach seinem Gast. Der aber flog ihm als Falke davon! (vgl. Genzmer, *Thule II,* S. 154 – 64)

Meistens sehen wir Odin auf seinem wunderbaren Grauschimmel Sleipnir („der schnelle Läufer“) dahinjagen, der ihn schnell wie der Wind durch sämtliche neun Welten, übers Meer und sogar bis über die Schwelle des Helgatters trägt. Ein klassisches Schamanenpferd also, das seinen Besitzer mitnimmt auf eine Reise in andere Welten. Pferde ohnehin galten den Germanen als heilige Tiere, und Pferdeköpfe wurden oft zu magischem Schutz eingesetzt, wovon noch das Märchen von der Gänsemagd erzählt, in welchem die verzweifelte Königstochter Zwiesprache hält mit einem Pferdekopf über dem Tor: „Oh du Falada, da du hangest …“ (Grimm's Märchen, Bd 2, S. 27) Weiße Pferde zudem galten als Symboltiere der Sonne und wurden neben Sonnenrädern abgebildet. Auch bei den Jul-Feierlichkeiten spielten sie eine Rolle. (vgl. Pennick, S. 170f)

Fehlen noch Odins Wölfe, die auch Walhall bewachen. Geri und Freki heißen sie, „gierig“ und „gefräßig“. Da er selbst keine Speise zu sich nimmt außer Wein, bekommen diese beiden Tiere alles Essen, das er auf Walhall erhält (Grimmnirlied, Str. 26):

Geri und Freki
Atzt (füttert) der vielberühmte,
Der kampfstolze Kriegergott;
Doch von Wein nur
Lebt der waffenstrahlende
Odin immerdar.

Odin/Uller und Rinda, Tod und Auferstehung

Das Gemüt weiß allein, was dem Herzen innewohnt
Und seine Neigung verschließt,
Dass ärger Übel den Edlen nicht quälen mag
Als Liebesleid.

Selbst erfuhr ich das, als ich im Schilfe saß
Und meiner Holden harrte.
Herz und Seele war mir die süße Maid;
Gleichwohl erwarb ich sie nicht.

Ich fand Billings Maid auf ihrem Bette,
Weiß wie die Sonne, schlafend.
Aller Fürsten Freude fühlt ich nichtig
Sollt ich ihrer länger ledig leben.

(Havamal, Str. 94 –96)

Es ist der Göttervater selbst, der im Havamal – unter anderem – sein Liebesleid beklagt. Havamal bedeutet „Des Hohen Lied", und „der Hohe" war ein Eigenname Odins, unter dem er auch dem berühmten König Gylfi erschien! „Billings Maid" ist niemand anders als die Göttin Rinda, die Odin bei der Liebeswerbung alles abverlangt:

Schon in der Geschichte um Friggs List war er uns begegnet, jener Trug-Odin, der durch den winterlichen Gott Uller ersetzt wird, während der „richtige" Odin im Winter das Weite sucht und die Götterburg Asgard verlässt. Odins Liebesgeschichte mit Rinda geht ähnlich aus. Da die Vala ihm geweissagt hatte, er würde zusammen mit der Göttin Rinda den Sohn zeugen, der Balders Tod an Hödur rächen könnte, machte Odin sich auf in den winterlichen Norden Russlands zu König Billing und seiner Tochter Rinda. Dort verdingt er sich unerkannt zunächst beim König als dessen Häuptling und Heerführer, um nicht mit leeren Händen zur Brautwerbung zu erscheinen. Erst nachdem er sich mit Glanz und Gloria in der Schlacht bewährt hatte, wagt er, Billing seine Liebe zu Rinda zu gestehen und die junge Frau um einen Kuss zu bitten. Der Vater hatte ihn schon gewarnt: Statt Zärtlichkeit erntet der verliebte Odin von seiner Angebeteten nur eine kräftige Ohrfeige.

Der Gott lässt sich von dieser Abweisung nicht entmutigen, sondern versucht es im Jahr darauf noch einmal. Diesmal erscheint er an Billings Hof als Meister der Goldschmiedekunst. Für die Frauen am Hof fertigt er unglaublich kunstvolle Schmuckstücke und überreicht die schönsten und kostbarsten Geschmeide sodann der Königstochter. Doch wieder erhält er von Rinda statt des Kusses nur eine derbe Ohrfeige. Die junge Frau glaubte zu durchschauen, dass lediglich Hinterlist der Beweggrund für die angebotene Freundschaft war und nicht aufrichtige Liebe oder Wertschätzung. Ihrem verärgerten Vater erklärt sie, sie sei noch zu jung für die Ehe und wolle sich nicht an einen alten Mann wegwerfen.

Odin, der wusste, dass in der Liebe nichts wirksamer ist für die Erfüllung der Wünsche als ein fester, ausdauernder Wille, versucht es ein drittes Mal, diesmal als feuriger Turnierreiter. Als er Rinda nach einem gemeinsamen Tanz zum Abschluss des Wettbewerbs abermals um einen Kuss bittet, versetzt sie ihm einen derart heftigen Stoß, dass der Gott taumelt und mit dem Kinn auf den harten Erdboden schlägt. Nun wird es Odin zu viel, und er schlägt Rinda mit Wahnsinn, indem er sie mit einer Baumrinde berührt, in die Zauberrunen eingeritzt waren. Ihre Liebe gewinnt er auf diese Weise natürlich auch nicht!

So muss er denn ein viertes Mal antreten, und diesmal legt er Mädchenkleider an, gibt sich als Heilerin aus und verdingt sich als Rindas Kammerfrau! Jeden Abend darf er nun die Füße der jungen Frau waschen und hat dabei Gelegenheit, ihre Waden und Schenkel zu berühren. Das Glück ist ihm zusätzlich hold, als die Königstochter krank wird und man kein Heilmittel für ihre Genesung findet. Da bietet sich Odin bereitwillig als Heilerin an, verlangt aber, dass man das Mädchen ans Bett fesselt, weil die Medizin so bitter sei, dass man ihr den Saft mit Gewalt einflößen müsste. Unter dem Schein der

Heilung gelang es ihm somit im vierten Anlauf, endlich seine Lust zu stillen. Danach erst vertrieb er das Fieber seiner Angebeteten. Als er sich ihr darauf endlich in seiner wahren und strahlenden Gestalt zu erkennen gibt, da gibt ihm zu guter Letzt auch die widerborstige Rinda mit Freuden ihr Jawort.

Die Götter aber, die beobachtet hatten, wie er aus der Ohnmacht des Mädchens Vorteile gewann, beschlossen, den Göttervater aus ihrem Kreise und aus Asgard auszuschließen. Sie befürchteten, das schimpfliche Verhalten des Gottes könnte auf sie zurückfallen und sie bei den Menschen in Verruf bringen. Sie straften also Odin mit Verbannung und wählten an seiner Stelle den Uller.

Dieser Uller – der im Grunde nur Odins winterliche Gestalt verkörpert – galt als so zaubermächtig, „dass er sich bei der Überfahrt über Meere eines Knochens, auf den er Zaubersprüche eingegraben, wie eines Schiffes bediente. Mit solchen Schlittschuhen überwand er ebenso rasch wie mit den Rudern die hemmende Wasserflut vor ihm." (Saxo, S. 29) Odin jedoch, nachdem er im Frühling seine Stellung auf Asgard wiedergewonnen hatte, wurde von allen Völkern „wie ein der Welt wiedergeschenktes Licht" verehrt. (ebd.; vgl. zum Ganzen: Saxo Grammaticus, S. 24 – 29; Wägner, S. 253 – 57)

Dieser Mythos vom Verschwinden des Lichts im Winter entspricht den Mythen vom Sterben und Wiederauferstehen von Göttern wie Osiris, Adonis, Tammuz, Baal, Attis. Was für den Vorderen Orient der Sommer mit seiner Trockenheit bedeutet, das bringt in den nordischen Gefilden der Winter mit sich: die Erstarrung jeglichen Lebens, gleich ob durch Dürre oder Frost bedingt.

In dieser Zeit, da nichts mehr wachsen konnte, erzählte man sich Geschichten vom Verschwinden des Gottes in die Unterwelt. Und ganz wie im Märchen von Dornröschen scheint während dieser Zeit auch in der „Oberen Welt" Stillstand zu herrschen: Abwesenheit von Wachstum und Lebendigkeit und die Furcht, dass dies immer so bleiben könnte. „Unterwelt" ist genau genommen nur ein anderer Zustand der Welt, nicht eine Welt neben der „normalen" Welt. Da dieser Zustand rhythmisch wiederkehrt, ist er Teil des Schöpfungsprozesses selbst, die schöpferische Pause vor dem Neubeginn sozusagen. Deshalb wäre es auch widersinnig, sie bekämpfen zu wollen. Ja, sie bezwingen zu wollen, käme einem Kampf gegen das Leben selbst gleich, das diese Ruhephasen braucht, um sich von den Zeiten des Wachstums erholen zu können. Als z. B. in der Mythologie der Diné (Navajo) die „Kältefrau" befragt wird, warum sie da sei, da sie der Erde doch nur Schaden zufüge, verteidigt sich diese mit den Worten:

> „Wenn ich tot bin, wird das Land vor Entkräftung verdorren, weil es keine Jahreszeit mehr gibt, in der es sich erholen kann. Wenn aller Schnee geschmolzen ist, werden die Quellen versiegen und die Gewässer verschwinden. Die Leute werden umkommen, weil sie von Jahr zu Jahr weniger Melonen und Mais zu essen haben." (Zingsem 2009, S. 132)

Was zeigt: Die „Auszeit" ist integraler Bestandteil des Lebens selbst. Das ist im Einzelleben nicht anders als im großen Weltgeschehen. Auch bei uns Menschen gehören Durststrecken unabdingbar zum schöpferischen Prozess dazu, stellen sich Zeiten, in denen nichts zu gehen scheint, im Nachhinein oft als Vorboten unserer produktivsten Ideen heraus. Und dennoch sind sie schwer auszuhalten, da wir im Vorhinein nicht wissen können, wann sie aufhören. So wie ja auch die nordischen Winter oder die südländischen Hitzeperioden endlos erscheinen mochten. Oft merken wir nicht, wie sich das neue Leben behutsam schon unter der harten Kruste vorbereitet, für die Rinda eben auch steht: Die spröde, schwer zugängliche, frostige „Rinde" der knochenkalten Erde.

Während allerdings ums Haus noch die Winterstürme tosen, legt eine Göttin wie Frau Holle bereits jeder Blume den Traum vom Frühling ins Herz oder lockert mit ihrem unterirdischen Pflug unter der Schneedecke den Erdboden auf, damit neues Wachstum möglich wird. Schöne Bilder, die Trost spenden und Hoffnung stärken konnten. Vorher jedoch muss durchlebt werden, was sich so störrisch all unserem guten Willen widersetzt!

Gegen Rinda, die sich keinen Spaltbreit der Sonnenwärme öffnet, ist selbst Odin machtlos. Seine Werbung ist ein verzweifelter Versuch der Wiedergewinnung des Lichts in Zeiten äußerster Betrübnis und Dunkelheit. Balder, der Gott des Lichts und der Liebe ist zur Hel hinabgesunken. Und hat damit zugleich auch seines Vaters Licht verdunkelt: Die schwache Wintersonne reicht nicht mehr, das Eis zum Schmelzen zu bringen. Fast sieht es so aus, als müsse sie das Feld für immer räumen. Doch spätestens im Mai, 9 Monate nach Beginn der herbstlichen Zeit, ist aller Kummer verflogen. Dann setzen die Mai-Riten ein mit ihren Feierlichkeiten. Dann feiern Odin und Freya (oder Frigg) mit neuer Liebe und Lust ihre „Heilige Hochzeit", die symbolische Vermählung der Sonnen- mit der im Frühling verjüngten Erdkraft. Im Mai ist das Eis endgültig gebrochen:

> Dieser Monat ist ein Kuß, den der Himmel gibt der Erde,
> Dass sie, jetzo eine Braut, künftig eine Mutter werde.
> (Wägner, S. 83)

In diesem Monat fanden überall die Maifeste statt, zu denen Maigraf und Maikönigin als Stellvertretende der Gottheiten gewählt wurden. Der Maigraf war grün gekleidet und mit Maiblumen geschmückt. Er versteckte sich im Wald und ließ sich von der Dorfjugend „finden", die ihn dann hoch zu Ross unter Musik und Jubel durch die Gemeinde führte. Ihm wurde oft die sittsamste und fleißigste junge Frau des Dorfes als Maienkönigin zur Seite gestellt. Bei Tanz und Schmaus werden die beiden fürstlich hofiert.

Mancherorts wurden diese Festlichkeiten auch auf Ostara und Donar bezogen. In Schweden war es überdies üblich, dass der mit Blumen und Blüten geschmückte Maigraf gegen den in Pelz gehüllten „Winter" antrat und ihn in einem spielerischen Kampf besiegte.

Schöpfer, Walvater und Wunsch

> Sollen nun die Eigenschaften dieses Gottes kurz zusammengefaßt werden, so ist er die alldurchdringende schaffende und bildende Kraft, der den Menschen und allen Dingen Gestalt wie Schönheit verleiht, von dem Dichtkunst ausgeht und Lenkung des Kriegs und Siegs, von dem aber auch die Fruchtbarkeit des Feldes, ja der Wunsch, alle höchsten Güter und Gaben, abhängen.
> (Jacob Grimm)

Will man den Mythen glauben, so entstand Odin schon beinahe mit Beginn der Schöpfung. Er ist der Sohn der Riesin Bestla, die den Bor (Bör) zum Mann nahm. Dieser ist der Sohn des ersten Wesens von menschlichem Aussehen, das überhaupt je erschien: Buri, der Zeugende. Er wurde in den allerersten Tagen der Schöpfung von der Urkuh Audhumbla aus dem Eis freigeleckt und war schön an Aussehen, groß und stark und von herrlichem Wesen. Ein würdiger Großvater des späteren Göttervaters also!

Obgleich von menschlicher Gestalt, ist Buri dennoch eher Gott als Mensch. Richtige Menschen erscheinen erst später: Ask und Embla, die von Odin eines Tages als leblose Baumstämme am Strand gefunden werden, dort also, wo das Meer in festes Land übergeht. Erst der Göttervater gibt ihnen eine Seele.

Vorher aber muss er mit seinen beiden Brüdern erst die jetzige Welt erschaffen. In den Zwischenraum (Ginnungagap) zwischen der Gluthitze des Südens und den Eisschollen des Nordens wird sie von Odin gesetzt. Zuvor muss er jedoch den tobenden zweigeschlechtlichen Urzeitriesen Ymir erschlagen, der zeitgleich mit der Urkuh aus dem schmelzenden Eis herausgewachsen war, das entstand, als der heiße Luftstrom des Südens den kältestarrenden Reif des Nordens auftaute. Nun wird der tote Riese mitten in die Schlucht geworfen, die Norden und Süden, Kälte und Hitze, voneinander trennt: Aus seinem Fleisch entsteht die Erde, aus seinem Blut das Meer, aus seinen Knochen die Berge; aus seinen Zähnen und Kiefern werden Gestein und Geröll.

> „Sie (Odin und seine Brüder) nahmen auch seinen Schädel, machten daraus den Himmel und stellten ihn über der Erde auf mit seinen vier Enden, und unter jede Ecke stellten sie einen Zwerg, die heißen: Oster, Wester, Norder, Süder. Dann nahmen sie die sprühenden Funken, die frei herumfuhren, und die das Muspellheim (Süden) ausgeworfen hatte," und setzten sie als Gestirne an den Himmel. (Diederichs, S. 129f)

Die Lieder-Edda kommentiert diesen Vorgang wie folgt:

Aus Ymirs Fleisch
Ward die Erde geschaffen,
Aus dem Blute das Brandungsmeer,
Das Gebirg aus den Knochen,
Die Bäume aus dem Haar,
Aus der Hirnschale der Himmel.
Aus des Riesen Wimpern
Schufen Rater hold
Midgard den Menschensöhnen;
Aus des Riesen Gehirn
Sind die rauhgesinnten
Wolken alle gewirkt. (ebd.)

Menschen entstanden erst, als diese Welt geschaffen war. Sie werden aus zwei Baumstämmen gemacht, die Odin und seine beiden Brüder zum Leben erwecken. Odin verleiht ihnen Seele, Atem und Leben, der eine Bruder Verstand und Bewegung, der zweite Antlitz, Rede, Gehör und Sehkraft (die beiden letzteren erscheinen auch als die Götter Hönir und Loki!). Sie geben ihnen Kleider und Namen. Danach erst erbauen sie mitten in dieser Welt die Götterburg Asgard, die Burg, in der die Götter und – nach ihrem Tod – auch die

Menschen wohnen werden. Von Anfang an siedeln so die Gottheiten mitten unter den Menschen!

Odins Gemahlin wird Frigg, die Tochter der Erde, „und von ihnen stammt die Linie, die wir Asen nennen." (Diederichs, S. 130)

Als Kriegsgott ist Odin „Ordner der Kriege und Schlachten" (Grimm, S. 110), aber er ist kein Brutalo wie Ares/Mars. Auch ist er kein Gott, der einfach über den Dingen stehen würde. Im Unterschied zum Gottvater der Christen, von dem erzählt wird, dass er seinen Sohn ohne die geringste Herzensregung am Kreuz sterben lässt, zerreißt es dem Göttervater schier das Herz, als er Balder sterben sieht. Und er unternimmt alles Göttermögliche, um seinen Sohn ins Leben zurückzuholen.

In den Mythen erweist er sich nicht nur als außerordentlich wandlungsfähig – im Harbardlied wird er vom eigenen Sohn Thor nicht erkannt –, sondern er zeigt sich auch lernfähig. Stets sucht er die Grenzen seines Wissens zu erweitern und zahlt dafür einen hohen Preis, wie es in der Völuspa, Str. 24 heißt:

Halsschmuck und Ringe
gab Heervater,
für Zukunftswissen
und Zauberkunde.

Viel lernt er dabei von den weisen Frauen: Von Freya lernt er den Seidzauber, von der steinalten Wala und den drei Nornen lässt er sich die Zukunft deuten, damit er entsprechend handeln kann, Huldas Raben leisten ihm unschätzbare Dienste. Mit den Walküren zusammen lenkt er das Schlachtenglück und führt die Hälfte der Gefallenen, die sog. „Einherjer" (Einzelkämpfer) in seine Jenseitsburg Walhall, wo sie täglich das Fleisch des Ebers Sährimnir und den Met aus dem Euter der Ziege Heidrun trinken dürfen, der ihnen von Freya als Mundschenkin kredenzt wird.

Dort in Walhall haben alle ihren eigenen Tisch, an dem sie – von den Walküren – bewirtet werden. Diese Stätte hat 540 Tore, durch die je 800 Einherjer auf einmal hindurchgehen. Als „Walvater" sorgt Odin so für das Wohl seiner Schutzbefohlenen bis weit über den Tod hinaus und teilt sich die toten Seelen überdies brüderlich mit Freya.

In der Schlacht erweist sich Odin allerdings für seine Schützlinge nicht durchweg als zuverlässig. Er kann die von ihm Erwählten auch jählings fallen lassen, wie er es z. B. mit König Sigmund getan hat:

> Und als der Kampf eine Weile gegangen war, da kam ein Mann zu dem Schlachtfeld, der trug einen tief herabgezogenen Hut und einen dunklen Umhang. Er hatte nur ein Auge, und er trug einen Speer in der Hand. Dieser Mann griff König Sigmund an und erhob den Speer gegen ihn, und als König Sigmund fest zuschlug, traf sein Schwert den Speer und zerbrach in zwei Teile. Danach wendete sich das Schlachtenglück, und König Sigmunds Glück war gewichen …
>
> (Strerath-Bolz, S. 58)

Odin gab den Schiffen günstigen Fahrtwind, wandelte über das Meer, stieg zu seinen Helden an Bord und besänftigte den Sturm durch sein mächtiges Wort. Seinen Günstlingen verlieh er oft Speer, Schwert und Brünne oder auch ein edles Pferd. Doch hatte das Erwähltsein seinen Preis, den er eines Tages, wie bei Sigmund, einfordern wird. Auch war bekannt, dass er nicht unbedingt immer auf der gerechten Seite stand, wie wir aus Brynhilds Geschichte erfuhren. „Meintäter" war einer seiner Namen. Andererseits stürzt er Iwar Widfadmi, den schrecklichen Landräuber in den verdienten Tod!

Unter den vier Elementen wird ihm vor allem die Luft zugeordnet, und der Geist, symbolisch mit der „Luft" verbunden, weht bekanntlich, wo er will und lässt sich nicht einfach festlegen oder -halten. Schon von seinem Namen her wird der Göttervater mit „Geist" verbunden, wofür die Silbe „Od" einsteht.

Aufgrund seines wendigen und wetterwendischen Wesens hat man ihn mit dem römischen Gott Merkur (Griech. Hermes) verglichen und den Mittwoch entsprechend nach ihm benannt. Der

Mittwoch (frz. *Mercredi* = Merkurtag) heißt im Englischen bis heute *Wednesday,* Wodanstag. Und damit wären wir denn bei dem Namen angelangt, unter dem er uns bis heute vertraut ist: Wodan oder Wotan! Und auch bei diesem Namen gilt es zunächst einmal, eine ganze Reihe von Vorurteilen aus dem Weg zu räumen.

Immer noch wird das Wort „Wut" an erster Stelle mit dem Namen Wotan in Zusammenhang gebracht, doch ist diese Übersetzung nur von nachrangiger Bedeutung. Vielmehr steht auch hier die geistige Bedeutung im Vordergrund. Jacob Grimm leitet sie sehr schlüssig von dem Wort „watan" ab, das einen alles „durchdringenden" Geist oder Sinn bezeichnet. „Hiernach scheint Wuotan, Odinn das alldurchdringende Wesen, qui omnia permeat" (das alles durchdringt), „die geistige Gottheit", und er macht darauf aufmerksam, dass im Bayrischen das Wort „wueteln" soviel wie „sich regen und bewegen, üppig wachsen und gedeihen" bedeutet! (S. 109)

Zu seinem alles erfassenden Wesen passt auch die Vorstellung, der Gott sitze im Himmel auf seinem Hochsitz „Hlidskjalf", von wo aus er die ganze Welt überblicken kann. Aus seiner himmlischen Wohnung schaut er dann „durch ein Fenster zur Erde nieder", damit ihm auch ja nichts entgeht (ebd. S. 112)

Ein Name Wotans ist allerdings so gut wie ganz in Vergessenheit geraten, einer seiner wichtigsten, wie mir scheint: Sein gütiges und wohltätiges Wesen fand seinen Ausdruck im Namen „Wunsch". Wunsch meint hier noch „den Inbegriff von Seligkeit, die Erfüllung aller Gaben." (ebd. S. 114) Mit dem Wort Wunsch ist wiederum eng verwandt die „Wonne" *(wunnja).* Und Wonne bedeutet Freude, Vollkommenheit jeder Art oder auch das ideale Leben! Nordisch hieß Wunsch auch Oska, sprich „der die Menschen des Wunsches, der höchsten Gabe teilhaftig machende." (ebd. S. 115. Vgl. Wägner, S. 83) Dem so verstandenen Wunsch entsprächen in der griechischen Mythologie die drei Grazien. Grimm hebt hervor, „dass der Wunsch sich seines Geschöpfes als eines Kindes freut, Wuotan tritt hier auf als Altvater oder Hausherr, dem die erschaffenen Menschen wie Kinder, Freunde und Hausgesinde erscheinen, Wunschkint wird auch von dem adoptierten, angewünschten gesagt." (ebd. S. 118f) Eine andere Redensart hieß: „Er ist so wohlgetan, als hätte ihn der Wunsch gemacht" (Wägner, S. 83), was wiederum auf die schöpferische Seite des Wunsches anspielt. Auch die Walküren nannte man mit anderem Namen „Wunschkinder".

So sehen wir also, dass in Verbindung mit dem Namen Wotan die angenehmen, heilbringenden und schöpferischen Fantasien bei weitem überwiegen! Daneben bringt man ihn noch mit dem sog. „wütenden Heer" in Verbindung, und das spielt auf seine stürmische, ungestüme und kämpferische Seite an. Die er im übrigen mit Frau Holle gemeinsam hat. Beide werden sie symbolisch mit jener dunkelsten, finsteren Jahreszeit verbunden, in denen die Winterstürme das Unterste zuoberst zu kehren scheinen. „Klöpfelnächte" wurden sie auch genannt, denn der Sturm rüttelt an Türen und klopft an Fensterläden, die wie von unsichtbarer Hand aufspringen, wenn man sie nicht genügend gesichert hat. Dann kann es wohl vorkommen, dass Frau Holle (andernorts auch Frigg!)

Abb.27: Wotans Wilde Jagd

als „weiße Frau" oder Wotan als Schimmelreiter plötzlich in der Halle steht und den Anwesenden vor Schreck der Jul-Eberbraten im Halse stecken bleibt. Wer dem Wunder dann Hand und Herz offen hält, kann reich beschenkt werden. Vor allem armen Menschen wird so aus manchen bitteren Nöten geholfen. Aus Dankbarkeit deckte man den göttlichen Gästen draußen im Wald einen Tisch mit dampfenden Speisen und erfrischenden Getränken. Nie aber durfte man beobachten, wie die Himmelswesen sich daran gütlich taten. Das Wunder will Wunder bleiben.

Die winterliche Welt zeigt ihre unberechenbare, schreckenerregende Seite (man denke nur an den Jahrhundertsturm „Lothar" vor noch gar nicht so langer Zeit!). „Bescherung" gerade mit jener Zeit des Jahres zu verknüpfen, in der die „Hölle" los zu sein scheint, bedeutet, der Hoffnung eine Lanze zu brechen, die eigentlich ein Lichtstrahl ist, der einen Weg eröffnet.

Dass man im wütenden Heer der Frau Holle gleichzeitig die Kinderseelen behütet und aufgehoben dachte, weist in die Richtung, die auch das Christentum mit der Symbolik vom „Christkind" verfolgte. Die Sonnenkraft (auch Kraft der Liebe) zeigt sich noch schwach wie ein Neugeborenes, das gehegt und gepflegt werden will. So hat das wütende Heer auch Schutzfunktion, und es ist nur folgerichtig, dass es sich des Schwachen annimmt. Das Schmächtige und Kleine läuft immer wieder Gefahr, vernichtet zu werden, solange es noch nicht für sich selbst sorgen kann. Auch diese Gefährdung findet im Symbol des wütenden Heeres seinen Ausdruck.

Leben ist lebensgefährlich. Kein Ding, das nicht zwei Seiten hätte. Und die Winterzeit ist eine harte Zeit, die Leben fordert und Tod bringt. Die Vorstellung vom wütenden Heer ist eine Möglichkeit, mit der Not zugleich den Segen zu verbinden und andererseits auf die Zerbrechlichkeit unserer Welt hinzuweisen, deren Fortbestand wir heutzutage vielleicht allzu leichtfertig als gegeben hinnehmen.

Durch Lautverschiebung wurde aus Wotan *Godan,* Herr Gode, dem eine Frau Gode zur Seite steht. Frau Holle wurde so genannt, und ebenso Frigg! In den Rauhnächten erscheinen alle drei abwechselnd, um durch ihre guten Gaben die Schwere eines Schicksals in Freude zu verwandeln. Gaben, die für die Beschenkten meist Arbeit bringen. Gut bezahlte Arbeit, die eben deshalb leicht von der Hand geht und den Menschen ihre Würde zurückgibt. Frauen erhalten häufig Spindeln, Stricknadeln oder Garnknäuel, mit denen sie die edelsten Stoffe herstellen können. Männer bekommen etwa ein Grubenlicht, mit dem sie eine Silberader entdecken, oder Kohlen, mit denen sie (als Glasbläser) ihr Feuer in Gang halten können. Orte wie Godesberg (oder Gudensberg) waren ursprünglich Wodansberge. In Bonn liegt neben Godesberg noch heute der Stadtteil Venusberg. Und Venusberg, wir hörten es weiter oben, war nur ein anderer Name für „Frau Hollen Hofhaltung"!

Die Christen setzten St. Michael mit dem Flammenschwert oder St. Martin mit der Mantelteilung, ja selbst den Hl. Nikolaus mit seinen Gaben an Wotans Stelle. Wotans Mantel symbolisiert den nächtlichen Sternenhimmel, dessen andere Hälfte zu Freya gehört! Legen die beiden Gottheiten ihre Mäntel zusammen, wird der gesamte Himmel mit all seinen Sternbildern komplett. Bei Volksfesten in England traten anstelle des Heiligen Nikolaus und Martin noch Frigg und Wotan auf! (vgl. Wägner S. 96)

Kapitel 9

Thor, Sif und Loki

Abb.28: Thors Kampf mit den Riesen

Thor (Donar), Sohn der Erde

Neben Odin ist Thor nicht nur der bekannteste, sondern vielleicht sogar der beliebteste unter den männlichen Asen. Bei den germanischen Stämmen wird er auch Donar genannt und entsprechend war der Donnerstag nach ihm benannt. Odin zeugte dereinst diesen machtvollen Sohn mit Jörd, der Mutter Erde, die wiederum eine Tochter der Göttin der Nacht mit Namen Nott ist. Jörd wurde jedoch bereits als Göttin verehrt, ehe der Odin-Glaube aufkam (Diederichs, S. 244), sodass man sich vorstellen kann, dass auch Thor erst nachträglich mit Odin verbunden wurde, ursprünglich aber eher selbstständig war. Jedenfalls hat er wesentlich mehr mit seiner Mutter gemeinsam als mit seinem Vater, denn er zeigt sich ausgesprochen erdverbunden. Auch erscheint er in gewisser Weise geradezu als Ergänzungspart zu Odin. Während dieser eher die spirituell-vergeistigte Seite der männlichen Gottheiten repräsentiert, steht Thor mit beiden Beinen fest auf der Erde, was sich nicht zuletzt darin zeigt, dass er häufig zu Fuß geht oder vielmehr ausschreitet, denn er ist gewaltig an Leibesfülle und ähnelt in seiner Größe schon eher den Riesen, mit denen er sich ein ums andere Mal in Kämpfe verwickelt.

Die alte friedliche Erde, hieß es, konnte diesen ungebärdigen, kraftstrotzenden Sohn nicht bändigen, und so wuchs er bei den Pflegeeltern Wingnir (der Beschwingte) und Hlora (Glut) auf, weshalb er auch Wingthor oder Hlorridi genannt wurde.

Thors Kraft ist so gewaltig, dass er das Ruderboot eines Riesen mitsamt zweier darin gefangener Wale auf seinen Schultern über Land tragen kann, und sein Appetit ist entsprechend groß. So kann er mühelos zwei komplette Ochsen am Spieß vertilgen und drei Fässer Met hintereinander leeren, und auch sonst könnte er geradezu Modell gestanden haben für die allseits bekannte Figur des „Obelix". Wenn er sich nicht gerade mit den Frostriesen anlegt, kreist sein Denken um üppiges Essen und Trinken, und er labt sich gerne an den guten Gaben der Erde. Die er wiederum selbst durch sein Tun hervorlockt.

Donar, der Donnerer, wird er genannt, und Donner und Blitz sind sein Werk, allerdings in ihrer Segen bringenden Form. Er bringt die warmen, befruchtenden Gewitterregen, die das Saatkorn aufkeimen lassen, und befreit mit seinem Hammer im Frühling die Welt von Eis und Schnee. Strotzend und protzend vor Kraft und Stärke kann man ihn als die personifizierte Urgewalt der Natur ansehen. So gilt er als Förderer von Ackerbau und Viehzucht, und obgleich er ein polterndes Wesen hat, hat er doch das Herz auf dem rechten Fleck und ist in seiner zupackenden Art – wie wir noch sehen werden – Göttern wie Menschen gleichermaßen unverzichtbar.

Darüber hinaus ist er keineswegs ungeschlacht, sondern schön von Gestalt, wenn auch muskelbepackt. Entsprechend seinem feurigen und leicht aufbrausenden Temperament hat er rote (Bart-)Haare und eine langwallende Lockenpracht auf dem Kopf. Eine Bildsäule im Tempel zu Upsala zeigte ihn – zwischen Odin und Frey – mit Sternenkranz und Sternenmantel, in der Hand einen Herrscherstab. Im Tempel zu Märö war er mit goldenem und silbernem Schmuck riesenhaft, mit dem Hammer in der Hand auf seinem Wagen stehend abgebildet. Sein Wohnsitz in Asgard, Thrudheim (oder Thrudwang = Kraftfeld), ist seiner Größe angemessen und der darauf befindliche Palast Bilskirnir verfügt über nicht weniger als 540 Stockwerke! Hier sollten nach ihrem Tod vor allem Bauernfamilien mit ihrem Gesinde Aufnahme finden.

Thors Wagen passt ganz zu seinem bodenständigen Wesen: Er wird von zwei (Stein-)Böcken gezogen, die Zahnkracher und Zahnknirscher heißen. Doch auch sie sind von ganz zauberhaftem Wesen. Als Thor einmal auf Reisen ist, kehrt er zusammen mit dem Gott Loki bei einer bescheidenen Bauersfamilie ein, die ihnen nur wenig zu essen anbieten kann. Da schlachtet Thor kurzerhand seine Böcke und kocht sie in einem Kessel gar, wobei er auch seine Wirtsleute zum Zulangen einlädt. Nur befiehlt er allen, die Knochen sorgfältig auf die untergebreiteten Felle zu werfen und keinen zu zerbrechen. Am nächsten Morgen beschlägt er Knochen und Felle mit seinem Hammer, und sogleich erstanden die Böcke unter diesen Schlägen neu. Nun hatte aber der Sohn des Bauern sich von Loki heimlich überreden lassen, einen der Schenkelknochen aufzusprengen, um das schmackhafte Mark herauszusaugen. Da zeigte sich, dass einer der Böcke am Hinterschenkel lahmte, was im Nu Thors flammenden Zorn hervorrief. Die Wirtsleute konnten ihn nur besänftigen, indem sie ihm ihren Sohn und ihre Tochter zur Begleitung mitgaben. Darauf ließ Thor die Böcke zunächst zurück und wanderte mit all seinen Genossen zu Fuß weiter.

Mit dieser Geschichte treffen wir auf ganz alte Vorstellungen aus der schamanischen Welt! Und die lohnt es sich, genauer anzusehen.

Exkurs in die Welt des Schamanismus

Weltweit galten in den frühesten Formen des Schamanismus Knochen, Gräten oder Fellstückchen seit ältester Zeit als eine Art magischer Kristallisationspunkte, von denen aus Tiere sich vollständig regenerieren können. Dazu müssen vor allem die Knochen haargenau wieder so zusammengelegt werden, wie sie beim Skelett des lebendigen Tieres angeordnet waren. Hans Findeisen hat ein Märchen aus dem Kaukasus gefunden, das erstaunliche Parallelen zur Geschichte von Thors Böcken aufweist.

Hier sind es die Waldgeister, die ein Tier schlachten und sein Fleisch kochen. Nach dem Mahl sammeln sie alle Knochen ins Fell zusammen, auf das sie dann so lange mit Ästen einschlagen, bis das Tier wieder neu zum Leben erwacht. Einmal kam ein Jäger dazu, der einen Knochen heimlich wegsteckte und stattdessen einen Stock hinlegte. Später erlegte er ausgerechnet jenes selbe Tier und fand in dessen Körper den Stock statt des Knochens wieder! (vgl. Findeisen/Gehrts, S. 38f)

In dem nordsibirischen Märchen „Der Sohn des Armen und die Tochter der Sonne“ wird ein solches Knochenritual sehr eindrücklich beschrieben. Die Ähnlichkeiten zu Thors Geschichte sind hier eher noch verblüffender. In diesem Märchen ist es die Mutter, die ihren Sohn einweiht, der sich einem schier unerfüllbaren Auftrag des Königs gegenübersieht. Sie aber erklärt ihm bis in alle Einzelheiten, was er zu tun hat:

> „Und dort also wird das ganze Land mit nichts anderem als mit Knochen bedeckt sein. Nachdem du dich umgeschaut hast, wirst du erkennen, dass es Elchknochen sind. Es werden sehr alte Knochen sein, die schon zur Hälfte verrottet sind. Nachdem du viele von diesen Knochen zusammen gesammelt hast, musst du sie in der Reihenfolge hinlegen, in der sie sich während des Lebens innerhalb des Tieres befunden haben. Dieses musst du auf jeden Fall tun."

Weiter prophezeit die Mutter ihrem Sohn, dass er nahe bei den Knochen einen eisernen Hammer unter einem Stein finden wird. Sollte es ihm gelingen, dieses unvorstellbar schwere Werkzeug hochzuheben,

> „dann nimm ihn über die Schulter, gehe zu jenen Knochen, und schlage mit dem Hammer mit voller Gewalt auf den Stirnknochen in die Mitte des Elchgeweihes. Die Knochen werden sich, nachdem sie Sehnen bekommen haben, miteinander vereinigt, zusammenlegen. Wenn du genügend Kraft hast, so schlage nunmehr stärker als das erste Mal auf den Stirnknochen. Das Skelett wird sich mit Fleisch bedecken, ein Fell wird ihm wachsen, und es wird so groß sein wie ein Berg."

Nach dem dritten Schlag dann wird das Tier aufstehen und zu sprechen anfangen, ganz wie es die Tier-Hilfsgeister der Schamaninnen und Schamanen üblicherweise tun. (ebd., S. 180f)

Der Herrscher des Landes schickt den Sohn dann aus, für ihn um die Tochter der Sonne zu werben und sie mit an den Hof zurückzubringen. Und auch dies stimmt auffällig mit der nordischen Mythologie überein, der zufolge die Sonne ja eine ihr ebenbürtige Tochter auf die Welt gebracht hat. Und wenn der junge Mann schließlich eine Kuh herbeischaffen soll, die sich als keine geringere als die Herrin des gesamten Weltalls entpuppt, so denken wir auch hier unwillkürlich an jene mythische Ur-Kuh Audhumbla, die nach den Vorstellungen hiesiger Völker dereinst zentral an der Erschaffung der Welt beteiligt war! Noch Frau Holle wird schließlich nachgesagt, dass man bisweilen einen Kuhschwanz unter ihren Rocksäumen entdecken könnte! (vgl. Grimm Bd III, S. 88)

Genau wie in diesen Geschichten die Tiere mit Hilfe ihres Knochengerüsts neu belebt werden, genau so erfuhren viele Schamaninnen und Schamanen ihr eigenes Einweihungsritual: Im Traum durchlebten und durchlitten sie, wie die Ahnengeister ihren Leib zerstückelten, sein Fleisch kochten und ihn später wieder neu zusammensetzten. Auch bei diesem Ritual ist peinlich genau darauf zu achten, dass

> „alle Knochen wieder an Ort und Stelle gebracht werden, wobei Gelenk an Gelenk an dem richtigen Platz eingesetzt wird; der Kopf kommt wieder an seine ursprüngliche Stelle, und die Knochen werden wieder mit neuem Fleisch bekleidet, ja sogar mit Eisenfäden zusammengenäht."
> (Findeisen/Gehrts, S. 65)

Wer mag sich da nicht an das bekannte Märchen vom „Machandelboom" erinnert fühlen, in dem eine Mutter das Fleisch ihres Sohnes kocht, den sie zuvor geschlachtet hat, und es anschließend heißt:

> „Meine Schwester, die Marlenichen
> sucht alle meine Benichen."

Und auch hier wird der Junge zuerst in einen Vogel verwandelt, was ein Symbol für die geistige Welt ist, in der er sich nun aufhält.

Für die Welt des Schamanismus jedenfalls, in die sich unsere Mythenwelt ein ums andere Mal einreihen lässt, können wir mit Findeisen festhalten:

> „Überall haben wir jene Bedeutung des Skelettes angetroffen, das vollständig und in der natürlichen Ordnung wieder hergestellt werden muss, um lebendige Wirkung ausüben zu können." (S. 106f)

Die Entstehung des Hammers

Was aber hat es nun mit Thors Hammer auf sich, der den Asen als das kostbarste aller von den Zwergen je geschmiedeten Kleinodien galt? Auch er ist natürlich ein schamanisches Wunderwerk, wie es im Buche steht, ganz und gar magisch und doch selbst wieder ein klassisches Fruchtbarkeitssymbol.

Sein Name ist Mjöllnir, der Zermalmer, und er ist ein Meisterstück der Zwerge Sindri und Brokk, die damit eine Wette gegen den listigen Loki gewonnen hatten. Dieser Hammer hat die treffliche Eigenschaft, dass er immer wieder wie ein Bumerang in die Hand seines Werfers zurückfliegt. Nie wird er zerbrechen und nie sein Ziel verfehlen. Solange Thor ihn nicht braucht, bleibt er so klein, dass dieser ihn bequem wie einen Schlüssel in seiner Tasche verstauen kann (ein offensichtliches Sexualsymbol). Nur ist der Schaft zu kurz geraten, – doch das ist Teil seiner Entstehungsgeschichte. An der, wie in den meisten Fällen, der Gott Loki beteiligt ist. Er, der Gott der warmen Südwinde und des Feuers (in seiner wohltätigen Form), ist in gewisser Weise der ideale Begleiter des Gewittergottes. Beide sorgen sie mit vereinten Kräften dafür, dass im Frühling die Eismassen auftauen und Ackerbau möglich wird. Und so sieht man sie mehr oder weniger einträchtig nebeneinander ihre Abenteuer bestehen.

Abb.29: Thors Hammer, Amulett

Im Wesen ist Loki jedoch listig und verschlagen, eher eine klassische Tricksterfigur, die stets für Wirbel sorgt und allen in die Quere kommt. Ein Gott, über den man einerseits lachen muss, der allerdings auch sehr niederträchtige Charakterzüge entfaltet, insbesondere in der Geschichte um den Lichtgott Balder. Meist wird er allerdings zum Opfer seiner eigenen

Ränke. In der Geschichte um die Entstehung des Hammers spielt er seine ebenso zentrale wie unrühmliche Rolle:

Alles fing damit an, dass die Göttin Sif, Gemahlin des Thor, in einer lauen Sommernacht plötzlich ihre gesamte blonde Haarpracht verloren hatte. Thor, der geradezu vernarrt war in die schönen Haare seiner Frau, war außer sich vor Wut. Und verdächtigte sofort Loki der Tat, womit er den Nagel auf den Kopf traf. Sämtliche Knochen einzeln wollte er Loki brechen, wenn dieser nicht umgehend Sifs Haar wiederherstellte. Der schwor in seiner Not, zu den Zwergen (Schwarzalben) zu gehen und sie zu bitten, für Sif neue Haare aus Gold zu schmieden, die ganz natürlich anwachsen sollten.

Loki begab sich also zu Iwaldis Söhnen, und die fertigten ihm nicht nur die gewünschte Perücke aus Goldhaar, sondern schufen zusätzlich noch das Segelschiff Skidbladnir und den Speer Gungnir. Loki aber war in seinem Übermut so vermessen zu behaupten, dass niemand wertvollere Kleinode als diese drei je schmieden könnte. Das hörte ein anderer Zwerg (Brokk), der sofort dagegenhielt, dass sein Bruder (Sindri) noch viel bessere Dinge herstellen könnte. Die Wette galt und Loki verspielte seinen Kopf für den Fall, dass die beiden Zwerge ihr Versprechen wahrmachen würden.

Aus Sindris Esse entstanden nach und nach zuerst ein Eber mit goldenen Borsten (Gullinbursti), danach ein Goldring (Draupnir), von dem in jeder neunten Nacht acht gleiche Ringe abträufeln. Zu guter Letzt entstand der Hammer, dessen Schaft etwas zu kurz geraten war, weil Loki in Gestalt einer Stechfliege den Zwerg am Blasebalg ununterbrochen gequält hatte. Kurz bevor der Hammer fertig wurde, hatte er so stark zugestochen, dass dem armen Brokk das Blut übers Gesicht lief und er für einen Augenblick den Blasebalg sinken lassen musste.

Doch da war das Werk bereits vollbracht, und der kurze Schaft tat ihm keinen allzu großen Abbruch. Nur musste Thor seine Eisenhandschuhe anziehen, wenn er ihn richtig fassen wollte. Zusätzlich legte er einen Kraftgürtel um, der seine Energie verdoppelte!

Die Zwerge brachten nun alle sechs Kostbarkeiten nach Asgard, worauf Odin, Frey und Thor zu Schiedsrichtern bestellt wurden, die entscheiden sollten, welches Kunstwerk am wertvollsten von allen sei. Die Entscheidung fiel zugunsten des Hammers aus, weil er als die wirksamste Waffe gegen die Frostriesen erkannt wurde. Loki jedoch konnte seinen Kopf aus der Schlinge ziehen, indem er behauptete, sein Kopf zwar gehöre den Zwergen, nicht aber sein Hals. Und wie hätten sie seinen Kopf abtrennen sollen, ohne den Hals zu berühren?!

Im Grunde schimmert natürlich auch bei der Geschichte von Sifs Haarverlust eine Naturmythe durch: Es ist Hochsommer, und so steht sie, die sonst „schön wie der Maimond" ist, mit ihrem kahlen Haupt vor ihrem Gemahl, „wie die Erde, wenn der Schnitter die Goldfrucht gemäht und eingeheimst hat." (Wägner, S. 130) Die Ähren, die reif und schimmernd in der Furche stehen, werden als das Haar der Erde gedeutet. Ganz wie die „Blonde Demeter", die sich im Herbst in die schwarze Persephone verwandelt, so erscheint auch Sif, „die Erfreuliche", hier als Erdgöttin, deren Gesicht und Aussehen sich mit den Jahreszeiten wandelt. Und es sind die Zwerge, die aus dem Inneren der Erde das neue Wachstum vorbereiten. So wie auch Thor seiner Gemahlin hilft, indem er sie im Frühling von Schnee und Eis befreit.

Thor als Braut oder: das Zurückholen des Hammers

In der Geschichte von Thors Brautwerbung laufen Thor und Loki zu ihrer Hochform auf. Thor wird eines Morgens wach und erschrickt zu Tode, weil er spürt, dass Mjöllnir nicht mehr an seiner Seite ist. Einen Urschrei der Wut stößt er aus, und sein Bart glüht rot vor Zorn. Loki hört ihn brüllen und eilt sofort an seine Seite. Gemeinsam gehen sie hinüber nach Folkwang und bitten Freya höflich um ihr Falkenkleid, damit Loki darin den Räuber des Hammers erspähen könnte. Bereitwillig nimmt die Göttin das Federkleid aus ihrer Truhe und reicht es Loki, der alsbald damit seine Kreise über Jötunheims starrende Höhen zieht.

Da erblickt er auf einem Hügel den Riesen Thrym, der – von Loki befragt – ohne Umschweife zugibt, dass er den Hammer bei sich verwahrt, so tief unter der Erde, dass niemand ihn je dort herausholen kann. Als Lösegeld verlangt der Riese Freya zur Frau.

Wieder schreiten Thor und Loki nach Folkwang, um die Göttin zu überreden: „Auf, schmücke dich, Freya, leg an das schneeige Brautlinnen, wir reisen zu zweit nach Riesenheim," versucht Thor sie aufzumuntern. Doch diesmal stößt er auf Granit:

Grimm ward da Freya,
grollend schnob sie,
der ganze Saal
der Götter bebte,
hinsprang der breite
Brisingenschmuck:
„Die mannstollste
müßte ich sein,
reist ich mit dir nach Riesenheim!"

(Thrymlied, 13)

Ratlos versammelten sich die Asinnen und Asen beim Urdbrunnen, um die Lage zu besprechen. Bis der weise Gott Heimdall den einzig rettenden Einfall vorbringt:

„Binden wir Thor
mit Brautlinnen!
Er trage den breiten
Brisingenschmuck!
Lassen wir Schlüssel
am Leib ihm klirren

und Frauenkleider
aufs Knie fallen
und breite Steine
auf der Brust liegen,
türmen wir hoch
den Hauptschmuck ihm!"

(ebd. 16)

Natürlich ist Thor keineswegs begeistert über diesen Vorschlag, fürchtet er doch, sich lächerlich zu machen und fortan als weibisch zu gelten. Die Vorstellung, dass bald Riesen ihr Regiment über Asgard ausüben könnten, ist allerdings noch wesentlich schlimmer, und so verkleidet sich der Donnergott zu guter Letzt doch als Braut und macht sich zusammen mit Loki, der sich als seine Dienerin ausgibt, auf den Weg zu Thrym.

Die Böcke zogen an, sie stürmten in wilden Sprüngen, dass die Erde dampfte, Felsen und Berge sich krachend spalteten, bis sie endlich des Riesen Behausung erreichten. Der hat in Vorfreude auf seine wundervolle, lang ersehnte Braut bereits festlich den Saal geschmückt und Mengen von Braten und Met herbeischaffen lassen. Wie gewünscht saß schon bald die Braut an seiner Seite, züchtig verschleiert, damit der Riese den Spuk nicht vorzeitig durchschaute. Seiner Gewohnheit gemäß verschlang Thor in Eile gleich einen ganzen Ochsen, acht Lachse und alles süße Gebäck, das für die Frauen bestimmt war, und trank dazu drei Tonnen Met. Das war selbst dem einfältigen Riesen zu viel:

„Nie sah ich Bräute
breiter beißen
noch auch mehr Met
eine Maid trinken."

Loki jedoch, als Magd, weiß ihn zu beschwichtigen, indem sie auf Freyas große Sehnsucht nach Thrym verweist:

„Nichts aß Freya
acht Nächte lang;
so sehnte sie sich
nach dem Saale Thryms."

Dadurch ermutigt wagt der Riese gleich einen lüsternen Blick unter den Schleier, der ihn allerdings bis ans Ende des Saals zurückweichen lässt:

„Wie furchtbar sind
Freyas Augen!
Wie Feuer flammt es
Aus Freyas Blick!"

Doch auch hier weiß die Dienerin eine Erklärung: „Acht Nächte hat meine Herrin vor Sehnsucht nicht geschlafen; deshalb sind ihre Augen so rot!"

Der Riese kann den Vollzug der Hochzeit nun gar nicht mehr erwarten und lässt den Hammer herbeischaffen. Um mit ihm die Ehe zu weihen, legt er ihn seiner Braut in den Schoß und spricht dazu die Worte: „Mit der Hand der (Göttin) War weiht uns zusammen!"

So hatte Thor nun endlich wieder Oberwasser. Flugs entledigte er sich des Schleiers, entblößte die muskulösen Arme und fuhr mit dem Hammer wie der Blitz unter die Hochzeitsgesellschaft. Kein Riese blieb an diesem Tag und in diesem Saal am Leben, und der Hammer – wie mit ihm die ganze von Eis befreite Erde – war vorerst gerettet.

Bei der folgenden Geschichte kommt Thor allerdings nicht so glimpflich davon.

Splitter im Kopf

Hier ist es zunächst Odin, der sich mit dem Riesen Hrungnir in einen Wettstreit verwickelt. Hrungnir hat beobachtet, wie der Gott über Luft und Meer auf seinem achtbeinigen Ross Sleipnir dahinjagt. Nun will er ihm beweisen, dass sein eigenes Pferd, Goldmähne (Gullfaxi), schneller ist als Sleipnir. Odin hält dagegen und wettet seinen Kopf, dass sein Hengst der geschwindere und wertvollere ist. Schon sprengt er wie der Sturmwind davon und der Riese in unbändiger Wut hinterher. Kaum merkt er, dass er die Grenzen zu Asgard längst überschritten hat. Die Asen allerdings empfangen ihn freundlich und laden ihn auf Walhalla zum Trinkgelage ein. Hier steigt Hrungnir der Met zu Kopf. Im Rausch droht er, ganz Walhall auf seinem Rücken abzutransportieren, sämtliche Göttinnen und Götter zu erwürgen und ganz Asgard in den Abgrund zu stürzen. Einzig Freya und Sif will er mit zu sich nach Hause nehmen! Freya allein wagt es noch, ihm einzuschenken, doch die anderen rufen nach Thor. Hrungnir fordert den Donnergott zum Zweikampf heraus, allerdings erst, wenn er wieder im Vollbesitz seiner Waffen ist.

Das Herz des Riesen ist ganz aus Stein mit drei vorstehenden Kanten. Von Stein waren auch sein Schädel, sein Schild und seine Keule. Als Angriffswaffe führte er einen Schleifstein, den er oberhalb der Schulter in Anschlag hielt. Thor schleuderte seinen Hammer und zermalmte den Schädel des Riesen vollständig. Zuvor hatte dieser jedoch mit beiden Armen seinen Schleifstein in die Höhe gerissen, der mit dem Hammer in der Luft zusammenkrachte. Dabei zerbrach der Stein und ein Splitter drang in Thors Kopf. Thor stürzte zu Boden und der tote Riese fiel über ihn, sodass eines seiner Beine direkt auf Thors Hals zu liegen kam. Keiner sah sich in der Lage, Thor vom Bein des Jöten zu befreien. Allein sein drei Tage alter Sohn Magni, den er mit der Riesin Jarnsaxa gezeugt hatte, besaß soviel Kraft, das Bein spielend zur Seite zu schieben. Er wird später den Hammer erben.

Thor aber plagt sich seither mit diesem Schleifstein im Kopf herum. Weder Sif noch ihrer beider Tochter Thrud wussten seine Schmerzen zu lindern, so sehr sie es auch versuchten. Da erschien die Seherin Groa (die Grünende) im Haus, die mit ihren Zaubersprüchen Felsen bewegte und wilde Fluten hemmte. Sie zog ihre Kreise und sang ihre machtvollen Zauberlieder über Thor, bis der Schleifstein sich lockerte. Thor, der hoffte, bald geheilt zu sein, wollte sich nun seinerseits erkenntlich zeigen und erzählte Groa von der baldigen Heimkunft ihres Mannes Aurwandil. Er selbst habe ihn in einem Korb auf seinem Rücken aus Riesenheim hinausgetragen. Groa freut sich dermaßen darüber, ihren Mann bald wiederzusehen, dass sie darüber sämtliche Zauberlieder vergisst. So blieb der Splitter trotz allem in Thors Stirn haften und verursacht ihm weiterhin Kopfschmerzen.

Neben den beiden Söhnen Magni (Stärke) und Modi (Mut), die er mit Jarnsaxa gezeugt hatte, haben Thor und Sif noch die gemeinsame Tochter Thrud (Kraft). Sie ist herrlich anzuschauen und von kraftvollem Wesen, und es ist ausgerechnet der Zwerg Alwis (der Allweise), der sich in sie verliebt. Als er den Vater der Braut um sein Jawort bittet, da stellt Thor, dem dieser Schwiegersohn für seine Tochter nicht gut genug ist, ihn seinerseits auf die Probe. Er fragt Alwis, der sich rühmt, alle Sprachen der Welt studiert zu haben, welche Namen man in den verschiedenen Sprachen von Menschen, Asen, Wanen, Alben (Zwergen) für Erde, Sonne, Mond, Wolken usw. gefunden habe. Und sein Gegenüber weiß sie in der Tat alle zu nennen. Darüber allerdings brach der helle Tag an, und vom leuchtenden Strahl der ersten Morgensonne berührt verlosch des Zwerges Leben. Das Unterweltswesen erstarrte zu Stein. (vgl. *Das Alwislied,* Diederichs, S. 91-95)

In Deutschland, Frankreich, England, sogar bei den Slawen erinnerten viele Gebräuche an Thor. Dem Gott war die Eiche heilig (unter deren Schatten man seine Feste feierte), dazu die Haselstaude (deren Zweige man als Wünschelruten einsetzte) und der Vogelbeerbaum.

Am 2. Mai oder am Tag der Sonnenwende zündete man zu Ehren Donars mächtige Feuer auf den Bergen an oder ließ Feuerräder zu Tal rollen. Später tanzte man um das lodernde Feuer herum.

Das Christentum ersetzte die Gestalt des Donar/Thor durch den Heiligen Petrus, der nun mit seinem Schlüssel den Himmel aufschließt wie vordem der Donnergott mit seinem Hammer. In zahlreichen Legenden oder Redensarten über den hl. Petrus sind noch Spuren des alten Gewittergottes zu erkennen. Bei launischem Wetter etwa sagte man: Petrus führt sein Regiment, oder bei Donner: Petrus spielt Kegeln. An den Stätten früherer Donar-Heiligtümer wurden Petruskapellen errichtet, so auch bei Geismar anstelle der von Bonifatius gefällten Donar-Eiche.

Abb.30: Thor, der Donnergott

Kapitel 10

Balder, Frigg und Nanna

Jungfrauen singen es zur Skaldenharfe,
Von Nannas Treue bis zur Scheiterglut,
Von Gimlis Höhen, wo die frohen Gatten
Sich wiederfinden auf den grünen Matten,
Wo keine Träne fließt, die Klage ruht.

(Wägner, S. 411)

Balder ist der Beste, und ihn loben alle. Er ist so schön anzusehen und so licht, dass Glanz von ihm ausgeht, und eine Pflanze ist so glänzend weiß, dass sie mit Balders Wimper verglichen wird, die weißeste aller Pflanzen (Baldersbraue = Kamille), danach kannst du dir seine blonde Schönheit an Haar und Körper vorstellen. Er ist der Klügste der Asen, der beredteste und wohltätigste; aber auch das ist ihm eigen, dass keiner seiner Urteilssprüche Bestand behält. Er wohnt auf Breitglanz (Breidablick), das ist im Himmel. Dort darf nichts Unreines sich vorfinden.

(Prosa-Edda, Diederichs, S. 141)

Alle lieben Balder

Eines Tages humpelt eine alte Frau am Krückstock auf die goldenen Säle von Fensalir zu, wo Frigg zu Hause ist, und die Göttin winkt sie herbei, um sich nach ihrem Anliegen zu erkundigen. Die Alte ist auch ganz redselig und fragt die Göttermutter, welches Spiel die Asen denn mit ihrem Liebling Balder spielten. Auf dem Thingplatz gehe es so fröhlich zu, und Balder stünde dort seelenruhig lächelnd im Hagel von allerlei Geschossen, als ob man ihm Blumen zuwerfe zum Siegeskranz. Das konnte Frigg der Fragerin allerdings erklären, auch wenn sie dafür weiter ausholen musste:

Die Asen eilten
Alle zum Ding
Und die Asinnen
Alle zum Rat:
Und das berieten
Die reichen Götter,
warum Balder
Böses träume.

(Balders Träume, 1)

Alles fing damit an, dass ihren Sohn schwere dunkle Träume quälten. Es schien, als ob sein Leben ernsthaft in Gefahr war, und auch die Runenbefragung verhieß nichts Gutes. Darauf begibt Odin sich auf den Weg zu einer längst verstorbenen Seherin, die er eigens aus dem Grabhügel aufwecken muss, damit sie ihm die Zukunft seines Sohnes vorhersagen kann. Frigg jedoch sinnt auf einen praktischeren Ausweg: In der Götterversammlung war man zu dem Schluss gekommen, um Balders Leben zu retten, müsse man alle lebenden Kreaturen und selbst leblose Dinge mit Zauberkraft beschwören, dass sie den jungen Gott unter keinen Umständen verletzen wollten.

Die Göttermutter nahm diese Aufgabe selbst in die Hand und fuhr in ihrem Katzenwagen über die ganze Erde, „schnell, wie die

Sonne am Himmel hinwandelt." (Wägner, S. 282) Alle Wesen ließ sie Eide schwören, ihren Sohn zu verschonen: Menschen, Riesen, Lichtelfen und Schwarzalben, Feuer, Wasser, Erde und Luft, Eisen und jegliches Metall, Bäume, Gräser, Blumen, Sträucher und Steine, sämtliche Tiere und Krankheiten, alle sucht sie auf, um ihnen unverbrüchliche Eide abzunehmen. Alles, was im Himmel, auf und unter der Erde ist, gelobte nur zu gern, dem Bringer des Lichts, der Freude und des Wachstums nie und nimmermehr Schaden zuzufügen.

Seither wurde es der liebste Zeitvertreib der Asen, Balder mit allen möglichen Gegenständen zu bewerfen oder mit Waffen aller Art zu beschießen, wussten sie doch, dass sie alle ihm kein Leid zufügen konnten. Sie jauchzten vor Freude, wenn die Schwerter nicht stecken blieben, Speere, Steine, Pfeile ihr Ziel verfehlten und in weiter Ferne niedergingen. Als wenn eine unsichtbare Macht sie noch im Fluge von der Richtung ablenkte.

Abb.31: Loki reicht Balders blindem Bruder den Mistelpfeil

Die alte Frau zeigte sich voller Bewunderung für die Göttermutter. Nur wollte sie von ihr noch wissen, ob wirklich alle Wesen auf der ganzen Welt den Eid geleistet hätten, Balder zu schonen.

„Nur an der kleinen Mistel, die westlich vor Walhalls Toren auf der alten Eiche wächst, ging ich vorüber, weil sie mir zu schwach und jung erschien, um Schaden anzurichten."

„Recht hast du getan", antwortete die Alte, „die zarte Mistelpflanze, die nur im kalten Winter wächst und Samen trägt, kann wohl dem lichten Asen nicht gefährlich werden." Sie verabschiedete sich und zog weiter ihrer

Wege. Schnurstracks zur alten Eiche machte sie sich auf, an der sie alsbald die zarte Mistel fand. Es war aber in Wirklichkeit Loki, der sich nur als Frau verkleidet hatte, um die Göttermutter auszuhorchen. Er zog magische Kreise, sprach Zauberformeln und berührte das zarte Zweiglein mit dem Krückstock, sodass es schnell bis zur Länge eines Speeres wuchs. Dann riss er es vom Baum herunter, schnitt die Nebenzweige und Knoten ab und fertigte daraus einen richtigen Wurfspeer, mit dem er spornstreichs zum Thing eilte.

Noch immer waren die Asen mit ihrem harmlosen Spiel beschäftigt, als Loki unbemerkt dazu trat. Ganz am Rand stand der blinde Höder und blieb unbeteiligt. Da fragt Loki ihn scheinheilig, ob er nicht auch auf seinen Bruder schießen wolle.

„Ich bin doch ohne Waffen und außerdem ohne Augenlicht", entgegnete Höder, „wie soll ich wissen, wo Balder steht?"

Loki drückt ihm den Mistelstab in die Hand und weist ihm die Richtung. „Erweise deinem Bruder die Ehre wie alle anderen", fordert er ihn auf, „schleudere mit Macht!"

Höder tat, wie ihm geheißen, und Balder fiel – vom Speer durchbohrt – tot zu Boden. Die Asen sind wie vom Donner gerührt, die Sonne verlor ihren Schein, und vor Entsetzen verschlägt es ihnen die Sprache.

„Dies war die unglücklichste Tat, die je getan ward bei Göttern und Menschen", kommentiert die Prosa-Edda. „Als Balder gefallen war, da entfiel allen Asen die Sprache, und auch die Hände, ihn anzupacken, sanken herab, jeder sah den andern an, und alle waren eines Sinnes gegen den, der die Tat getan hatte, aber keiner konnte es rächen: dort war eine so heilige (unverletzliche) Friedensstätte. Und als die Asen zu reden versuchten, da kam ihnen eher das Weinen, und so konnte keiner dem andern von seinem Kummer sagen." (Diederichs, S. 168)

Wieder ist es Frigg, die einen praktischen Ausweg ersinnt: „Wer von den mutigen Asensöhnen will sich meine Gunst erwerben und den Weg zu Hel hinunterreiten? Dort soll er versuchen, der Göttin ein Lösegeld zu bieten, wenn sie uns Balder wieder zurück gibt."

Abb.32: Balder und Nanna

Hermoder, ein anderer Bruder des Lichtgottes meldet sich sofort. Man gibt ihm Sleipnir, und schneller als der Wind sprengt er davon, während die anderen derweil für Balders Feuerbestattung sorgten. Man wollte ihn auf seinem Schiff Hringhorni bestatten.

Als Balders Frau Nanna, sah, wie die Leiche auf das Schiff getragen wurde, da zersprang ihr das Herz vor Leid, und so mussten die Asen einen weiteren Tod beklagen. Beide Leichen wurden zusammen auf dem Scheiterhaufen verbrannt, den Thor mit seinem Hammer weihte.

Frigg aber glaubte fest daran, dass Hel sich durch Hermoders Bitten zur Milde bewegen lassen würde.

Noch einmal versammeln sich alle Asen um den Holzstoß: Odin erschien zusammen mit Frigg, im Gefolge die Walküren und seine Raben. Frey kam in seinem von Gullinbursti gezogenen Wagen. Heimdall ritt auf seinem Hengst Gulltopp (Goldzopf) und Freya lenkte ihr Katzengespann. Sogar eine große Menge von Frost- und Bergriesen gab Balder das letzte Geleit. Odin legte auf den Scheiterhaufen seinen kostbaren Goldring Draupnir, von dem jede neunte Nacht acht gleiche Ringe abträufeln.

Hermoder aber ritt neun Tage und Nächte durch dunkle, tiefe Täler, in denen er nichts sah. Totenstille herrschte ringsum, die nur des Rosses Hufschlag unterbrach. Endlich fand er zur Gjöll-Brücke, die eine Brücke nach Helheim bildet und ganz mit Gold verkleidet ist. Ein Mädchen namens Modgud (Seelenkampf) gibt ihm Auskunft, dass sie unlängst Balder auf dem Helwege erblickt hatte, und weist ihm den Weg weiter nordwärts. Der Reiter trieb Sleipnir über das Helgatter, sodass er im Flug die Pforte nicht berührte, denn sonst hätte er selbst für immer unten bleiben müssen.

Nachdem er mit Balder und Nanna eine ganze Nacht Zwiesprache gehalten hat, tritt Hermoder kühn vor die Unterweltsgöttin und trägt ihr sein Anliegen vor. Da erhebt sich Hel von ihrem finsteren Thron, Gold und Diamant flammten auf ihrer Brust, heller als jedes irdische Feuer, und der Abgrund bebte. So verkündet sie Balders Schicksal:

Trauert um ihn das weite All,
Weinen die Wesen allzumal,
Weint, was Odem und Leben nicht hat,
Wohl, so geschieht es nach ewigem Rat,
Balder kehrt wieder zum lichten Tag.
Ist ein Aug' ohne Thrän' und Klag'
Bleibt er ewig in Helheims Saal.
Wähle, du hast nicht andere Wahl.

(Wägner, S. 292)

Balder und Nanna begleiten Hermoder zur Halle hinaus. Balder gab ihm den Ring Draupnir für Odin zurück, während Nanna der Frigg einen Schleier und noch andere Gaben schenkte, dazu der Fulla einen Goldring. Der Götterbote sprengte zurück nach Asgard mit der guten Nachricht, und die Asen schickten nun in alle Welt, um zur Trauer für den entschwundenen Lichtgott aufzurufen und so zu erreichen, dass Balder aus der Hel zurückgeweint werde.

Da hingen die Tränen in Blumen und Kräutern wie Perlen, von den Zweigen und Blättern tropfte der Tränentau, selbst Erze und Steine wurden feucht und nass. Noch heute sagt man in Island von betauten Steinen, dass sie für Balder weinen, so wie man bei uns die Redensart kennt, dass etwas „zum Steinerweichen" ist! Holz, Stein und Metall werden feucht, wenn sie aus der Kälte in die Wärme kommen, das deutete man als ihre Tränen. All diese Wesen trauerten um Balder, denn die ganze Natur sucht das Licht.

Nur eine trauert nicht. Das ist die Riesin Thökk (Dunkel), die weitab in einer Berghöhle hockt und von Balder nichts wissen will:

„Mit trockenen Tränen
Wird Thökk beweinen
Des Odinssohnes Ende;
Nicht tot noch im Leben
Tat der Bursch Gutes mir:
Hel behalte, was sie hat."

(Diederichs, S. 105)

Wieder war es Loki, der sich in eine Frau verwandelt hatte, um dem Lichtgott unwiederbringlichen Schaden zuzufügen. Und diesmal waren die Asen entschlossen, es ihn büßen zu lassen. Wie man auch den blinden, düsteren Höder nicht ungestraft davonkommen lassen wollte. Der schlich mutterseelenallein, freund- und freudenlos, weil auch von Loki im Stich gelassen, durch Dunkel und Waldeinsamkeit. Odins erst einen Tag alter Sohn Wali (den er mit der edlen Rinda gezeugt hatte) wird ihn mit drei Pfeilen zur Strecke bringen, „wie der junge Mai den harten Winter besiegt." (Wägner, S. 293)

Abb.33: Balders Bestattung

Der Mythos vom Brudermord

Die im Mythos von Balder und Höder anklingende Geschichte vom Brudermord, bei dem der finstere, unbeliebte Bruder den lichten und freudvollen und beliebten tötet, ist im Grunde uralt und findet sich in den meisten alten Kulturen. Wie der laue, milde Frühling den kalten, starren Winter (oder die Dürre des Hochsommers) besiegt, wie des einen Tod jeweils des anderen Leben bedeutet, diese Mythen sind wahrscheinlich so alt wie die bewusste Welt. Wir finden sie in leicht veränderter Form in Ägypten bei Osiris und Seth, in Babylon bei Baal und Mot, in Griechenland bei Adonis oder Hades und Persephone, in Mesopotamien bei Tammuz. Immer ist es der Gott des Lichtes oder der lebens- und liebesfrohe Kulturbringer (im Falle der Korngöttin Persephone der Kulturbringer*in*), der durch einen dunklen, neidischen Widersacher verfolgt und schließlich mit List und Tücke beseitigt wird.

Doch Tod und Trauer sind nie von langer Dauer. Die Kräfte des Guten und Lichten, so war es Überzeugung der mythischen Welt, sind nicht auf ewig zu besiegen. Zwar müssen sie, wie die fruchtbringenden Jahreszeiten, der Kälte oder Dürre weichen, doch kehren sie mit dem Wandel der Jahreszeiten rhythmisch wieder zurück. Was dennoch der Trauer keinen Abruch tut, wohl aber die Freude über die Auferstehung des Guten um so mehr wachsen lässt!

Immer ist es zudem eine Frau, die sich mit dem Schicksal des sterbenden Gottes verbindet, in der Regel so, dass sie ihn aus der Unterwelt erlöst und zu neuem Leben befreit. So wie Isis den Osiris, Ischtar den Tammuz, Anat den Baal und Aphrodite den Adonis (oder eben Demeter ihre Tochter).

So sehen wir auch an Balders Seite gleich zwei Frauen: seine Mutter Frigg, Göttin der fruchtbaren Erde, und seine Gattin Nanna, Tochter des Frühlings (der Name ihres Vaters Gewar, bedeutet „Frühling“, abgeleitet von lat. „ver“), ihr eigener Name bedeutet „Blüte“. Sie wird beschrieben als „schön wie eine Nordlandsrose zwischen schneegekrönten Bergen“ (Wägner, S. 263). Sterbliche Frauen werden bisweilen mit ihr verglichen: Wenn es etwa von Ingeborg, Beles Tochter, heißt, sie sei der himmlischen Nanna gleich, dann ist damit u. a. gesagt, dass sich weit und breit keine edlere und schönere Frau finden wird.

Saxo Grammaticus vermittelt uns die Geschichte noch einmal in Form einer Heldensage aus dem 13. Jahrhundert. Hier erscheinen Balder und Höder als zwei eher menschliche Heldensöhne, die sich in dieselbe Frau, eben Nanna, verlieben und erbittert um ihre Liebe kämpfen. Mal erringt sie der eine, mal der andere:

> Es begab sich einmal, dass Balder, Odins Sohn, Nanna im Bade (am Strand) erblickte und von unendlicher Liebe ergriffen wurde; ihn versetzte der strahlende Glanz ihres herrlichen Leibes in Erregung, und seine Sinne entflammte ihre lichte Schönheit. (ebd. S. 14)

Als Höder erfährt, dass Balder ihm seine geliebte Braut wegnehmen will, fordert er ihn zum Kampf heraus, den er mit Hilfe eines von dem Riesen Gjafar gefertigten Zauberschwertes zunächst auch gewinnt. Worauf Nanna sich willig in die Obhut des starken Höder begab, „wie sich die zarte Pflanze unter dem Schneemantel des Winters birgt, wenn eisige Stürme und erstarrende Kälte alles Land heimsuchen." (Wägner, S. 266)

Doch kaum ist das Frühjahr wiedergekehrt, naht auch schon Balder zu neuem Kampfe. Drei Jungfrauen haben ihm aus zauberischen Kräutern, die im ersten Frühling aufkeimen, ein geheimnisvolles Mus gebraut, das ihm unüberwindbare Kräfte verleiht. So gelingt es ihm, Höder wieder in die Flucht zu schlagen. Als ihm und seinen Kriegern beim Rückzug das Wasser ausgeht, sprengt Balder den dürstenden Kämpfern voraus, „und unter den Hufen seines edlen Rosses quollen reichliche Quellen hervor, die noch jetzt Balders Brunnen genannt werden." (ebd.) Im Herbst dagegen, wenn der raue Nachtwind die ersten Fröste bringt, erwacht auch der besiegte Höder zu neuem Leben und stellt sich wieder zum Kampf. Und so geht es immer fort. Man erkennt unschwer den Rhythmus der Jahreszeiten und den zugrundeliegenden Naturmythos, den Kampf des Lichts mit der Finsternis, des Sommers mit dem Winter. Weshalb auch klar ist, dass keiner der beiden Helden dauerhaft siegen wird.

Höder ist in dieser Geschichte allerdings kein blinder, missgünstiger Finsterling, sondern ein in den Künsten hochbegabter junger Mann; insbesondere war er ein äußerst gewandter Sprecher. „Seine Beredsamkeit verfügte über die gewinnendsten Worte, durch den Zauber seiner Rede öffnete er sich Ohren, die sonst jeder Bitte verschlossen blieben. Niemand war geschickter als er auf der Harfe und Leier … Durch das wechselnde Spiel seiner Töne wusste er das menschliche Gemüt zu jeder von ihm gewollten Erregung fortzureißen … die Herzen pflegte er mit süßer Lust oder mit Schauer durch das Ohr zu erfüllen." (ebd.) Wodurch es ihm nicht zuletzt gelingt, Nanna zu bezaubern!

Die Sage von „Frithjof, dem Kühnen" verlegt den Bruderzwist schließlich ins eigene Herz. Hier bekommt auch der Weltuntergang Ragnarök noch einmal eine persönlichere Bedeutung und wird in die moralische Verantwortung des einzelnen Menschen gelegt. Eine durchaus moderne Vorstellung, die zeigt, wie auch Mythen mit der Zeit gehen:

> Siehe, was die Wala singt von Balders Tod in Asenheim, das wiederholt sich fort und fort im Menschenleben. Hermoder brachte nicht den Bruder wieder zur seligen Heimat; doch gibt Hel den Raub zurück, so oft ein Mensch geboren wird. Mit jedem Menschenkinde wird auch Balder geboren. In seinem Lächeln, wenn es den Vater- und Mutternamen lallt, erscheint den frohen Eltern der Gott der Unschuld. Doch schläft auch in der Kinderseele bewusstlos der finstere Höder; den erweckt der listenreiche Loki, reicht ihm den Mistelspeer, und wenn der Mensch nicht seinen Balder schirmt, so fällt er, von dem Todeszweige getroffen, zur dunklen Hel hinab, und Ragnarök bricht an und die Welt der Liebe und des Friedens im Menschenherzen vergeht in Surturs Flammen. (Wägner S. 410)

Zuvor hatte Frithjof dem Gott einen Tempel erbauen lassen, einer der seltenen Fälle, in denen ein solches Heiligtum beschrieben wird. In der Mitte des Raumes findet sich der Altar, rundum mit Sprüchen aus goldener Runenschrift verziert. Darüber wölbt sich auf mächtigen Säulen eine glänzende Kuppel. In den Nischen ringsum saßen die Asen in blauen, goldumsäumten Gewändern, weiter zurück auf hohem Thron Balder selbst.

„Tiefblau war die Nische, in der sein Hochsitz stand, und gleich der Sonne strahlte ein Juwel über seinem Haupte." (ebd. S. 408)

Bei der Einweihung des Heiligtums schlachteten die Priester nicht Opfertiere, sondern brachten Weihrauch auf dem Altarstein dar, der seinen süßen Duft im Raum verbreitete! Zwölf Skalden folgten mit Harfenklang den Priestern und sangen, den Altar umschreitend, ein Lied von Balders Liebe und wie er alle Wesen mit seinen Segnungen beglückt; wie alle um ihn weinen, wenn er, vom Speer getroffen, zu Boden sinkt, und wie mit seinem Meuchelmord Gesetz und Ordnung aus der Welt verschwinden. Zwölf Jungfrauen folgen, die das Lied in volleren Tönen fortsetzen. Sie singen von der erneuerten Welt, die grün und blühend zu Gimles seligen Höhen emporsteigt und wo auch Balder und Höder in Liebe verbunden bleiben. Dem lauschenden Frithjof ist zumute, „als sänge Idun mit ihren Jungfrauen zu Bragis Harfe", und heiliger Friede erfüllte ihn. (vgl. ebd.)

In den germanischen Götter- und Heldensagen wird in Abwandlungen auf den Balder-Mythos Bezug genommen. So erinnert in der Völsungensaga die Geschichte von Sigurd und Brynhild unverkennbar an Balders und Nannas Geschick. Sigurd, der edelste aller Helden, ein Liebling Odins, der ihm sogar einen direkten Nachkommen seines Wunderpferdes Sleipnir zuführt, wird unschuldig das Opfer übler Ränkeschmiede der Familie der Giukungen. Diese stacheln Guttorm, ihren Jüngsten, auf, den Mord an Sigurd hinterrücks zu verüben, denn „er ist jung und unwissend und steht außerhalb aller Eide." (Strerath-Bolz, S. 93) Wie Nanna wird auch Brynhild dem toten Geliebten auf den Scheiterhaufen und hinab in die Hallen der Hel folgen, da sie ohne ihn auf Erden nicht weiterleben will.

In der Sage von Hjalmar und Ingeborg sind die Bezüge sogar noch deutlicher. Hjalmar, der beim König von Upsala dient, weil er dessen edle Tochter Ingeborg liebte, wird von einem Rivalen, der gleichfalls um die schöne Frau wirbt, im Kampf besiegt. Beide Männer hatten zuvor um die Hand der Königstochter angehalten, doch der Vater hatte sie frei zwischen beiden entscheiden lassen. Sie hatte Hjalmar, den langbewährten Freund dem fremden Bewerber vorgezogen, eine Ablehnung, die dieser nicht kampflos auf sich sitzen lassen wollte.

In der von den Berserkern angezettelten Schlacht muss Hjalmar sein Leben lassen. Ingeborg sieht seinen Tod voraus, während sie an einem seidenen Gewande für den Geliebten stickt. Die Stickerei stellt Balders Leichenbrand dar und die auf den Scheitern sterbende Nanna. Obwohl Hjalmar sich siegesgewiss gibt, „weiß" Ingeborg es besser und verspricht, ihm im Falle seines Hinscheidens zu folgen „wie Nanna dem Gemahl."

Als man ihr die Nachricht vom Tod des Geliebten überbringt, hat sie gerade das für Hjalmar bestimmte Gewand vollendet: „Nanna bestieg mit ihm die Scheiter", flüstert sie sinnend vor sich hin, als die Unglücksbotschaft sie trifft. Hjalmars Freund reicht ihr den Goldreif, den sie ihm gegeben und den er in der Schlacht zum Schutz auf seiner Brust getragen hatte. Sie nahm ihn an, „neigte ihr Haupt darauf, tiefer und immer tiefer und sank allmählich zur Erde nieder."

So teilt die Sterbliche das Geschick der großen Göttin, doch nicht nur im Tod, sondern auch im Weiterleben: Gestorben ist sie wie Nanna, „aber nicht bei Hel, nein, bei Freya vereinigt." (vgl. Wägner, S. 257 – 62)

Abb.34: Loki findet Gullveigs Herz

Kapitel 11

Loki und seine berühmten Kinder: Sleipnir Hel Jörmungand Fenriswolf

Vorzeiten hatte Loki mit dem Gott Odin Blutsbrüderschaft geschlossen. Zusammen mit ihm war er dereinst an der Erschaffung der ersten Menschen beteiligt gewesen, und als Gott des Feuers hatte er ihnen Blut und blühende Farbe verliehen.

Am häufigsten sehen wir ihn in der Gesellschaft Thors. Als Gott der warmen Südwinde ist er geradezu dessen idealer Begleiter und nicht selten sogar Unterstützer im Kampf gegen das ewige Eis der Frostriesen. Als er mit Thor in der Burg von Utgard-Loki landet (s. u. S. 254) und sie mit den Riesen um die Wette kämpfen müssen, zeigt sich sein durchaus noch wohltätiges Wesen: Er muss mit einem Riesen um die Wette essen. Beiden wird ein meterlanger Trog mit Essen vorgesetzt und beide schlingen die Speisen gleich schnell hinunter, sodass sie sich genau in der Mitte des Troges treffen. Nur hatte der andere gleich noch den ganzen Trog mit verspeist und somit die Wette gewonnen.

Hier zeigt sich, dass Loki im Vergleich zu dem Riesen, der das alles verschlingende Wildfeuer darstellte, ganz auf Seiten der Zivilisation steht, denn er isst nur, was im Trog ist. So galt er als Gott der wohltätigen Herdflamme, die im Haus die Wärme erhält und im Winter das Leben erträglich macht.

Dennoch ist Loki von allen Asengöttern sicherlich die zwiespältigste Gestalt. Was man nicht zuletzt an den drei Kindern sehen kann, die er mit der Riesin Angurboda, der „Sorgen“- oder „Angstbringerin“, gezeugt hat. Diese Nachkommen, von denen die Göttin Hel noch die erträglichste ist, sind allesamt verschlingende, gefährliche Wesen, um nicht zu sagen Ungeheuer, die bei den Gottheiten wenig Freude hervorrufen. Während sich Hel und die Midgardschlange immerhin noch als kosmogonische Prinzipien verstehen lassen, welche die Zwiespältigkeit des Lebens insgesamt symbolisch zum Ausdruck bringen, ist der Wolf ausschließlich böse und kann nur mit größter Mühe in Schach gehalten werden. Sollte er jemals in Freiheit kommen, so die Vorstellung, würde mit Sicherheit die Welt in ihrer aktuell bestehenden Form untergehen.

Abb.35: Lokis Kinder

Wir dürfen allerdings nicht vergessen, dass Loki auch der Vater – oder würden wir besser sagen „die Mutter"? – des Wunderrosses Sleipnir ist, und das ist eine weitere zauberhafte Geschichte, die natürlich wieder bei den Riesen anfängt.

Das achtbeinige Wunderpferd Sleipnir

Die Geschichte von der Entstehung des sagenhaften fliegenden Pferdes ist eine Loki-Geschichte, wie sie im Buch steht. Wieder einmal rettet er die Asen, ja die ganze Welt, aus einer schier ausweglosen Situation, an deren Entstehung er gleichwohl selbst den größten Anteil gehabt hatte.

Einst kam ein namenloser Riesenbaumeister nach Asgard und versprach, binnen drei Wintern eine große Schutzmauer um alle Götterburgen zu bauen. Allerdings war der Preis, den er für seine Mühen verlangte, eigentlich unbezahlbar: Er forderte nichts weniger als Freya, die Sonne und den Mond! Loki meinte dennoch, man könne sich darauf einlassen, verkürzte jedoch die Bauzeit auf einen einzigen Winter. Beide Parteien wurden schließlich handelseinig und bekräftigten alles mit Eiden. Nur stellte der Riese noch die Bedingung, dass sein Hengst Svadilfari ihm bei der Arbeit helfen dürfte. Dagegen war schlecht etwas einzuwenden, und beide machten sich sofort mit Eifer ans Werk.

Der Hengst aber war ein wahres Wundertier an Größe, Kraft und Ausdauer. Unermüdlich und in Windeseile schleppte er die dicksten Fels- und Steinbrocken herbei, immer genau dorthin, wo sein Besitzer sie nötig hatte. Schon bald war abzusehen, dass der Riesenbaumeister Wort halten und die Mauer verabredungsgemäß fertigstellen würde. Glatt wie ein Eisberg war der Wall und schimmernd wie polierter Stahl.

Doch den Göttern wurde es Angst und Bange. Was nur sollte aus der Welt werden? Wie könnte sie überhaupt weiterbestehen

Abb.36: Sleipnir, das achtbeinige Wunderpferd

ohne Sonne, Mond und die lichte, liebevolle Freya? Ewige Finsternis, Eiseskälte und Freudlosigkeit würde herrschen, wo jetzt noch blühendes Leben war. Schon blieben nur noch drei Tage, bis das Werk vollendet sein würde, und die Asen verwünschten sich selbst, wieder einmal auf den tückischen Loki hereingefallen zu sein. Der ließ sich, wie gewohnt, selbst mit dem Kopf schon halb in der Schlinge, nicht aus der Ruhe bringen und ersann den einzig möglichen Ausweg aus der verfahrenen Lage: Er lenkte den unermüdlichen Hengst ab, indem er sich selbst in eine verführerische Stute verwandelte!

Der Plan geht auf. Kaum erblickt Svadilfari die wunderschöne Stute, lässt er Arbeit Arbeit sein. Er zerreißt seine Zügel, zertritt den Karren, vor den er gespannt ist, und stürmt fröhlich wiehernd der Stute hinterher. Die entführt ihn weit, weit weg von Asgard, und der Baumeister rennt keuchend und fluchend hinterher.

Die Verfolgung dauert einen Tag und eine Nacht. Als der Riese sein Ross endlich wieder eingefangen hat, sind beide todmüde, und an Arbeit ist nicht mehr zu denken. Die Mauer bleibt unvollendet. Der Riese tobt wie ein Berserker und beschuldigt die Götter des Eidbruchs. Denen wird erst jetzt überhaupt so richtig bewusst, mit wem sie es in Wirklichkeit zu tun hatten, und in höchster Not rufen sie wieder einmal nach Thor. Dieser ist soeben von einer Reise zurückgekehrt, landet mit einem grellen Blitz, der die Erde erbeben lässt, mitten unter ihnen, und erledigt die Sache mit seinem Hammer. Im Nu zertrümmert er des Riesen steinharten Schädel, sodass er in kleine Splitter zerbirst und er in die Tiefe fährt bis unterhalb von Niflheim. Die Völuspa kommentiert diese Geschichte auf ihre Art in den Strophen 19 und 20:

Zum Richtstuhl gingen
die Rater alle,
heilge Götter,
und hielten Rat,
wer ganz die Luft
mit Gift erfüllt.

Ods Braut verraten
Riesensöhnen.
Nur Thor schlug zu,
zorngeschwollen:
selten sitzt er,
wenn er solches hört;
da wankten Vertrag,
Wort und Treuschwur,
alle Eide,
die sie ausgetauscht.

Loki aber gebar nach einiger Zeit ein achtbeiniges Fohlen, dessen Zähne mit Runen bedeckt waren. Das Pferd wurde Odins unzertrennliches Reittier, das ihn schnell wie der Wind durch Luft, Feuer und übers Meer trug.

Die Totengöttin Hel

> Auch Hali, Halja ist eine bergende, hehlende, in den Schoß der Unterwelt aufnehmende, ursprünglich gütige Gottheit.
> (Jacob Grimm)

Nach all dem, was bisher schon über die Göttin Hel gesagt wurde, kann ich mich in diesem Kapitel kurz fassen. Als Tochter eines Gottes und einer Riesin hat Hel sichtlich zwei Seiten. Ihr Körper ist zur einen Hälfte menschenhäutig und zur anderen schwarzblau und behaart. Als Loki seine drei mit der Angurboda gezeugten Kinder auf Asgard vorstellt, erscheint sie den Asen leichenblass auf der einen und „dunkel wie Grabesnacht" auf der anderen Seite. Als Odin sie prüfend anschaut, wächst sie mehr und mehr, und „aus ihren tiefen Augenhöhlen schossen Blitzfunken." Es scheint, dass selbst der Göttervater Angst vor ihr bekommt. Jedenfalls packt er sie und schleudert sie weit von sich:

„Neun Tagrasten weit flog Hel über Schluchten und Schlünde und eisumstarrte Klippen in die Tiefen von Niflheim und über den dunklen Giöllstrom in das ihr beschiedene Reich Helheim.“ (Wägner, S. 54f)

Niflheim (Nebelheim) ist ihr Zuhause. In seiner Mitte liegt der Brunnen Hwergelmir, der die dritte Wurzel der Weltenesche mit Wasser versorgt. Aus den zwölf Eisströmen, die der Brunnen entsendet, dachte man sich das Geschlecht der Riesen entsprungen. Niflheim ist also älter als die Riesen und wurde bereits viele Menschenalter vor der Erde erschaffen. Der Ort bezeichnet die nördliche Polarwelt als Inbegriff von Kälte und Todesdunkel. Er befindet sich tief unten in der neunten Welt und noch nördlicher als der leere Raum des Ginnungagap, welcher der Erschaffung von Himmel und Erde vorausging. Hel gilt als von Männern unabhängig und lebt dort unten ehelos. Sie hat einen Hund mit Namen Garm, der am Eingang ihrer Wohnung angebunden liegt und die Toten mit lautem Gebell begrüßt.

Niflhel ist der Aufenthaltsort der Toten: Menschen die von Krankheit oder Alter dahingerafft wurden, oder Krieger, die nicht in der Schlacht, sondern den „Strohtod“ auf der Matratze gestorben sind, nimmt sie bei sich auf.

Dass hiermit zunächst weder Minderbewertung noch Strafen verbunden waren, zeigt nicht zuletzt die Geschichte um Balders Tod. Hier erfahren wir, dass die Göttin auch helle, freudvolle Säle hatte, in denen der Metbecher gereicht wurde, und dass sie durchaus nicht unbarmherzig oder unerbittlich ist.

Wer allerdings einmal das Helgatter, das ihre Siedlungen umschließt, durchschritten hat, kehrt normalerweise nicht mehr zu den Lebenden zurück. Sie selbst tötet nicht und verfolgt auch niemanden mit Hass. Wie der Tod reitet sie auf ihrem Pferd über Land oder reist in ihrem Wagen umher und nimmt diejenigen in Empfang, die ihr anheimgefallen sind. Dass der Empfang bei Hel durchaus prächtig ausfallen konnte, erfahren wir indirekt aus dem Wegtamslied, wo Odin die Wölwa fragt (Str. 6,7):

Wem sind die Sitze
besät mit Ringen
und strahlt die Bank
bestreut mit Gold?

Und die Seherin antwortet:

Für Balder steht hier
gebraut der Met,
schimmernder Trank.

Wie bereits im Kapitel über den Venusberg erwähnt, wurde die Göttin auch Halja (die Bergende), Hellia, Hella oder Hell genannt. Mit Hella hing der „Hellewagen", das Sternbild des großen Bären, zusammen, der auch als der „große Wagen" bezeichnet wird. Wie oben, so unten, und umgekehrt:

Der Wagen, den man Hel zuschreibt, könnte also durchaus mit dem Sternbild in Zusammenhang stehen. Dazu passt auch, dass „Hellweg" ein anderer Name für die Milchstraße war. Wenn aus den Funken, welche die südliche Feuerwelt Muspellheim versprüht, die Sterne hervorgehen, dann könnten wir uns auch vorstellen, dass die Milchstraße aus den Blitzfunken entstanden ist, die aus Hels Augen schossen!

Die Milchstraße bringt uns noch auf eine andere Spur, die nun gar nicht mehr so weit hergeholt scheint: In den Niederlanden hieß die Milchstraße „Vroueldenstraat" – Frauhildenstraße, was sich auf Frau Hilde oder Held bezieht. Der Name Hilde bedeutet Tapferkeit oder Kampf, und sie gilt als eine der berühmtesten Walküren, die sogar Tote zum Leben erwecken konnte. Über ihre Geschichte erfahren wir aus einer späteren Dichtung folgendes:

Hilde war König Högnis Tochter und wurde von dem kühnen Helden Hedin entführt, während sie am Strand Zauberkräuter sammelte. Ihr Vater verfolgte den Räuber seiner Tochter mit seinem Heer und wollte ihn umbringen. Vergeblich versucht Hilde in diesem

Streit zu vermitteln und bietet in Hedins Namen ein kostbares Halsband zur Versöhnung an. Auch Hedin will dem König viel Gold als Buße geben. Högni jedoch verfügt über ein zauberkräftiges Schwert, das – einmal gezückt – Blut sehen will. Der Kampf zwischen beiden Parteien wütet den ganzen Tag ohne Entscheidung. Nachts aber schritt Hilde über die Walstatt und erweckte mit Runenkunst und Zauberkraft die gefallenen Krieger zu neuem Leben und stellte auch die zerbrochenen Waffen wieder her. Am nächsten Tag begann der Kampf aufs Neue, und auch die Totenerweckung folgte wieder in der Nacht darauf. Und das, so sagte man, geht nun ewig so weiter bis zum Ende der Welt. (vgl. Wägner, S. 104f; Diederichs S. 199f)

Abb.37: Hel

Unschwer erinnert diese Sage an die Situation auf Walhall, wo die Einherjer den lieben langen Tag zu ihrem Zeitvertreib nichts anderes tun als kämpfen und schmausen:

> „Täglich nach dem Anziehen legen sie gleich auch Heergewänder an, gehen in den Hof hinaus, kämpfen und erschlagen einander. Das ist ihr Spiel. Wenn die Frühstückszeit herankommt, reiten sie heim nach Walhall und setzen sich zum Trunk … Sitzen beisammen versöhnt." (Diederichs, S. 154)

Hilde trägt unverkennbar Züge von (Wal-)Freya und Hel zugleich. Immerhin sagte man der Frau Hilde nach, dass ihr nach dem Volksglauben der dritte Teil der Welt gehöre! Und dass sie mit Holda, Diana, ja selbst Lilith über die nächtliche Welt fliege, in ihrem Gefolge große Scharen von Frauen, die ihnen ganz offensichtlich huldigten, was die Kirche vergeblich zu unterbinden suchte. Hel als Held oder eben Hilde wäre dann vielleicht nur einen Katzensprung von Freya entfernt, erst recht, wenn wir sie mit Holda zusammen sehen!

Der dritte Teil der Welt, der ihr angeblich huldigt, ließe sich ohne weiteres auch als Unterwelt deuten: Himmel (Asgard), Erde (Midgard) und Unterwelt (Niflheim). Doch wie wir bei Holda/Holle sahen, sind auch Himmel und Unterwelt nicht wirklich getrennt. Der Sprung in die Tiefe jedenfalls führt in die „andere Welt“. Ob wir diese Welt als Himmel oder Hölle erleben, kann auch mit uns selbst zu tun haben. Goldmarie und Pechmarie betreten schließlich dasselbe Reich!

Bleibt noch zu erwähnen, dass von Hilde, der Sage nach, die Stadt Hildesheim begründet wurde. Später setzte man, wie überall, die christliche Maria an ihre Stelle. Der Hildesheimer Dom aber wurde errichtet, so weit auf die Stadt Schnee gefallen war (was wieder an Frau Holle erinnert), zu Ehren der „Maria am Schnee“, der in Deutschland und Frankreich *(Marie au neige)* zahlreiche Kirchen gewidmet wurden. (vgl. Wägner, S. 105)

Die Midgardschlange Jörmungand

„Riesiger Zauberstab"

Mit der Midgardschlange treffen wir auf ein sozusagen kosmogonisches Prinzip. Sie wird auch Jörmungand – riesiger Zauberstab – genannt! Womit sie wohl die innerste Qualität des Weltmeeres zum Ausdruck bringt, denn zaubern bedeutet immer auch etwas erschaffen oder verwandeln. Wenn sie einatmet oder trinkt, tritt Ebbe ein, und wenn sie ausatmet, Flut. Ein solches Wesen kann man nicht besiegen, es sei denn um den Preis des Weltuntergangs.

Sie ist eines der drei Kinder (und übrigens männlich vorgestellt), die der Gott Loki mit der Riesin Angurboda zeugt, mithin ganz und gar übermenschlich bzw. übernatürlich, um nicht zu sagen göttlich.

Als Loki seine Kinder in Asgard vorstellt, bäumt sich Jörmungand empor, sodass sie anzusehen ist wie eine gewundene Säule. Aus ihrem klaffenden Rachen fließen Gift und Geifer, wovor alle Gottheiten ängstlich zurückweichen. Um ihren Schaden zu begrenzen, schleudert Odin sie weit über Asgard ins Unermessliche hinaus. Da versinkt sie im Weltenmeer, das Midgard, die Welt der sterblichen Menschen, umringt. Hier wächst sie heran auf einsamem Grunde, ungesehen von Göttern und Menschen, bis ihr grässliches Haupt im ungeheuerlichen Ring wieder den Schweif berührt. So liegt sie am Fuß der Weltenesche Yggdrasil, Bild einer „Umfriedung", die jederzeit in ihr Gegenteil, die totale Entgrenzung und damit Gesetzlosigkeit umschlagen kann.

Wenn die Midgardschlange ihre „Fassung" verliert, stürzt die Welt zurück ins Chaos. Das wird in den Tagen des Weltuntergangs (Ragnarök) geschehen: Dann rast sie im Riesenzorn und peitscht die Wellen mit ihrem Schweif. Soviel Gift wird sie von sich blasen, dass Luft und Meer davon erfüllt sind. Zwar wird Thor sie mit seinem Hammer erschlagen, doch kostet ihn diese Tat selbst das Leben:

Neun Schritte von der Kampfstätte entfernt fällt er tot zu Boden – vergiftet vom Hauch der Schlange.

Solange Jörmungand seinen Schwanz im Maul behält, hütet er die Welt wie einen Schatz, doch wehe, wenn er dereinst losgelassen: Dann reißt er diese selbe Welt durch seinen Schlund in den Abgrund.

Thor und die Midgardschlange

Aus dem Inneren von Jötunheim sandten die Frostriesen kalte Winde über die Felder, sodass die fröhlich aufgewachsenen Halme sich vor Kälte schüttelten und die Angst vor einer großen Missernte umging. Da spannte Thor seine Böcke an, um die Riesenkräfte in ihre Schranken zu weisen, und wie so oft schließt sich ihm der Gott Loki als Weggenosse an. Unterwegs machen sie die Bekanntschaft eines Riesen, der von so gewaltiger Statur ist, dass die beiden Asen mühelos im Daumen seines Handschuhs Platz haben, den sie überdies noch für eine Herberge halten! Ihr neuer Bekannter weist ihnen den Weg zur Burg Utgard-Lokis, des mächtigsten Riesen im ganzen Land (und in Wirklichkeit er selbst), die bald groß und glänzend wie ein Eisberg vor ihnen aufragt. Der Aufenthalt in dieser Burg wird vor allem für Thor eine Riesen-Herausforderung. Die beiden Asen werden aufgefordert, ihre Künste zu zeigen, und machen dabei zunächst einen recht kläglichen Eindruck.

Thor hatte sich seiner Fertigkeiten im Trinken gerühmt und sollte nun unter Beweis stellen, wie viel er in einem Zug hinunterschlucken könnte. Man brachte ihm ein Horn und erklärte ihm, manche Riesen brauchten nur einen Zug, andere zwei, die Schwächsten aber höchstens drei Züge, um es zu leeren. Thor meinte, leichtes Spiel damit zu haben, doch zu seiner Verblüffung war nach dem ersten Zug kaum mehr als der Rand freigelegt. Das Gefäß wurde auch nach dem zweiten und dritten Zug nicht entscheidend leerer. Beschämt gab er das Horn zurück, denn er konnte nicht mehr.

Da er die Riesen schon nicht mit seiner Trinkfestigkeit beeindrucken konnte, wollte er ihnen wenigstens seine körperlichen Kräfte demonstrieren. Daraufhin hieß Utgard-Loki ihn die graue Katze vom Boden heben, die schnurrend um seine Beine strich. Thor hatte vor, das Tier an die Decke zu schleudern, aber beim ersten Ruck machte es nur den Buckel krumm, beim zweiten etwas mehr und beim dritten hob es ein wenig die Vorderpfote. Also wieder nichts! Das Hohngelächter der Zuschauer war ihm sicher. Nun wollte er alle, die ihn verspotteten, Mann für Mann im Einzelkampf herausfordern. Doch Utgard-Loki kühlte sein Mütchen, indem er ihn zuerst mit seiner steinalten Amme Elli ringen ließ. Thor strengte all seine Kraft an, um die Alte niederzuwerfen, doch umsonst: Sie stand unerschütterlich wie ein Felsengebirge und bedrängte ihn selbst mit solcher Gewalt, dass er schließlich in die Knie sank.

Am nächsten Morgen erst löst sich der Spuk auf. Utgard-Loki höchstpersönlich geleitet sie noch bis zur Grenze seines Reiches. Beim Abschied erklärt er dem Donnergott, was wirklich hinter den Kraftproben gestanden hatte:

„Das Trinkhorn stand mit dem Weltmeer in Verbindung. Du trankst so mächtig, dass von allen Küsten das Wasser gleichzeitig zurückwich und die Völker glaubten, das sei die Ebbe. Und als du meintest, die Katze aufzuheben, da schwangst du in Wirklichkeit die Midgardschlange zum Himmel, dass sie sich beinahe losgerissen und unermesslichen Schaden angerichtet hätte. Elli, die Amme, dem Anschein nach so schwach, war das schleichende Alter, dem keiner widersteht, wenn seine Zeit gekommen ist. Nun geht, denn das hier ist mein Gebiet, wo ich Gewalt habe über die Frostriesen und ihre Felsenburgen. Wo ich herrsche, bleibt kein Raum für menschlichen Anbau. Selbst dir, Thor, wird es nicht gelingen, mit Donner und Blitz das ewige Eis zu durchbrechen.“ (Wägner, S. 135)

Den Asen wurden mit dieser Geschichte klar ihre Grenzen aufgezeigt. So wenig, wie jemand das Weltmeer austrinken kann, so wenig kann er das Alter besiegen und schon gar nicht kann er die Midgardschlange aus den Angeln heben, denn das wäre, genau besehen, das

Ende unserer jetzigen Welt. Diese Midgardschlange ist sozusagen ein germanisches Prinzip der Welterhaltung. Zur Hälfte stammt sie von den Riesen, zur anderen Hälfte von den Göttern ab, wodurch sie beide Seiten in sich vereinigt und gleichzeitig in Schach hält. Sie ist ein klassischer Uroboros, eine Schlange, die ihren Schwanz im Maul hält, und Midgard, die Welt in der sich Menschen und Götter begegnen, wie einen Ring umschließt. (vgl. zum Ganzen: Wägner, S. 132-135)

Thor hatte die Midgardschlange noch ein weiteres Mal an seiner Angel. Und wieder wusste ein Riese zu verhindern, dass er die Welt aus den Angeln hob. Diesmal ist er zu Gast bei dem Riesen Hymir, mit dem er zum Fischen weit bis an die Grenzen des Meeres hinaus rudert. Als Köder benutzt Thor einen Ochsenkopf und hat prompt – wenn auch zunächst unwissentlich – die Midgardschlange am Haken! Der Ruck wirft ihn gegen die Schiffswand. Bei dem Versuch, seine Beute aus dem Wasser zu ziehen, muss er so viel Kraft aufbieten, dass er mit einem Fuß den Boden des Schiffes bis zum Meeresgrund durchtritt. Um ihn herum zischte es, wie wenn alles Gewürm der Erde versammelt wäre. Die Sterne verloren ihren Glanz, und aus der Tiefe reckte sich mit geiferndem Rachen das Haupt der Midgardschlange empor. Sie starrte ihn an, den Rachen weit aufgesperrt, gleich dem Abgrund des Meeres, der vor dem

Abb.38: Thor und die Midgardschlange

kenternden Schiff sich auftut. Er aber schwang beherzt den Hammer, und – nun wäre das Ungeheure geschehen gegen das Schicksal, gegen den Spruch der Nornen – da durchschnitt der Riese Hymir, voll Schrecken herzu springend, die Schnur, und der Wurm sank zurück in die Tiefe. (vgl. Diederichs, S. 165-167)

Wieder zeigt ein Riese, der verglichen mit dem Donnergott, schon länger auf der Welt ist, gleichsam zu ihrem Urgestein gehört, Thor seine Grenzen auf: Bis hierher und nicht weiter! Die Kraft, mit der er sonst Leben spendet, der Hammer, ist im Begriff, die ganze Welt zu zerstören. Die Welt aber lebt vom Ausgleich der Kräfte, wofür die Schlange mit dem Schwanz im Maul letztendlich auch Symbol ist.

Tyr und der Fenriswolf

So wie sich Loki selbst in den Mythen als immer mörderischer und ungeselliger herausstellt, so spiegeln auch seine Kinder schließlich sein Wesen. Könnte man Loki über weite Strecken noch als Teil von jener Kraft deuten, die „stets das Böse will und stets das Gute schafft“, so ist es damit spätestens dann vorbei, als sein viertes Kind in Erscheinung tritt:

Der grauenerregende Fenriswolf ist der Schrecken aller Schrecken. Von Anfang an ist er dermaßen gefährlich, dass er nicht einmal von Loki selbst zu bändigen ist. Das muss der Kriegsgott Tyr für ihn erledigen, der Einzige von allen Asen, der überhaupt den Mut aufbringt, sich diesem Ungetüm zu nähern und ihm Futter zu bringen: lebende und tote Tiere in rauen Mengen, die doch den Appetit des Ungeheuers niemals stillen können, es nur immer mächtiger heranwachsen lassen.

Bald schon ist er so riesig, dass ganz Asgard nicht mehr vor ihm sicher ist und er zur Bedrohung für die gesamte kosmische Ordnung wird. So beschließen die Gottheiten, ihn zu fesseln und in die Unterwelt zu verbannen. Zunächst jedoch scheint keine Fessel stark genug, das gigantische Untier zu bändigen. Zwei starke Fesseln hat der Wolf

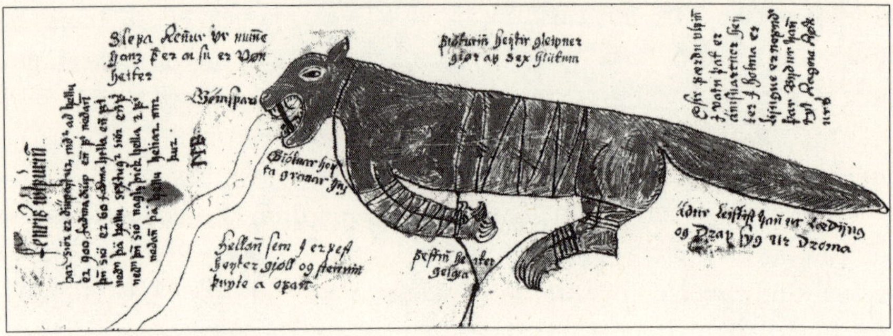

Abb.39: Der gefesselte Fenriswolf

schon wie Spinnweben von sich abgeschüttelt, und er ist sich seiner unbezwingbaren Kräfte sehr wohl bewusst. Wie immer in solch bedrohlichen Lebenslagen hilft nur Zauberei. Und die ist bei den Zwergen in Schwarzalbenheim, tief im Schoße der Erde, zu finden.

Die Zwerge ersinnen die Fessel „Gleipnir", die aus lauter Dingen besteht, die es in Wirklichkeit gar nicht oder nur schwer zu erlangen gibt: das Geräusch eines Katzentritts, den Bart einer Frau, die Wurzeln eines Berges, die Sehnen eines Bären, den Atem eines Fisches und den Speichel eines Vogels. Die Fessel war zudem so beschaffen, dass sie sich immer fester um denjenigen zusammenschnüren würde, der sich darin bewegte, um sie zu zerreißen.

Der Wolf witterte Gefahr und die Zauberkraft in dem schwachen Gebilde. Tyr versicherte dem Untier, dass es nach der Probe sofort freigelassen würde. Der Wolf vermutete dennoch eine List und verlangte, dass einer der Götter ihm die rechte Hand in den Rachen legen sollte – als Unterpfand dafür, dass sie nichts Schlimmes gegen ihn im Schilde führten. Allein Tyr war mutig genug, seine Hand zwischen die Zähne des Ungetüms zu legen, das sich nun bereitwillig die leichten Schlingen um Hals und Tatzen winden ließ. Je mehr der Wolf sich anstrengte, die Fessel zu sprengen, um so unzerreißbarer wurden die Schnüre, die sich immer fester in Fell und Fleisch zusammenzogen.

Als er merkte, dass er diesmal in die Falle gegangen war und die Götter ihn niemals mehr freilassen würden, da biss Fenrir blitzschnell zu und Tyrs Hand bis zum Gelenk ab. Mit diesem Opfer rettete Tyr die ganze Welt vor der Vernichtung durch den ansonsten unbesiegbaren Wolf. Die Asen schoben ihm ein scharfes Schwert in das klaffende Maul, dessen Spitze nach oben und dessen Griff nach unten in den Gaumen drang und ihn am Zubeißen hinderte. Dadurch tritt ununterbrochen Geifer aus dem Schlund des Ungetüms, der den Fluss Wan bildet, der wiederum zu den Eisströmen zählt, die von Hels Brunnen Hwergelmir ausgehen! Mit Hilfe der Fessel Gelgja wird das Untier tief in der Erde angepflockt:

„Sie nahmen das Tau aus der Fessel Gelgja, zogen es durch eine große Steinplatte – die heißt Gjöll – und verankerten die Platte tief in die Erde hinein, an einen großen Stein, den sie noch tiefer in den Grund versenkten und der Thwiti heißt," heißt es in der Prosa-Edda (Diederichs, S. 148). Man sieht, die Asen wollten auf Nummer sicher gehen. Wohl heult der verstoßene Wolf bei Tag und bei Nacht, doch vermochte er seine Fesseln aus eigener Kraft nicht mehr zu zerreißen.

Abb.40: Der gefesselte Fenrir beißt Tyr die Hand ab

Die Stelle, an der er Tyrs Hand abgebissen hatte, wurde in der nordischen Tradition als „Wolfsgelenk“ bezeichnet. Dem Kriegsgott aber fehlte fortan ausgerechnet die rechte Hand, wenn er kämpfen wollte, für einen Kriegsgott alles andere als einfach! Doch vielleicht ist auch dies wieder symbolträchtig, denn die linke Hand gilt gemeinhin als besonnener und bedächtiger, zumal bei Rechtshändern. Zur Gerechtigkeit sollte man sich Zeit lassen. Aus diesem Grund verehrten schon die alten Ägypter die linke Hand der Göttin Isis, die u. a. als „Sonne der Gerechtigkeit“ verehrt wurde.

Auch Tyr stand für Gerechtigkeit ein. Dass er sie selbst noch einem so boshaften Wesen gegenüber ausübt, spricht unbedingt für ihn. Eigentlich hätte er seine Hand schnell wegziehen können, bevor der Wolf zubiss. Doch gilt der Gott als mutig, geradlinig und zuverlässig, selbst dann noch, wenn es zu seinem eigenen Nachteil ist. Sein Verhalten wird zum Symbol für die Bereitwilligkeit, seinen kostbarsten Besitz zu opfern, wenn dadurch ein Gleichgewicht wiederhergestellt werden kann.

Nigel Pennick macht darauf aufmerksam, dass Tyr im alten Nordeuropa der Name eines Sterns war, sehr wahrscheinlich der Polarstern, der die Spitze der kosmischen Achse markierte und der sich, im Gegensatz zu allen anderen, nicht zu bewegen scheint. Die altenglische Runendichtung erklärt uns das so:

„Tir ist eine besondere Markierung, sie ist den Edlen treu, sie ist immer auf dem Kurs durch die Dunkelheit der Nacht. Sie wendet sich nie ab.“ (ebd. S. 158) Unter diesem Aspekt verkörpert Tyr „ewige Stabilität“. (ebd. S. 156) Unter den Pflanzen wird ihm der Salbei zugeordnet und vor allem das giftige Kraut Eisenhut, das man auch „Tyrs Helm“ nannte. Der Saft des Eisenhuts wurde als Pfeilgift verwendet, konnte aber bei entsprechender Dosierung auch eingesetzt werden, um Schmerzen zu lindern. Unter den Planeten war ihm Mars zugeordnet und unter den Wochentagen entsprechend der Dienstag (*Tuesday* oder *Ziestag*, wie er vor allem im Schwäbischen und Bayrischen hieß). Er galt als der Patron der Schwaben, deren Hauptstadt

Augsburg einst Zius- oder Ziesburg genannt wurde. Auch die Stadt Tübingen führt sich interessanterweise auf ihn zurück.

Der Name Tyr ist verwandt mit dem Sanskritwort „dayus“, mit dem sowohl der griechische Gott Zeus wie auch das lateinische Wort für Gott, *deus,* zusammenhängt, ferner Jupiter als Diu-piter oder Dies-pater. Diese Wortwurzel entwickelte sich weiter zu Teiwaz, Tiw, Tius oder Ziu.

Die suevischen Stämme verehrten die Göttin Zisa als Zius weibliches Pendant. Sie hatte in Augsburg einen Tempel und war von kriegerischem Wesen. Tyr oder Tius bedeutet soviel wie Glanz und Ruhm, dazu den leuchtenden Himmel. Vom Himmel aber kommen die Strahlen des Lichts, wonach man auch die Pfeile des Kriegsgottes „Strahlen“ nannte (man spricht ja vergleichbar von den Pfeilen des Sonnengottes Apollo).

Ein aufgerichteter Pfeil war zugleich Tyrs Symbol. Diesen aufgerichteten Pfeil konnte man wiederum als den heiligen Weltpfeiler („Irminsul“) mit dem darüber ausgespannten Himmelsgewölbe deuten. Auch dies wiederum ein Symbol kosmischer Stabilität! (vgl. Wägner S. 157f; Pennick, S. 157)

Loki – ein Gott im Zwiespalt

> Loki ist schmuck und schön von Ansehen, doch böse von Gemütsart, äußerst mannigfaltig im Auftreten. Er besitzt eine allen überlegene Schlauheit.
> (Prosa-Edda)

In den Mythen erscheint Loki als eine zwiespältige Figur, die für Wirbel sorgt und die gewohnte Ordnung auf den Kopf stellt. Immer wieder bringt er durch sein oft tückisches Verhalten die anderen Gottheiten in die größten Zwickmühlen. Manchmal ist er dabei selbst das Opfer widriger Umstände, wie beim „Raub der Iduna“, manchmal ruft er diese Umstände selbst erst leichtfertig hervor, wenn er etwa

Sifs goldene Haarpracht abschneidet oder den Asen Ratschläge erteilt, die sie bald darauf bitter bereuen müssen. Wie etwa bei jener Auseinandersetzung mit dem „Riesenbaumeister". Loki überredet die Asen zur Zustimmung und muss nachher zusehen, wie er die Sache wieder geradebiegt, denn wie sollte die Götterburg, ja, die ganze bewohnbare Welt bestehen bleiben ohne Sonne, Mond und Freya?!

Warum aber, so fragt man sich, erliegen die Asen immer wieder Lokis Hinterlist? Sie sind doch sonst nicht „auf den Kopf gefallen" und etlichen von ihnen sagt man zusätzlich nach, dass sie zukunftskundig sind. Sobald in der Welt und speziell in der Götterburg etwas schief läuft, ist der Übeltäter schnell gefunden. Und normalerweise bringt er selbst alles wieder ins rechte Lot.

Es lässt sich dabei nicht leugnen, dass aus den Geschichten mit Loki meist die schöpferischsten Werke hervorgehen. Alle großen magischen Gegenstände auf Asgard verdanken sich seiner Initiative. Wunderwerke wie Gullinbursti, Skidbladnir, Sifs Goldhaar und selbst Thors Hammer wären ohne Lokis Zutun nie entstanden. Nach dem Motto: Not macht erfinderisch – und der Gott ist höchst erfindungsreich. Dass er die brenzligen Situationen, aus denen er dann einen Ausweg suchen muss, meist selbst herbeiführt, steht auf einem anderen Blatt!

In all diesen Fällen wirkt Loki wie der klassische Trickster, der heilige Clown oder die Gegenteilpersönlichkeit der schamanischen Welt: Er bringt Farbe ins Leben und sorgt für Lachen und Heiterkeit. Wobei er sich – wie alle Trickster – als ausgesprochen wandlungsfähig erweist, manchmal als Tier und mehrmals sogar in weiblicher Gestalt erscheint.

Um den Hengst des Riesenbaumeisters vom Arbeiten abzuhalten, verwandelt er sich in eine verführerische Stute, die später sogar ein magisches Fohlen auf die Welt bringt, das er Odin zum Geschenk macht. Bei der unseligen Geschichte mit Balder erscheint er gleich zweimal als Frau: Einmal, als er sich scheinheilig bei Frigg erkundigt, warum Balder unverwundbar ist, und das andere Mal als Riesin Thökk, die sich als einziges Lebewesen weigert, um den Lichtgott auch nur eine Träne zu vergießen. Um später dann der gerechten Strafe zu entgehen, verwandelt er sich in einen Lachs und schwimmt unter einen Wasserfall, wo er so gut wie gar nicht einzufangen ist. Dabei verstrickt er sich bezeichnenderweise in seinem eigenen Netz!

Was der Indologe Heinrich Zimmer in unübertroffener Weise für den Roman und Mythos der Göttin Maya formuliert hat, trifft in kleinerer Ausführung auch für Loki nach den nordischen Mythen zu:

„Dass alles Geschehende eigentlich nicht zu geschehen brauchte" (Zimmer 1987, S. 314) und doch unweigerlich geschieht, das scheint nicht nur eine Pointe im Roman um die Göttin Maya, sondern eine Posse des Lebens überhaupt zu sein. Im indischen wie im germanischen Mythos ist es ein Ausdruck der Vielfalt des Lebens, das sich planbarem Kalkül entzieht. Nichts und niemand darf bleiben, was oder wer er/sie ist, nur so kann die Schöpfung, wie auch das eigene Schicksal, vor dem Erstarren gerettet werden. Auch aus dieser Sicht reiht sich Loki in die Welt der Trickster und heiligen Clowns ein. (vgl. Tedlock. S. 109 – 121)

Der Spaß hört allerdings auf, als es um den Verrat an Balder geht, jener Lichtgestalt, die keinem Wesen je ein Leid angetan hatte. Hier werden Lokis Trickserеien unversöhnlich und hasserfüllt. Nicht genug, dass er den blinden Höder zum Mord anstiftet, verhindert er am Ende auch bewusst, dass der Lichtgott auf die Erde zurückkehren kann, obwohl selbst Hel sich gnädig gezeigt hatte und Friggs Sohn freigeben wollte.

In der Geschichte mit Balder spielt er eine derart verheerende Rolle, dass den Asen nichts anderes übrig bleibt, als ihn dauerhaft unschädlich zu machen. Auch hier versucht er zunächst noch einmal mit List und Tücke zu entkommen, doch scheint die Gerechtigkeit vorerst zu siegen. Loki wird gefangen und für immer in Ketten gelegt. Zwar wird er nicht getötet, doch was ihm widerfährt, ist viel

Abb.41: Loki und Sigyn

schlimmer. In der Höhle eines Berges wird sein Körper über drei scharfkantige Felsen ausgespannt, die in seine Schultern, Lenden und Kniekehlen schneiden. So wie er Balder ums Leben gebracht hat, so werden nun auch seine beiden Söhne umgebracht. Der eine, von den Asen in einen Wolf verwandelt, zerreißt den eigenen Bruder, und aus dessen Gedärmen, die sich in schwere Eisenketten verwandeln, fesselt man den Bösewicht an die Felsen. Skadi schließlich vollendet das Urteil, indem sie eine giftige Natter über seinem Kopf befestigt. Diese lässt ständig Gift und Geifer auf sein Gesicht tropfen, was ihm unerträgliche Schmerzen bereitet.

Nur ein Wesen hat Erbarmen mit dem Unhold, und das ist seine Gattin Sigyn. In einer Schale fängt sie das herunterträufelnde Gift auf, sodass es Loki nicht treffen kann. Nur wenn das Gefäß voll ist und sie es ausleeren muss, strömt ihm die üble Flüssigkeit mitten ins Gesicht. Dann bäumt er sich auf vor Schmerz, was noch in der Menschenwelt die Erde erbeben lässt.

Schlussendlich verfängt Loki sich in seinen eigenen Ränken und wird zum Opfer seiner eigenen Bosheit. Er hat den Bogen überspannt. Hätte er sich einsichtig gezeigt und um Verzeihung gebeten, wäre sicher alles anders ausgegangen. So aber besitzt er sogar noch die Dreistigkeit, in der berühmten „Lokasenna" (Lokis Zankrede) sämtliche Göttinnen und Götter wüst zu beschimpfen, ganz als wollte er damit von den eigenen Schandtaten ablenken. Die Asen wollen ihm schon gar keinen Platz mehr in ihrer Versammlung anbieten, weil sie seiner überdrüssig geworden sind. Da beruft er sich auf die alten Blutsbande zu Odin, und der Gott hält sich, wenn auch widerwillig, an einmal geschworene Eide und bietet ihm Sitz und Gehör. Durch seine Schimpfreden bringt Loki das Fass jedoch endgültig zum Überlaufen und verscherzt sich letzte Sympathien.

Übermut und Maßlosigkeit haben ihn die Grenzen des Schicklichen und Möglichen längst übersteigen lassen (wofür auch der Fenriswolf Symbol ist). Er ist weit über das Ziel von Ethik und Humanität hinausgeschossen, hat Mitgefühl und Liebe verweigert, das, wofür Balder einstand. So wurde er zu dessen erklärtem Feind. Dafür schaffen die Gottheiten ihn fort aus ihren Augen und aus der bewohnten Welt, lassen ihn aber dennoch am Leben.

Selbst als Verfemter und Ausgestoßener findet Loki allerdings ein mitfühlendes Herz, das sich seiner erbarmt. Es wird also nicht nur blindlings Rache an ihm verübt. Vielmehr bleibt Sigyn freiwillig bei ihm und gibt damit ein Beispiel unverbrüchlicher Gattinnenliebe.

Abb.42: Ragnarök, die letzte Schlacht

Abb.43: Thors letzter Kampf mit der Mitgardschlange

Auch der Fenriswolf, Lokis Ausgeburt an Böswilligkeit, wird ja am Leben gehalten! Obwohl er, einmal gefesselt, leicht zu töten gewesen wäre. Offensichtlich hielt man es für besser, das Böse bewusst in Schach zu halten, von dem man ahnt, dass es unbesiegbar bleiben wird. Kein Licht ohne Schatten, kein Balder ohne Höder, keine Seherin, kein Prophet ohne ihren blinden Fleck. Leben ist so, und die Kräfte des Bösen sollte man besser nicht unterschätzen. Dann findet man einen Weg, mit ihnen umzugehen, ohne ihnen allzu viel Raum zu geben oder sie unbewusst noch wachsen zu lassen, bis sie „die ganze Welt" verschlingen.

Die größte Gefahr – nicht nur in den Märchen – geht immer von dem aus, was wir nicht sehen und nicht wahrhaben wollen. Solange Loki und der Fenriswolf in Ketten liegen, halten sie das Bewusstsein an abgrundtief Böses wach, das jeglicher Besserung widersteht, und gemahnen zur Vorsicht. Man weiß, sie sind da, man weiß, sie verbreiten Schrecken, doch man weiß sie auch gebunden, sodass sie keinen Schaden mehr anrichten können. Die Gefahr besteht jedoch, dass dies nicht ewig so weitergehen kann, dass die Kräfte des Bösen eines Tages doch freikommen. Für diesen Fall ist stete Wachsamkeit geboten, und die Asen haben sich vorbereitet für den Fall der Fälle, dem sie den Namen „Ragnarök" gaben, was soviel bedeutet wie „letztes Geschick".

Ragnarök ist vielleicht nur die Fantasie dessen, was werden könnte, wenn …, denn niemand kennt den Tag oder die Stunde, nichts ist sicher im Leben, nur dass alles vergehen, nichts auf ewig bestehen wird. Auch nach dem indischen Mythos (wir befinden uns nicht umsonst im indogermanischen Raum!) wird die Welt am Ende des sog. „Kali-Yuga", das nach der schwarzen, alles verschlingenden und auflösenden Göttin Kali benannt ist, unter Angst und Schrecken vergehen, worauf unvermittelt ein neues, strahlendes Goldenes Zeitalter einsetzen wird und der Kreislauf des Werdens wunderbar neu beginnt!

Auch die germanischen Völker hatten Visionen von einem neuen Himmel und einer neuen Erde: Gimle, die herrlichste aller Regionen, „auf dem dritten Himmel nach Süden gelegen", wird auch im Untergang bestehen bleiben.

> Die Erde steigt aus dem Meer empor und ist grün und schön; auf den Feldern wächst es ohne Aussaat. Wo früher Asgard stand, wird dann Idafeld sein. Dorthin kommen auch Balder und Höder, brüderlich neu vereint. Thors Söhne, Modi und Magni, bringen Mjöllnir mit.
>
> (Prosa-Edda, Diederichs, S. 175f)

Die Tochter der Sonne wird auf ein neues Leben herunter lachen, in dem die Überlebenden sich zusammensetzen und sich an alte Zeiten erinnern. Dann finden sie im Grase die goldenen Tafeln, welche die Asen einst benutzten. Ein neues Goldenes Zeitalter des Friedens also auch hier.

> Am Südende des Himmels steht der Saal, der von allen der schönste und glänzender als die Sonne ist, das ist Gimle. Er wird noch stehen, wenn Himmel und Erde vergangen sind,

dann bewohnen ihn auf ewig gute und gerechte Menschen … Man sagt, südlich oberhalb unseres Himmels befinde sich noch einer, Andlang geheißen, und es gebe sogar noch einen dritten Himmel, über diesem, Weitblau geheißen, und auf diesem obersten Himmel denken wir uns Gimle, und für jetzt wohnen lediglich Lichtelfen dort oben.

(Diederichs, S. 138)

Am Ende steht somit nicht Vernichtung, sondern Verwandlung und Neubeginn. Das Alte hat sich überlebt, und das Neue wird besser als das Vergangene. Man hat, so könnte man hoffen, aus den Fehlern der alten Zeit gelernt. Von dieser Seite aus betrachtet ist die germanische Mythologie zukunftsfreudig, weltoffen und visionär! So verhilft letztendlich auch Loki durch seine Taten dem Neuen zum Durchbruch und rettet die Welt vor dem Erstarren.

Abb.44: Die neue Welt nach Ragnarök

Kapitel 12

Nott, Sol, Dag und Mani

Nacht, Sonne, Tag und Mond

Von Sternen funkelt ein Baldachin,
Darunter sie selber mit frohem Sinn.
Lächelnd beschaut, was sie vollbracht,
Die alte, träumende Königin Nacht.

(Wilhelm Wägner)

Von den vier Gottheiten, die den Tag und die Nacht bestimmen, ist Nott, die Göttin der Nacht, die älteste. Sie ist die Tochter des Riesen Nörfi (Norvi) und von Natur aus schwarz. Jörd, die Mutter Erde, ist ihr Kind. Beide Göttinnen wurden schon lange vor den Asen als Naturgottheiten verehrt. Zusammen mit ihrem dritten Mann, Delling (Morgentau oder Dämmerung) bringt die Nacht den Tag auf die Welt: Dag, ihr strahlend schöner Sohn, bekommt von den Gottheiten einen eigenen Triumphwagen, den ein glänzender Schimmel mit Namen Skinfaxi (Leuchtmähne) zieht, von dessen Mähne Lichtstrahlen ausgehen, die allen Wesen Glanz, Glut und Freude schenken. Sein Pendant ist Hrimfaxi (Frostmähne), der vor den Wagen der Göttin Nacht gespannt wird, wie es Odin in Str. 14 des Wafthrudnirliedes erklärt:

Hrimfaxi heißt es,
das den Hehren die Nacht
aufzieht von Osten her;
jeden Morgen
träuft vom Maul ihm Schaum,
davon sind die Täler betaut.

Die Nacht fährt dem Tag voran mit ihrem Hengst Frostmähne, der jeden Morgen die Erde mit dem Schaum seines Gebisses betaut. So wird beständig der Tag aus der Nacht geboren.

Im Mittelpunkt des himmlischen Geschehens steht natürlich die Sonnengöttin Sol. Anders als im Mittelmeerraum, wo die Sonne männlich und der Mond häufig weiblich vorgestellt wird, verstehen die germanischen Völker die Sonne (auch Sunna) als weiblich und den Mond (Mani) als männlich. Wie die anderen Gestirne wurden auch Sonne und Mond einst aus Muspellheims Funken geschlagen.

Abb.45: Sol und Mani

Doch lebendig und beseelt wurden sie erst durch zwei liebliche Kinder, die zunächst auf der Erde heranwuchsen und von ihrem Vater nach Sonne und Mond benannt wurden. Als sie zur Jugendblüte herangereift waren, wunderte sich alle Welt über die ausnehmende Schönheit dieser glänzenden Geschöpfe. Ihr Vater war dermaßen stolz auf sie, dass er sie mit den Göttern verglich. Die aber nahmen ihn beim Wort und versetzten die blühenden Geschwister an den Himmel, damit sie ihren Glanz fortan mit allen Wesen teilen konnten.

Seither fährt Sol im Sonnenwagen über den Himmel und dem Tag hinterher. Zwei edle Hengste mit Namen Arwaker (Frühwach) und Alswinn (Allgeschwind) ziehen ihren feurigen Wagen. Unter der Pferde Bug brachten die Götter noch zwei Blasebälge an, die „Erzkühle“ hießen und ihnen bei ihrem schnellen Ritt Kühlung verschaffen. Auch besitzt die Sonnengöttin einen eigenen Schild mit Namen Svalinn, der Sänftiger (Grimnirlied, Str. 35):

Sänftiger heißt er,
der Sonne Schild,
der vor der Strahlenden steht;
Berge und Brandung
müßten verbrennen ganz,
wenn er von ihr fällt.

Ihrem Charakter nach gilt die Sonne als froh, lieb und gnädig. Auf echt schamanische Weise wird zudem zwischen der Sonne als Himmelskörper und der ihr innewohnenden spirituellen Macht unterschieden: Bei den Menschen heißt sie Sol, bei den Gottheiten Sunna, erklärt uns die ältere Edda im Alwismal, Strophe 16. (vgl. Thorsson, S. 68). Sie wird als (Feuer-)Rad *(Hvel, Hweol, Wheel* oder *Jul)* vorgestellt und symbolisiert das zyklische Rad der Zeit mit den Sonnenwenden in Sommer und Winter. Woraus sich der Brauch ergab, speziell zu den Sonnwendfesten Feuerräder bergab und zu den Flüssen hin zu rollen.

Die Fröhlichkeit der Göttin wird noch dadurch unterstrichen, dass sie an hohen Festtagen besondere Freudensprünge und Tänze vollführt. Selbst Sonnenauf- und -untergang werden auf ihre tiefe Freude zurückgeführt: Die untergehende Sonne freut sich oder glänzt vor Freude. Die aufgehende Sonne wird sogar mit besonderen Klängen in Verbindung gebracht: „Die süßen Töne der aufgehenden Sonne übertreffen Saitenklang und Vogelsang wie Gold das Kupfer." (Grimm. S. 619) Einen Grund zur Freude gibt der Sonne ihr tägliches Bad im Meer, das nach ältestem Glauben als ihre Mutter gedacht wird, der sie zur Nacht in die Arme sinkt, um sich von ihren wiegenden Wogen kühlen und reinigen zu lassen. Weitere Namen für Sonne sind Allglanz, Immerglüh, Schönrad oder Heilschein.

Einzigartig ist die Vorstellung, dass die Sonne eine ihr ebenbürtige Tochter auf die Welt bringen wird, nicht weniger schön und glänzend als sie selbst. Sie wird nach Ragnarök den neuen Himmel und die neue Erde mit ihrem Licht erfreuen, wie es im Wafthrudnirlied, Str. 47 heißt:

Eine Tochter
hat die Tagesleuchte,
Eh sie Fenrir erfaßt;
Reiten soll sie,
Wenn die Rater sterben,
Der Mutter Bahn, die Maid.

Die dunkle Göttin Nacht wird von Mani mit seinem Mondwagen erhellt. Eines Tages erblickte Mani unten auf der Erde ein Geschwisterpaar, das zu später Nacht noch Arbeit für seinen hartherzigen Vater verrichten und sich erschöpft mit schweren Wassereimern abschleppen musste. Mitleidig umfing der Mondgott sie mit seinen Strahlen, und seither fahren sie mit ihm im Wagen mit. Bil, das Mädchen, ist Sinnbild des abnehmenden und Hjuki, der Junge, Symbol des zunehmenden Mondes.

Einer anderen Geschichte zufolge sitzt im Mond ein Mädchen mit einer Spindel, weil sie am Sonnabend im Mondschein gesponnen hat. Die Spinnweben des „Altweibersommers" gelten als ihr Gespinst. (vgl. Wägner, S. 35)

Da das Böse dem Guten nur allzu häufig auf den Fersen folgt, sehen wir auch Sol und Mani von zwei Wölfen über den Himmel gehetzt. Skoll (Bosheit) läuft hinter der Sonne her und versucht sie einzuholen, Hati (Hasser) rennt vor ihr her und schnappt nach dem Mond. Solange die gegenwärtige Welt besteht, ist ihnen jedoch kein Erfolg beschieden. Erst wenn sich zu Zeiten des Ragnarök die bestehende Welt aufzulösen beginnt, gelangen sie an ihr Ziel.

Die Tochter der Sonne wird ihnen allerdings entkommen. Das Licht ist am Ende doch stärker.

Abb.46:
Sol und ihre Tochter

Abb.47: Odrörir – Trank der Weisheit und der Poesie

Kapitel 13

Germanische Poesie

Odin und der Dichtermet

Der Dichtermet ist, wie eingangs beschrieben, die Frucht von Frieden und hinterlistigem Mord.

Als die Asen mit den Wanen Frieden schließen, besiegeln sie den Vergleich, indem sie alle zusammen ihren Speichel in eine gemeinsame Schüssel spucken. Aus diesem „Saft" schufen die Götter als beredtes Friedensdenkmal den Kwasir, das weiseste Wesen, das je gelebt hat. Er war so klug, dass es keine Frage gab, die er nicht beantworten konnte. Auf seinem Weg durch die Welt wurde er von den beiden Zwergen Fjalar und Galar heimtückisch erschlagen, die sein Blut mit Honig vermischten und daraus den berühmten Trank der Poesie gewannen. Dieser Dichtermet wurde später vom Riesen Suttung, der ihn als „Bußgeld" von den Zwergen forderte, in Sicherheit gebracht. Suttung aber ließ das wertvolle Getränk tief im Bergesinnern von seiner Tochter Gunnlöd bewachen, weil er es ganz für sich allein behalten wollte.

Odin gelang es, diesen Zaubertrank für Asgard und Midgard gemeinsam zu retten. Unter dem Namen Bölwerk verdingte er sich als Knecht bei Suttungs Bruder Baugi, für den er einen Sommer lang die Arbeit von neun Knechten verrichtete, die er zuvor selbst um ihr Leben gebracht hatte:

Auf einer Wiese sah Odin neun Knechte, die mit der Sense mähten. Er bot ihnen an, ihre Arbeitsgeräte mit seinem Wetzstein zu schärfen. Das gelang ihm so gut, dass jeder von ihnen den Stein von ihm kaufen wollte. Da warf Odin den Wetzstein in die Luft, und als alle gleichzeitig danach greifen wollten, mähten sie einander mit den Sensen nieder und starben.

Der Göttervater zog weiter, bis er zum Riesen Baugi kam, der ihm erzählte, dass alle seine neun Knechte einander erschlagen hätten und er zur Erntezeit nun dringend Ersatz für sie suche. Sogleich bot ihm Odin seine Arbeitskraft an. Als Lohn verlangte er lediglich einen Trunk von Suttungs Met.

Suttung aber verweigerte nach getaner Arbeit entschieden jeden Tropfen von dem kostbaren Nass.

Daraufhin griff Odin zur List. Er gab Baugi seinen Bohrer Rati und ließ ihn damit ein Loch durch den Fels bis hin zu Gunnlöd bohren. Dann verwandelte er sich in eine Schlange und kroch hindurch. Drinnen in der Höhle erschien er der Riesentochter in göttlicher Schönheit und in seinen prächtigen Sternenmantel gehüllt. Drei Nächte schlief er mit ihr, und für jede Nacht versprach sie ihm einen Schluck Met. Mit drei Zügen trank Odin darauf alle drei Schüsseln leer und hatte sich bald das gesamte Gebräu einverleibt. Trunken wurde er da von göttlicher Begeisterung, Liebe und Poesie.

Sobald er allerdings den Met aufgeschlürft hatte, nahm er Adlergestalt an und flog eilig davon – Suttung, ebenfalls als Adler, hinterher. Die Asen stellten derweil Schüsseln im Hof auf, und als Odin über Asgard schwebte, spuckte er den Met in die Schalen (womit er wieder zu Speichel wird, wie zu Beginn seiner Entstehung).

Suttung bekam nur noch den Teil ab, den der Gott nach hinten herausfahren ließ, um sich den Riesen vom Leib zu halten, als dieser ihn fast eingeholt hatte.

Odin schenkte den Trank der Poesie nicht nur den Asen, sondern allen Menschen, die dichten können. Auf diese Weise erhielten auch die Sterblichen Anteil an unsterblicher Weisheit.

Die Lieder-Edda kennt ihre eigene Version der Geschichte, in der Odin vor allem sein Verhalten gegenüber Gunnlöd bedauert (vgl. Havamal, Str. 104-110 nach Simrock, S. 56f; Genzmer, *Thule II*, S. 148f):

Ratis Mund
Ließ ich mir Raum schaffen
Und durchfressen den Fels;
Oben und unten
Standen der Eisriesen Wege;
So setzt ich mich selber ein.

Gunnlöd gab mir
Auf goldenem Stuhl
Einen Zug vom Zaubertrank.
Übel vergolten hab ich gleichwohl
Ihrem heiligen Herzen,
Ihrer glühenden Gunst.

Schlauer Verwandlungen
Frucht erwarb ich,
Wenig mißlingt dem Listigen.
Denn Odrörir
ist nun aufgestiegen
Zur weitbewohnten Erde.

Ungewiß acht ich,
Ob enteilt ich wäre
Aus der Riesen Reich,
Frommte mir nicht Gunnlöd,
Die freundliche Maid,
Die mich innig im Arme hielt.

Jacob Grimm setzt diesen Trank göttlicher Dichtkunst gleich mit Amrita und Ambrosia, den Unsterblichkeitselixieren aus der indischen und griechischen Mythologie (S. 754f).

Dazu passt, dass nach dem indischen Mythos der Gott Indra den im Wolkenberg gefesselten Met raubt und ihn in Falkengestalt zu den Menschen bringt! Schlange und Adler aber, diese so gegensätzlich erscheinenden Tiere, gelten auch als Odins Tiersymbole. So wie in der indischen Mythologie der Sonnenvogel Garuda und die Weltschlange Schescha das Wesen des Gottes Vischnu zum Ausdruck bringen.

Eine andere und vielleicht ältere Version dieser Geschichte lernten wir bei Odins Einweihung zum Schamanen kennen. Dort erscheint der mit Runenkunde versehene Weisheits- und Zaubertrank Odrörir als Gabe des Riesen Mimir und ist verbunden mit den dazugehörigen Liedern, deren Texte Gedichte sind.

Von Anfang an ist der Trank der Poesie nicht Odin allein vorbehalten. Wanen und Asen erhalten ihn von den Riesen als Geschenk und teilen ihn mit Menschen und selbst Zwergen!

Vom Zauber der Poesie

Dichtkunst hieß bei unseren Vorfahren „die frohe Kunst", der mit ihr verbundene Gesang brachte Freude und Wonne. Entsprechend wurde auch die Harfe, das Instrument der Skaldinnen und Skalden, als Freudenbaum oder Freudenholz bezeichnet. Den Germanen galt die Seele des Harfenspiels zudem als weiblich, weil die Stimme des Wassers und des Alls aus ihm wiedererklingt. (vgl. Mühlmann, S. 123)

Dichtung war ohne Gesang und Instrumentalbegleitung eigentlich nicht denkbar, weshalb in der alten Zeit Musikinstrumente bevorzugt wurden, bei denen die Spieler/innen zugleich singen konnten. Auch das antike griechische Wort für Musik schloss Tanz und Gesang ein. (vgl. ebd. S. 127) Und Gesang beglückte die Herzen mit Freude.

In den finnischen Epen ist Freude sogar gleichbedeutend mit Gesang. Das Wort „mal" – Lied – schließt in der Edda das Gedicht automatisch ein. Jedes Lied ist ein Gedicht. Und die es „machen", heißen Poeten und Poetinnen, nach dem altgriechischen Wort *poiein* für machen, tun, erschaffen und hervorbringen. Dichter/innen waren zugleich Liedermacher/innen, die Verse schmiedeten, weshalb auch das altnordische Wort *smid* den Poeten kennzeichnen konnte.

Daneben verstanden die Germanen ihre Poesie gerne auch als dunkle Kunst und empfanden sie gerade deshalb als schön (vgl. Diederichs, S. 181f).

Einem Hang aller Dichtkunst gemäß vermieden die Skalden das Überdeutliche. Daher ihr kompliziertes Stilelement der Kenning (pl. Kenningar), das eine Fülle von Umschreibungen und Synonymen für ein und dasselbe Ding oder Wesen nennt, bisweilen eine Art mystische Verschleierungstaktik, die nur Eingeweihte verstehen können. Kenningar für die Poesie sind danach z. B. Kwasirs Blut, Zwergentrank oder -sättigung, Zwergenfahrzeug, Suttungenmet, Schlagbergennaß (nach dem Ort Schlagbergen, in dessen Inneren Gunnlöd den Met bewachte), aber auch Odins Beute oder Gabe oder Trunk der Asen. Eine Fülle von Wortspielen also, die man nur bei genauer Kenntnis der Mythologie begreift. Was die Dichtkunst zu einer heiligen Kunst werden lässt, welche die menschliche Welt mit der göttlichen verbindet.

Es fällt auf, dass die Germanen beinahe alle Dinge mit persönlichen Namen versehen. Nicht nur Götter, Tiere oder Menschen, sondern auch und gerade das, was wir als reine Gebrauchsgegenstände abtun würden. Der Schild der Sonne heißt Svalinn, Odins Speer heißt Gungnir, Freyas Halskette Brisingamen. Selbst die Kinder, die der Mondgott Mani bei sich aufnimmt, kommen von einem Brunnen mit Namen Byrgir und tragen auf den Schultern die Tragstange Simul sowie den Zuber Sög. Der Dichtermet wird in den Gefäßen Bodn, Son und Odrörir aufbewahrt und ist nach letzterem benannt. Diese Beispiele ließen sich beliebig erweitern.

Namen sind seit alters her mit Wesen und Charakterzügen des Benannten verknüpft. Erst wenn ein Kind oder ein Tier oder auch eine Gottheit einen Namen erhalten haben, werden sie für uns wirklich und richtig lebendig, damit auch ansprechbar. Was wir mit Namen ansprechen können, kann prinzipiell auch antworten. Selbst ein „toter" Pferdekopf an der Wand! Das ganze Universum scheint auf diese Weise plötzlich persönlich und belebt.

Und auch das trifft sich wieder mit einem schamanischen Weltbild. „Alles lebt, sogar die Felsen, sogar die Bank, auf der du sitzt", erklärte ein Achumawi-Schamane dem Anthropologen Jaime de Angulo. „Jemand hat diese Bank für einen Zweck gemacht, oder? Nun, dann ist sie lebendig, oder? Das glauben wir Indianer. Weiße Leute denken, alles ist tot. … Sie glauben nicht, dass irgend etwas lebendig ist.“ (S. 82)

Wir sollten die germanische Mythologie auch unter diesem Gesichtspunkt wieder neu schätzen lernen.

* * *

Anhang

Was bedeutet das Wort „Edda"?

Die älteste systematische Sammlung von Gedichten und Prosatexten zu den Mythen der germanischen Welt wurde uns unter dem Namen *Edda* vermittelt. Was aber hat es mit dieser Überlieferung auf sich, die uns heute so selbstverständlich erscheint?

Wörtlich bedeutet *Edda* „Großmutter". Als mindestens ebenso wahrscheinlich gilt jedoch die Ableitung von *ódr* – Dichtung. In Gedichten aus dem 14. Jahrhundert ist jedenfalls die Rede von *eddu list* oder *eddu reglur,* wenn es um die Kunst oder Regeln der Dichtung geht.

Die vermutlich älteste Ausgabe der Edda stammt von dem damals bekannten Historiker und Staatsmann Snorri Sturluson und wird nach ihm auch „Snorra-Edda" genannt. Er schrieb die Texte ab dem Jahr 1222 nieder und gab seiner Edition den besonderen Namen *Edda.*

Sein Werk nimmt insofern eine zentrale Stellung in der Tradierung nordeuropäischer Literatur ein, als es der einzige Versuch war, die mythologische Überlieferung des Nordens systematisch und umfassend darzustellen. Von da ab wurde es überhaupt erst üblich, von *Edda* zu sprechen.

Die Edda liegt uns in zweifacher Form vor: als Prosa- und als Lieder-Edda (Gedichtsammlung). Snorris Ausgabe gilt als Prosa-Edda. Sie ist von der Lieder-Edda jedoch schon deshalb nicht zu trennen, weil sie eine große Zahl von Gedichten enthält, deren Inhalte und Motive bis weit in die Zeiten der Wikinger oder sogar der Völkerwanderung zurückreichen.

Snorri selbst war bereits christlich erzogen, und wir wissen nicht, wie weit dies die Überlieferung der Mythen beeinflusst hat. Sein erklärtes Ziel hat er jedoch so formuliert:

> „Die hier erzählten Mythen dürfen nicht vergessen oder Lügen gestraft werden, indem man aus der Dichtkunst die alten Umschreibungen verbannt, an welchen die Klassiker Gefallen gefunden haben.“ (Diederichs, S. 12)

Eine andere Überlieferung der Edda, die hier im Buch eine Rolle spielt, stammt von dem isländischen Bischof Brynjólfur Sveinsson, dessen Textausgabe jedoch erst in der Mitte des 17. Jahrhunderts entstand. Sie wird zitiert nach ihrem neueren Herausgeber Karl Simrock.

Bildnachweis

Abb. 01: Autor/-in unbekannt. Aus einem isländischen Manuskript aus dem 18. Jh., Isländische Nationalbibliothek
Abb. 02: Arthur Rackham, britischer Illustrator (1867-1939)
Abb. 03: Lorenz Frølich, 1895
Abb. 04: Friedrich Wilhelm Heine (1845-1921), farbig von A. Pomaska
Abb. 05: Foto: Celsius auf wikivoyage
Abb. 06: Friedrich Wilhelm Heine, 1886
Abb. 07: Ludwig Burger (1825-1884)
Abb. 08: aus Kapitel 1 des „Gylfaginning", Prosa Edda
Abb. 09: Lorenz Frølich, veröffentlicht in Gjellerup, Karl (1895)
Abb. 10: Foster, Mary H., 1901, Asgard-Geschichten: Märchen aus der nordischen Mythologie
Abb. 11: Johannes Wehrts, Ende 19. Jh.
Abb. 12: Jugendstil-Darstellung der Ostara
Abb. 13: Emil Doepler, 1905
Abb. 14: Johannes Gehrts, 1901
Abb. 15: Lorenz Frølich, 1906
Abb. 16: G. Bussiere, 1897
Abb. 17: August Malmström, 1856, Nationalmuseum Schweden
Abb. 18: Wilhelm von Kaulbach, 1848
Abb. 19: Christian Gottlieb Kratzenstein-Stub (1783-1816)
Abb. 20: Germania, 1882
Abb. 21: aus der isländischen Edda-Handschrift von Ólafur Brynjúlfsson, 1760
Abb. 22: Guerber, Hélène Adeline, 1895
Abb. 23: Urheber/in unbekannt
Abb. 24: aus: John Charles Dollman, Hélène Adeline Guerber, 1909
Abb. 25: Lorenz Frølich
Abb. 26: Isländisches Manuskript aus dem 18. Jahrhundert
Abb. 27: Friedrich Wilhelm Heine (1845-1921)
Abb. 28: Mårten Eskil Winge, 1872, schwedischer Maler (1825-18969)
Abb. 29: Thorshammer als neuzeitlicher Schmuck, Uwe H. Friese
Abb. 30: Johannes Gehrts, 1901
Abb. 31: E. Boyd Smith, 1902
Abb. 32: Friedrich Wilhelm Heine, 1882

Abb. 33: Alfred Jacobsen, 1898
Abb. 34: John Bauer, 1911
Abb. 35: Willy Pogany, 1920
Abb. 36: Bildstein von Tjängvide in Vallhalla, Gotland, Schweden
Abb. 37: Johannes Gehrts, 1889
Abb. 38: Lorenz Frølich, 1895
Abb. 39: Urheber/in unbekannt; isländisches Manuskript aus dem 17. Jh.
Abb. 40: John Bauer (1882-1918), schwedischer Maler
Abb. 41: M.E. Winge, 1863
Abb. 42: Johannes Gehrts
Abb. 43: Emil Doepler, um 1900
Abb. 44: Emil Doepler, um 1905
Abb. 45: Lorenz Frølich, 1895
Abb. 46: Lorenz Frølich, 1895
Abb. 47: Illustration aus der Skáldskaparmál, Teil der Snorra-Edda

Literaturverzeichnis

Angulo, Jaime de: Indianer im Overall, München 1983

Berendt, Joachim-Ernst: Nada Brahma. Die Welt ist Klang, Frankfurt 1996

Diederichs, Ulf, Hg.: Germanische Götterlehre. Mit mythologischem Wörterbuch, Köln 1984

Fester, Richard: Das Protokoll der Sprache, in: Fester/König/Jonas Hg.: Weib und Macht.

Fünf Millionen Jahre Urgeschichte der Frau, Frankfurt 1986, S. 79 - 106

Findeisen, Hans/Gehrts Heino: Die Schamanen. Jagdhelfer und Ratgeber, Seelenfahrer,

Künder und Heiler, Köln 1983

Fischer, Hans W.: Götter und Helden. Germanisch-deutscher Sagenschatz aus einem Jahrtausend, Berlin 1935

Früh, Sigrid: Märchen von Hexen und weisen Frauen, 1988

Genzmer, Felix: Edda, Thule I und II, Jena 1922

Grimm, Jacob: Deutsche Mythologie, Bde I – III, Wiesbaden 1992

Herrmann, Paul: Nordische Mythologie, Leipzig 1903, neu hg. von Thomas Jung, Berlin 2000

Ders. (Hg.): Nordische Heldensagen nach Saxo Grammaticus, Jena 1925

Johnson, Buffie: Die große Mutter in ihren Tieren. Göttinnen alter Kulturen, Olten 1990

Johnston, Basil: Ojibway Heritage. The ceremonies, rituals, songs, dances, prayers and legends of the Ojibway, Toronto 1994, dt. Ausgabe: Und Manitu erschuf die Welt. Mythen u. Visionen der Ojibwa, München 1994

Koch, Walter A.: Der Sagenkranz um die Sibylle von der Teck, Stuttgart, 1981

Lao-tse: Führung und Kraft aus der Ewigkeit. Das „Tao-te-king" in der Übertragung von Erwin Rousselle, Frankfurt 1985

Lichtenberger, Sigrid: Züge des Schamanentums in der germanischen Überlieferung, in: Gehrts, Heino/Lademann-Priemer, Gabriele, Schamanentum und Zaubermärchen, Kassel 1986, 28 - 41

Mühlmann, Wilhelm E.: Die Metamorphose der Frau. Weiblicher Schamanismus und Dichtung, Berlin 1984

Müllner, Karl: In den zwölf Nächten, Stuttgart 1922

Narby, Jeremy: Die kosmische Schlange. Auf den Pfaden der Schamanen zu den Ursprüngen modernen Wissens, Stuttgart 2001

Ovid(ius), P. Naso: Metamorphosen, übers. v. Michael v. Albrecht, München 1981

Paetow, Karl: Frau Holle. Volksmärchen und Sagen, Husum 1986

Pahnke, Donate: „Schweig nicht, Völva, ich will dich fragen, bis ich alles weiß". Die altgermanische Sejdkona als Schamanin und Hexe, in: Schlangenbrut Nr. 57/1997, S. 13 – 16

Pennick, Nigel: Das Runenorakel, München 1990

Pinson, R: W.(Hg.): Deutsche Götter- und Heldensagen, Ort u. Jahr unbekannt

Preußler, Otfried: Krabat, München 1980

Rätsch, Christian, Müller-Ebeling, Claudia: Weihnachtsbaum und Blütenwunder. Geheimnisse, Herkunft und Gebrauch traditioneller Weihnachtspflanzen, Aarau 2008

Rinne, Olga (Hg.): Wie Aua den Geistern geweiht wurde. Geschichten, Märchen und Mythen der Schamanen, Darmstadt 1983

Simrock, Karl: Die Edda. Göttersagen, Heldensagen und Spruchweisheiten der Germanen (Mit Anmerkungen und einem Nachwort von Harri Günther) Wiesbaden 1987

Stamer, Barbara/Zingsem, Vera: Schlangenfrau und Chaosdrache. In Märchen Mythos und Kunst, Stuttgart 2001

Strerath-Bolz, Ulrike (Hg.): Isländische Vorzeitsagas Bd. 1, München 1997

Tacitus: Germania, Übersetzung und Kommentar von Manfred Fuhrmann, Stuttgart 1982

Tedlock, Dennis und Barbara: Über den Rand des tiefen Canyon. Lehren schamanischer Indianer, Köln 1983

Tetzner, Lisa (Hg.): Die schönsten Märchen der Welt für 365 und einen Tag, Monat Dezember, Darmstadt 1984

Thorsson, Edred: Handbuch der Runenmagie, Neuhausen 1992

Wägner, Wilhelm: Nordisch-germanische Götter und Helden, Leipzig 1886

Walters, Anna L. (Hg.): Schönheit strömt aus von der Schwelle meines Hogans, München 1983

Wilhelm, Richard: Chinesische Märchen, Köln 1987

Wolzogen, Hans von: Göttersagen der Edda, Leipzig 1929

Zaunert, Paul: Deutsche Märchen seit Grimm, Ort u. Jahr unbekannt

Zimmer, Heinrich: Maya. Der indische Mythos, Frankfurt 1978

Ders.: Abenteuer und Fahrten der Seele. Ein Schlüssel zu indogermanischen Mythen, Köln 1987

Zingsem, Vera: Der Himmel ist mein, die Erde ist mein. Göttinnen großer Kulturen im Wandel der Zeiten, Schalksmühle 2008

Dies.: „Sie konnten fliegen. Von Schwanfrauen, Walküren und Wahrsagerinnen, in: „Schlangenbrut" 15/Nr. 57, Münster 1997

Dies.: Die Weisheit der Schöpfungsmythen. Wie uralte Geschichten unser Denken prägen, Stuttgart 2009

Über die Autorin

Vera Zingsem ist Theologin und (Tanz-)Pädagogin. Sie lebt als freie Autorin und Dozentin in Tübingen. Als vergleichende Mythenforscherin und -erzählerin hat sie sich einen Namen auch über die Grenzen Deutschlands hinaus gemacht. Einen Schwerpunkt ihrer Arbeit bildet die Symbolik des Weiblichen in den Religionen der Welt.

POMASKA-BRAND VERLAG
Holthausen 1 · 58579 Schalksmühle
Tel. 02355-903339
E-mail: info@pomaska-brand-verlag.de
www.pomaska-brand-verlag.de

9-25